논문 연구의 방법

-예술 · 음악교육편-

이은주 · 오상은 공저

교육아카데미

책 읽기에 앞서

글을 쓰는 것은 본디 지식과 정보를 체계적으로 정리하는 행위이다. 단지 잘 쓰기 위해서는 숙련과정이 더욱 필요하다.

이 책은 이러한 난제를 해결하고자 하는 수많은 예술·음악 대학, 대학원과정의 연구자나 교육일선에서 항상 바쁘게 수고하는 선생님들께 연구논문 작성의 뜻을 펼치시는데 다소라도 도움이 될 수 있기를 바라는 하나의 방편이다. 예술·음악교육 분야의 연구논문에는 실제로 다른 인문·사회 그리고 과학 분야처럼 일정한 형식이나 틀에 얽매여야만 하는 것은 아닐 수도 있다. 실제 연구자는 자신의 머릿속에 떠오르는 생각과 방법들을 정리하여 보고 차츰 종이에 옮겨보는 태도가 무엇보다 요구되며, 이를 위한 '연구의 길찾기'를 위해 본서는 안내자 역할을 하고자 한다. 첫째, 제 1부와 2부에서는 연구논문 작성을 위한 전략과 그 절차를 그리고 구성과 그 방법에 관하여 설명하고 있다. 둘째, 제 3부는 저자의 번역서 '예술과의 대화: Nelson Goodman, Language of Art (2008)'중 예술적 심미안의 요소인 악보와 스케치, 각본을 비롯하여 기호법이론 등에 대한 예술적 이해를 돕는 내용을 이어 갔으며, 제 4부 예술교육 연구와 평가의 부분에서는 특별히 숙명여자대학교 대학원 오상은 교수의 지도로써 완성된 이경라, 김으뜸, 이성희, 문수나 씨의 사례연구와 저와 함께했던 홍익대학교 교육대학원 정은욱 씨의 연구를 예시하여 질적연구의 각 사례를 비교 탐색해 보도록 하였다. 덧붙여 마지막 교육평가와 분석 부분에는 현재 교육현장에서 자주 다루는 평가에 대한 기본적 이해를 도울 수 있도록 일정 부분을 할애하였다.

이 책을 펴내면서

우리가 등산이나 여행을 가는 경우 어디를 가면 좋을지에 대하여 심사숙고하여 어디로 가는 것이 가장 최적의 방법일까 고민한 뒤 선택한다. 잘 알려진 명소나 여행안내가 있더라도 그만한 시간적, 경제적 가치가 있는지를 곰곰 생각하며 계획을 실천에 옮기며, 마치고 난 뒤까지도 진행된 과정을 떠올려 보며 다음의 더 나은 길을 도모하게 된다.

만일 타인의 권유나 한 때의 대세나 감정에 휩쓸려 선부른 결정의 결과에는 또한 후회나 원망이 따르기도 한다. 더욱이 소정의 학위과정 완성의 길에서도 다수의 연구자들은 자신의 학위취득이나 졸업에 수반된 보다 나은 연구와 탐색을 위해서 온 심신의 전력을 쏟으며 결과를 위해서 매진하게 된다. 그러나 학문의 완성과 그 과정에 필수적인 연구보고서나 학위논문의 제출문제는 그리 쉽거나 단순히 생각할만한 문제는 아니다. 스스로를 그 분야에 대한 전문가로써 결함 없는 자격을 갖출 수 있는가의 물음에 흔쾌히 응답할 수 있는 경지로 이끌어 가도록 해야 하는 것이다. 비록 정해진 시간과 절차, 그리고 부여된 엄중한 심사를 통해서일지라도, 할 수 있는 한의 모든 노력을 쏟아야만 그 완성의 문을 통과할 수 있는 것이 아닐까 생각된다. 그동안 예술·음악 분야와 교육연구의 길을 걸어오면서 언제나 스스로를 질타하게 만드는 것은 철부지 시절부터 소중한 가르침을 주셨던 교수님들의 귀한 말씀들이 아니었나 회상한다. 지금은 고인이신 유태영, 한상우, 황병기, 이혜화 교수님과 Dr. Kelly Benson과 교육학의 이해명 교수님, 음악 분야의 임금자 교수님, 최승현 교수님 그리고 Michigan 대학의 John Ellis 교수님께도 깊은 감사를 전하고자 한다. 오늘도 연구에 열망하는 후학들과 함께 고려 말

성리학자 목은 이 색의 [독서]라는 시를 함께 음미하고자 한다.

'독서(讀書)란 산을 유람하는 것 같아서 깊고 얕은 곳 모두 스스로 얻어야지, 맑은 바람은 빈 곳에서 불어오고 날리는 우박은 음습한 데에서 쏟아지며 검은 이무기는 깊은 못에 서려 있고 붉은 봉황새는 하늘가로 난다. 정미의 내용 담긴 열여섯 자 또렷하게 마음속에 있으니 다섯 수레 책으로 도움삼아 박문(博文하)고, 약례(約禮)하여 하늘의 도 살펴본다. 왕풍(王風)은 오랜 세월 쓸쓸하고 대도(大道)는 가시덤불 덮였으니 누가 알랴 봉창아래 책 덮고 긴 한숨 내쉬는 걸'

책의 편찬을 위해 수고해 주신 교육아카데미 출판사 김의용 사장님과 편집자님 그리고 우리들 가족들께도 진심어린 고마움과 감사를 드린다.

2019.9.

저자들

〈차 례〉

제1부

논문 연구의 방법

-예술적 이해를 바탕으로 하여-

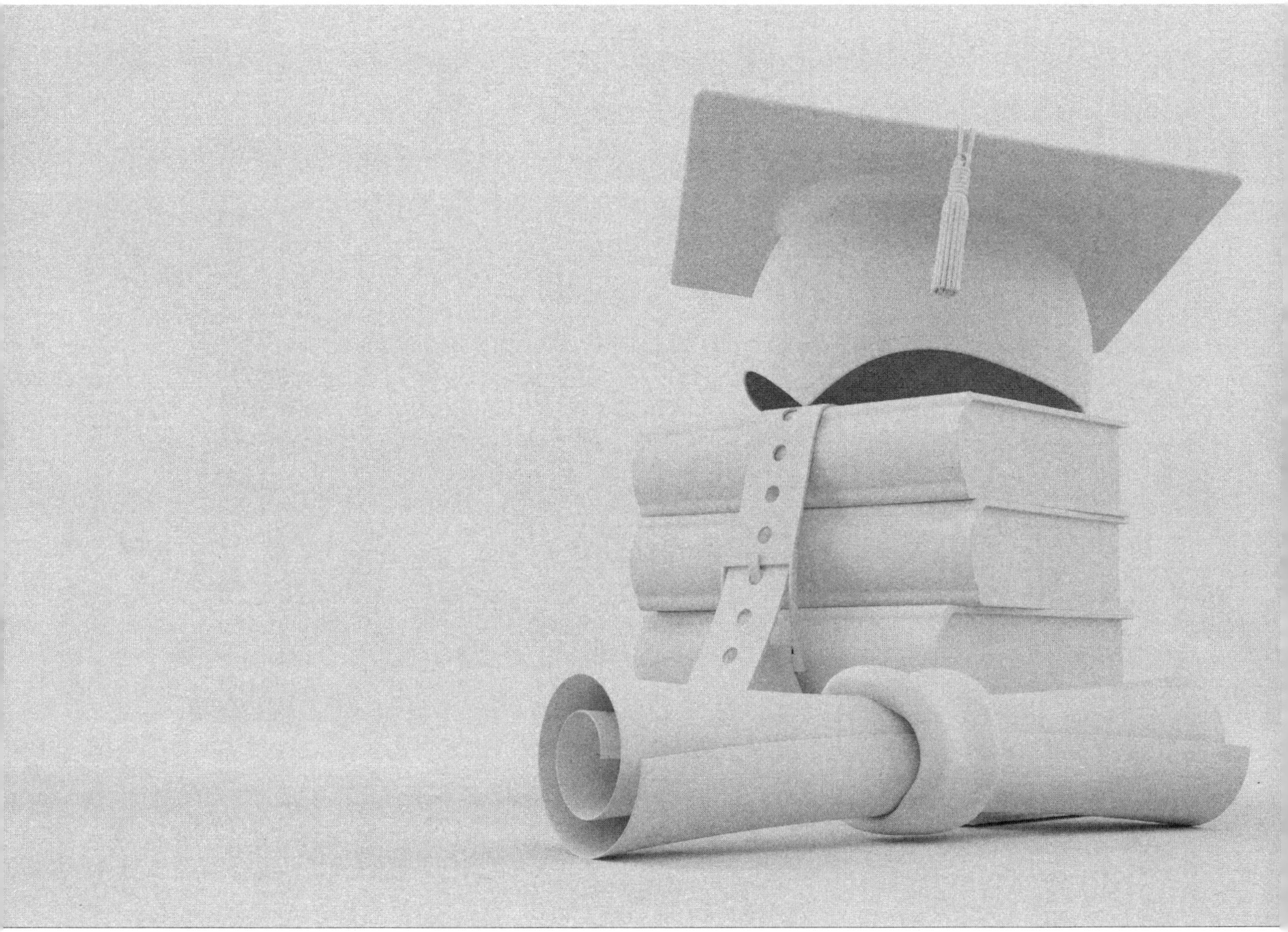

Chapter 1

연구 전략

1. 논문은 어떻게 쓰나

예술·음악교육 분야에 있어서 시각적·청각적·신체적인 일련의 활동들을 기록하거나 문서화해야 할 때에 우리는 새삼 글 쓰는 능력의 필요성에 절실해진다. 어떠한 경우 언어적 표현은 가능하나 그것을 깔끔하게 정례화하여 시·공간적인 틀을 벗어난 시점에도 상대에게 상황적 설명을 제대로 하여 깊은 공감을 이끌어내기 위해서는 큰 고뇌에 빠지기도 한다. 여기에 더하여 학위과정 중의 과제 연구를 위해서나 학위 취득을 목표로 한 논문작성의 경우를 마주 대할 때에는 무엇을 어떻게 시작해야 할지 크게 난감한 입장이 되는 것도 사실이다.

논문을 어떻게 쓰는가의 문제는 다음과 같이 생각할 수 있다.

즉 '사실 진술'의 기능과 '가치진술'의 기능 이 두 가지를 이루는 것이며, 이를 하나의 의사소통의 방법이라고 보는 것이다. 쉽게 말하자면 연구자의 측면에서 본 "나의 연구 전반에 걸친 행위"를 질서 있게 차근히 적어 내려가는 것이라 하겠다. 어떻게 이 연구를 하게 되었으며, 이를 어떠한 방법으로 하게 되었고, 그 결과 무엇이 나왔는가를 보고하는 글이다. 그러므로 논문의 성공적인 귀결은 '의미 있는 언어행위'가 이루어졌다는 것이며, 그 목적이 성취나 수행이 되었는가 혹은 아닌가에 있다.

1) 사실 진술의 언어행위

대부분의 학술논문들은 객관적 사실의 관찰 보고로 이루어지는데, 이는 어떠한 일이 일어난 그대로, 관찰한 그대로 보고하는 것이 바로 그것이다. 자연현상이나 역사적 사실을 말할 때에는 이 모두가 사실임을 뒷받침할 수 있을 때에만 그것이 의미가 있는 것이다. 그러므로 어떤 사실을 말할 때에는 그것이 사실임이 틀림없다는 그 근거를 바르게 제시해야만 한다. 즉 연구한다는 것은 어떤 사실을 끈기 있게 탐구하는 것이 된다. 또한 이때 의미 있는 언어 행위란 바로 사실을 말하는 것이며, 논문의 기초는 사실의 진술임을 연구자 모두는 명심해야 할 것이다. 그래서 사실을 사실대로 보고하는 일과 함께 사실의 원인과 결과를 말하면서 사실과 사실을 연결시켜 그 관계를 말하는 일이 사실진술의 언어행위에는 매우 중요하다. 어느 때에는 사실관계 뿐만 아니라 또한 그 원인을 밝히는 것에 초점을 두는 것으로서 즉 인과관계, 하나의 사실과 그를 둘러싼 여러 가지 원인적 사실을 밝히는 것도 중요한 차원의 언어행위가 되기도 한다. 중요한 것은 사실과 사건을 논하면서도 그 관계를 논하지 않는다는 것이 사실을 사실 그대로 보지 않는 것과 같으며, 이는 불완전한 언어행위라 볼 수 있다. 특히 연구논문이 현상적인 사실이나 활동을 다루는 경우에도 반드시 원인과 결과를 따지고 논해야 하며 그렇지 않다면 논문의 가치는 저평가되며 거의 무의미하다고 보겠다.

2) 가치진술의 언어행위

앞에서 말한 일련의 활동이나 사건에 대하여 연구논문에서는 각기 다른 각도에서 평가하면서 연구자는 그것의 옳고 그름이나 좋고 나쁜 것을 가려내거나 독자의 입장에서 그 사건에 대한 가치판단을 내려 기록한다. 연구 논문에서는 이 '평가의 기능' 혹은 '평론의 기능'을 빼놓을 수 없으며 이는 즉 진위라는 가치를 부여하는 중요한 일이 되며 연구물의 산물로서 간주되는데 크게 기여하게 된다. 그러나 이러한 평가에는 반드시 어떠한 근거나 기준이 있는 법이다. 즉 어떠한 사실을 놓고 참이냐 거짓이냐를 판가름할 때의 평가기준은 '사실'에 있지만, 인간행동이나 일련의 활동들을 평가할 때에 기준은 '가치기준'이라고 한다.

이와 같이 연구논문 작성에 어떠한 '가치진술'의 평가나 판단을 내리는 언어행위시에는 반드시 기준이 어떠한 것이고 그 이유는 어떠한지를 밝혀야 한다. 또 나아가서는 그 평가 기준이 어떻게 타당한가 하는 것까지도 밝힐 줄 알아야만 한다.

어떠한 경우는 어떤 사실의 결과에 대해서도 왜 그렇게 되었는지 따져보고 그 논리의 부당함을 밝혀내는 행위를 적기도 하는데 이 역시 평가행위로 간주할 수 있다.

그러므로 연구자는 보이는 사실만을 그대로 믿거나 받아들이기보다는 보이지 않는 부분을 찾고 유추해 보거나 반대의 경우나 입장에 서서 질문을 던지고 그 결과나 과정에 대한 세심한 관찰과 평가를 놓치기 말아야 할 것이다.

즉 연구자는 자신이 연구에 대한 올바른 가치평가를 위해서는 독자적이고 자유로워야 하며 온 전력을 쏟아내어야 하는 것이다.

다시 보면 연구논문이 추구해야 할 전략은 다음의 세 가지로 응축될 수 있다.

첫째는 자신의 연구에 대한 참신성을 갖는 것이다. 여태까지의 문제나 활동에 대해서도 새로움을 가지고 접근하는 태도이다.

둘째는 독자와의 소통이다. 무엇보다도 예술이나 음악활동을 문서화하는 데는 까다롭고 복잡한 어려움이 있다. 하지만 연구자 본인과 자신이 속한 소수의 집단에서만 이해되고 통용되는 언어적 표현은 자제하며, 타학문 분야에서도 이해 가능한 언어행위로써 어울림을 추구하도록 하는 것이다.

셋째는 자신의 연구로 인한 개인적 학문적인 진전이나 발전을 추구하는데 뜻을 두고 앞으로 나아가는데 있다.

이밖에도 논문을 쓸 때에는 자신의 경험을 근거로 사물을 관찰하는 습관을 기르는 것이 필요하다. 어떠한 때는 전문가나 권위자의 평가에 의존하기보다는 먼저 자신의 생각과 함께 냉정한 이성이나 상식에 비추어 보는 것이 필요하다. 그러한 뒤에 그들의 권위에 질문하고 대화하는 습관을 기르고 도전과 수정을 해보며 그 이론을 확장해 나가는 능력을 길러간다면 어느새 인가 자신의 학문도 점차 발전해 있음을 느낄 것이다. 몇 가지 피해야 할 점은 '결단적인 언어행위'나 '의지의 표시' 같은 '감정표시'의 언어행위 등은 논문쓰기에 배제되어야 한다는 것이다.

예를 들면 '고맙다', '용서를 빈다', '싫다', '기분 나쁘다'와 같은 감정적 표현이다. 왜냐하면 학문은 감정에 의하여 뒷받침되거나 축소되는 종류의 것이 아니기 때문이다. 덧붙이면 연구보고서나 논문을 일종의 '성명서'나 '신앙고백'이 아니라는 것을 분명히 깨달아야 한다는 것이다.

연구를 잘하기 위해서는 여러 가지 사이의 균형을 잘 맞춰야만 한다. 전문가들은 이렇게 말한다. "사실에 근거해야 하나 자기주장을 빼면 새로움을 찾기 힘들므로 새로운 개척을 위해서는 사실을 근거로 새로움을 주장할 수 있어야 좋은 보고서나 논문이 나올 수 있다." 이는 어떤 경우에는 족보를 굳이 찾지 않는다는 말일수도 있다고 본다.

2. 논문은 무엇을 쓰나

논문을 쓸 때 가장 첫 번째로 마주하는 일은 무엇을 쓸 것인가 하는 주제 선정의 문제이다. 즉 논문을 쓰는 일이 어떠한 사실을 규명하고 진술해서 해석 평가하는 것이라면 그 많은 사실과 현상 가운데 과연 어떤 것을 추출해 낼 것인가 하는 문제이다. 그러므로 연구할 문제의식을 갖는 데에 있다. 이때 문제의 제기를 명료하게 할 수 있다면 이미 논문의 절반이 되었다는 것과도 같다. 이런 의미에서 문제의 제기가 될 수 있는 학문적 대화는 강의실에만 있다고 볼 수 없으며, 논문 제목의 아이디어가 떠오르는 시작점은 바로 강의실 안팎의 학문적 대화라고 본다. 과목마다의 교수와 동료가 제시한 주제들에 대해 관심을 가지고 분석・검토하면서 이를 축소하거나 혹은 확대시켜 보고한다면 이는 바로 논문의 주제설정의 좋은 기회가 될 수 있다. 같은 예로써 학기말 레포트나 중간과제물의 주제가 나중에 영향을 주어 자신의 글에 대한 장점과 단점을 체크하여 더 발전시킬 점이 없는지, 또한 분명하지 않은 점이나 취약한 점을 지적받는 일에 기안하여 이를 채워 넣고 연구 완성시켜 나간다면 개인적으로나 미래지향적 학문적인 발전에 크게 도움이 되는 길이다.

1) 문제 선정의 방식

문제의식을 갖는 것이란 어떠한 것이나 일련의 활동에 관하여 '왜'라는 질문을 던지는 서식이며 물어보는 태도이다. 논문을 쓰도록 하는 것은 바로 이러한 문제의식을 가지고 의식화 시키며 우리 사회와 인생에 대해 질문하게 하고 전통과 가치에 대해 검토하게 하는 학문적 태도와 배양에 있다. 좁은 의미에서 볼 때 '학문적 문제아'가 되는 것이 결국 독창적이고 새로우며 흥미 있는 연구논문을 창출해 낼 수 있다. 그밖에도 독서나 학술강연회, 토론과 언론매체를 통해 이미 논의되어 온 사회문제에 대해서나 연구자 자신의 오랫동안 고민해 왔던 숙원의 문제들에서도 논문 제목은 꽃피워질 수 있다. 이렇게 문제를 의식하고 발견하여 묻고 그것들을 체계화 정리하는 가운데 논문의 주제는 좀 더 확실히 우리 앞에 다가온다.

논문의 문제 발견과 주제선정을 하고 체계화시키기 위해서는 다음과 같은 질문들을 필수적으로 수반하며 그 내용을 아래와 같이 요약할 수 있다.

첫째, 논문이 어떠한 사실을 규명하고 그 사실을 진술하기 위한 것인가이다. 이는 하나의 평가를 내리는 '가치진술'적 논문인지를 생각하는 것이기도 하다.

둘째, 내 전공 분야나 전공과목과 관련이 있느냐 하는 문제이다. 바로 말하자면 내가 공부한 학문의 특징은 무엇이고 어떠한 분야가 있는지를 잘 파악해 보아야 한다. 특히 관심 있는 질문이 무엇인가를 생각한다.

셋째, 어떠한 특정 영역이나 학문 분야에서 문제를 끄집어냈으면, 시공간적으로 분류하여 그 문제를 여러 방향에서 추적하여 찾아본다. 문제 선정 시 반드시 물어야만 하는 것은 왜 이 연구를 하는가에 대한 '목적과 목표'가 바로 관련된 질문이다. 이어서 연구자는 어떻게 이 문제를 전개해 나갈 것인가에 대한 '연구방법'에 관한 질문에 다다르며, 그 과정과 절차를 세워나가는 계획을 짜고 마련해 갈 방도를 구하는데 온갖 지략을 짜내가는 과정이다.

이처럼 문제를 추구하고 좁혀가는 과정에서 자신이 쓰려는 논문의 학문적 영역과 인접 학문과의 관계를 예지하는 것이 바람직하다. 특히 나의 문제 설정 시 필요한 것은 그 분야뿐만 아니라 알고 있는 모든 분야의 학문적 능력과 방향을 총동원하는 일이다. 결과적으로 전공 이외의 학문에 관심을 가지고 관련 예술에 관한 다방면에서의 흥미를 가지고 있는 것이 논문의 문제 발굴에 크게 이바지할 수 있다고 본다.

2) 비판적 독서법

평소의 강의노트, 학기말 레포트나 소논문, 시험문제 등은 논제를 정하게 되는 가장 가까운 문제발견의 원천이 될 것이다. 그렇지 못할 경우에는 논문지도 교수를 만나 의논드리는 것이 현명하다. 그러나 연구와 논문작성은 독자적이며 외로운 작업이다. 결국 연구자 스스로 생각하고, 검토하고, 찾아보아야 할 일이 많다. 우리가 문제발견의 단계로부터 물어야 할 일은 과연 나의 관심과 흥미가 무엇인가를 알아보는 것이다.

평소의 독서가 문제발굴의 시작이 되는 것이며, 이때의 독서란 조심스럽고 예리한 관점의 비판적인 독서의 태도를 말한다. 즉 올바르게 듣고 읽는 습관을 기르는 일이며, 그러기 위해서는 다음과 같은 질문들을 가지고 읽는 것이다.

첫째, 글의 구조에 대한 것들

둘째, 글의 내용에 관한 것들

셋째로는 언어행위나 의사전달의 방식에 관한 것들이다.

(1) 글의 구조에 대한 분석

① 글의 내용에서 핵심주제나 키워드가 무엇인지를 분류한다.

② 중요한 점은 책 전체가 과연 무엇을 말하고자 하는가를 알아보는 데 있으며, 때로는 이에 대한 간단한 느낌을 적어보는 것이 필요하다.

③ 글 속에서 주제를 어떻게 전개시켰는가. 즉 어떠한 각도로써, 무엇에 중점을 두고 썼는지에 대하여 주위 깊게 살피며 읽는다.

④ 이 책에서 다루려는 문제는 무엇이며, 그 문제에 대해 어떻게 접근하고 있는가를 면밀히 찾아본다. 이 문제에 대해서는 간혹 어떠한 학위논문에서 조차도 명시되어 있는 목차나 머리글의 내용이 본문에서는 찾기 힘들거나 일치할 수 없는 경우도 종종 있기 때문이다.

(2) 책 내용에 대한 검토와 해석시 태도

① 저자가 가장 많이 중점적으로 사용하는 언어나 개념이 무엇인지

파악한다.

② 책 구조와 관련하여 저자가 가장 핵심적으로 사용하는 문장을 파악한다.

③ 단어나 문장 다음으로는 문장의 연결이다. 저자가 자신의 주제나 이론을 어떻게 서술하고 뒷받침하고 있는가를 질문해 본다.

④ 이 글을 통하여 저자가 하고자 했던 바나 하겠다고 단언했던 것이 결과적으로 성취되었는지를 검증해본다 어떤 것은 그렇고, 어떠한 것은 아니라면 이렇게 하는 동안 또다시 어떠한 문제가 제기됐는가를 검토하고 적는 것이 바로 또 하나의 비판적 독서의 태도가 된다.

(3) 비판적 독서법의 결과

비판적 독서법은 결국 글 쓰는 이의 분석이나 진술에서 아직 미완성된 부분을 골라내는 일이라 하겠다. 이는 어떤 이론이나 평가를 전개하는데 있어서 불충분한 점, 보완될 수 있는 사실이나 이론을 지적하는 것이며 나아가서 자신의 논문의 문제설정을 하는 데에 큰 도움이 된다.

3) 문제의 전개

어떤 문제를 정했다하더라도 마땅한 자료를 찾거나 구비하는 데에는 항상 제한적이며 이 두 가지는 서로 순환적 관계이다. 연구자가 도서관이나 문헌자료로써 선행연구를 탐색하는 데에도 다음의 네 가지 태도를 통하면 문제를 찾을 수 있다.

첫째, 어떤 분야의 연구논문들을 제목만 훑어보면서, 그 연구의 빈도를 짐작해 보며, 이러한 조사를 통하여 비교적 연구기회가 적었던 분야나 주제를 찾아본다.

둘째, 현재 진행중인 연구동향이나 학술 정보지의 탐색을 통해 토론과 논쟁의 이슈가 과연 무엇인지를 알아본다.

셋째, 논문들이 제기하는 연구문제, 제한점, 미해결 문제들을 찾아보고 그 논문들이 시사하는 문제해결의 향방들을 탐색해 본다.

넷째, 논문들의 전개나 연구방법, 서술의 방법들을 통하여 문제를 다루는 방법과 방향에 대한 식견을 넓히도록 한다.

논문의 제목을 결정하는데 있어서는 또 다음과 같은 점을 참고해야 한다.

첫째는 구체적, 서술적으로 표현하는 것이다.

둘째는 너무 광범위하거나 불필요한 수식어를 피한다.

셋째는 성명서나 광고문 같은 편파적인 표현을 피한다.

즉 간결하고 포괄적인 확실한 표현을 선택하라는 말이다. 주제의 구체화 이후에는 문제를 진술해 본다. 이때 문제를 진술한다는 것은 이러한 주제를 다루게 된 경위에 대하여 간결하게 적는 것이며, 이때에는 반드시 이 연구가 찾아내려는 문제가 무엇이냐에 대한 논문이 갖고 있는 질문을 분명히 적어야 한다. 표현 형식은 질문형식이나 가설형식을 취하는데, 이는 필자가 주장하려는 바를 적는 방법을 뜻한다. 이렇게 논문제목의 진술이 되면 문제를 세분화하여 논문 내용을 논리적으로 배열하는 방법으로 목차를 적어본다. 이 동안에도 계속 질문을 스스로에게 하거나 해서 가설을 세분해보고, 불필요한 것이나 무리한 것들을 하나씩 제거해가면서 최종의 형태로 만들어간다.

이러한 과정을 거듭하는 과정을 통해서 논문의 장과 절이 결정되고, 예상되는 결론을 낼 수 있으며, 그러는 동안에 논문의 골격 형성과 연구의 진행과정이 마련되어서 연구의 방법과 도구를 고안하게 되고 본격적인 연구를 정식으로 진행시키게 되는 것이다.

Chapter 2 연구절차

연구의 진행에 있어서 연구자는 크게 다음의 세 가지 절차를 거치게 된다. 즉 주제를 정하고, 이에 대한 자료수집과 정리를 해가며 연구의 개요를 작성하는 것이 바로 그것이다.

1. 주제선정

〈논문 완성의 세 단계 과정〉

Ⅰ. 주제선정 : 논제, 표제(標題)

↓

Ⅱ. 자료수집과 정리 : 독서카드, 서지목록, 참고문헌 및 자료정리

↓

Ⅲ. 연구개요의 작성 : 청사진, 곧 연구계획서와도 직접 관련이 된다.

1) 연구주제의 선정문제

연구주제는 논문의 근본적인 문제 또는 내용의 중심이 되는 핵심이다. 주제 선정의 문제는 '무엇'에 대하여 쓸 것인가의 문제와 같다. 주제와 논제, 표제는 간결한 말로 논문의 제목이란 유사용어이지만 뜻은 각각 다르다.

가령 "판소리 우조와 계면조의 음악적 특징"이란 논문 제목에서 주제는 판소리의 악곡과 조성이지만, 논제는 그 논문의 제목, 곧 "판소리의 우조와 계면조의 음악적 특징"이다.

연구의 주제거리를 어디서 찾아야 하는가 하는 것은 문젯거리가 어디에 있는가, 곧 문제의 소재를 찾으면 쉽게 해결될 수 있다. 일반적으로 연구가 주제가 될 수 있는 문제의 자원을 찾기에는 다음과 같은 태도를 취하는데 있다.

(1) 문제의 자원 탐색을 위해 연구자가 취해야 할 태도는 다음과 같다.

먼저 연구되어야 할 문제는 자기와 가장 가까운 곳에 있다는 것이다. 문제의식을 가지고 가까운 곳에서 문제를 찾으면 주제선정 문제는 쉽게 해결된다.

두 번째로는 문제에 다가 갈 때에 의심스럽게 생각하는 습관을 기르는 것이 좋다. 이때 문제의 소재는 언제나 그 문제와 연구자가 품은 의문을 풀려고 노력하는데 있다는 뜻이다. 아무리 학계의 기존이론이라 할지라도 그러한 학설에 대해서도 의심하는 태도가 연구초보자에게는 중요한 주제 포착의 계기가 될 수 있기 때문이다.

세 번째는 자기의 전문 분야와 관련된 지식을 깊게 파고 들어가는 일이다. 교수의 강의나 학회 세미나 및 연구논문이나 보고서도 중요한 문제의 자원임은 물론이므로, 의문이 생길 때마다 그때그때 기록해 두는 것이 최선책이다.

(2) 문제 발견을 위한 몇 가지 제언을 하자면 다음과 같다.

① 연구자의 관심과 흥미를 끌 수 있는 문제를 다룬 가장 최근의 논문을 구하여 정독하는 것이 문제 발견을 위한 가장 첫 번째 일이다.
② 지금까지의 연구 성과는 불완전하다는 생각을 가지라는 것이다.
③ 사물을 바라보는 시작에는 여러 가지 접근방법이 있다는 것에 주목한다.
④ 어떤 학설이나 주장을 내세우는 기본적 근거가 되는 전제를 검토하는 것이다.
⑤ 어느 이론이나 학설에 일반 규칙에서 어긋나는 예외가 있는가를 점검하는 것이다. 만일 이러한 검토과정에서 예외를 포함하여 보다 포괄적인 이론을 세울 수 있다면, 그것은 새로운 이론이 될 수 있다.
⑥ 학계에서 의심의 여지가 없이 통용되는 정설이라고 하더라도, 그 정설을 다시 점검해 본다. 이러한 검증과정에서 때로는 새 문제가 발견되기도 한다.

(3) 연구주제 선정 때의 유의사항을 살펴본다면 아래와 같다.

즉 주제선정이 성공적이기 위해서는 다음의 사항에 주목해야 한다.
① 자료수집의 가능성을 반드시 고려한다.
② 연구 주제의 범위를 아주 좁고 작게 그러나 구체적으로 잡으라는 것이다.
③ 자신의 전공 분야에서만이 아니라 주제와 관련된 이전의 연구 성과들을 신중하게 점검해야 한다.

④ 자신의 어학 실력에 맞추어 연구주제를 선정하라. 그러나 2차 자료(secondary source)만을 중심으로 흔히 학위 논문을 작성하는 경향의 경우는, 더욱이 1차 자료(primary source)를 제외한 연구는 독창성을 요구하는 논문이 될 수 없음에 주목해야 한다.

⑤ 평소에 자기가 흥미를 가졌거나 관심을 가지고 재미있다는 생각을 한 것으로 연구주제를 선정해야 한다. 이는 학위 논문의 주제는 일생에 한번 주어지는 기회일 가능성이 높기 때문이다.

⑥ 지도교수와 대화의 시간을 충분히 가짐으로써 자기의 생각과 뜻을 자주 나누라는 것이다. 훌륭한 상담자를 자주 만나서 대화의 시간을 갖는 것도 슬기로운 태도이다.

2. 연구 계획서

학위논문 작성에 앞서서 제출하는 것이며, 이 연구계획서에 의해서 그 논문이 성공적일 수 있는가를 심사한다. 이것은 석・박사학위과정 중에서 논문 작성 연구자격을 얻기 위해, 연구신청을 할 때 필수적으로 요구되는 중요 과제이다.

연구계획서에 꼭 포함되어야 할 네 가지 요소는 다음과 같이 정리할 수 있다.

첫째, 연구주제와 관련된 문제제기와 연구목적에 대한 서술이다.

둘째, 연구주제를 다루고자 하는 연구범위와 연구목적 달성을 위한 연구방법에 대한 서술이다.

셋째, 연구내용에 대한 서술이다.

넷째, 연구내용과 관련된 국내외 연구활동 및 참고문헌에 대한 서술이다.

1) 문제제기 및 연구목적의 서술

'연구하여 해결해야 할 물음에 대하여 의견을 붙여서 논의할 것을 제기함'의 뜻이며 이 문제제기는 연구목적의 서술과 직접적으로 관련이 되므로 중요하다.

2) 연구방법 및 연구방법의 서술

연구범위의 선정을 밝히는 것으로서 통시적(通時的) 관점(diachronic standpoint) 및 공시적(公示的) 견지(synchronic viewpoint)로 나누어서 생각할 수 있다. 전자의 연구주제는 시간선상의 변화나 변천을 다루므로 주로 역사와 관련되기 마련이고 후자의 관점과 관련된 연구주제는 시간의 흐름을 정지시킨 상태에서 일어나는 일을 다루므로 대체로 현재라는 시점의 지역적 차이나 변화와 연관되어 있다.

연구방법은 연구목적을 달성하기 위한 수단, 즉 그 목적을 이루기 위한 행동이나 방법을 밝히는 것으로서, 어떻게 연구목적을 달성할 것인가에 대한 자세한 설명이 바로 연구방법의 서술이다. 어떤 특징을 고찰하는 데는 분석적 방법과 비교방법이 있으며, 연구주제와 목적에 따라서 통계적 방법이나 비평적 방법 또는 역사적 방법이나 문헌적 방법이 될 수도 있으며, 귀납적 방법이나 연역적 방법이 요구되는 것도 있다. 이 중 연구자는 자기 주제의 연구목적을 가장 효과적으로 달성할 수 있는 것을 선택해야 한다.

3) 연구내용 및 예상결론(기대효과)과 참고문헌

연구내용은 자료정리 후 작성되는 줄거리, 곧 연구개요이며 논문의 본론 즉 뼈대이다.

기대효과와 서술: 예상되는 연구결과, 즉 예상결론이 학계에 어떻게 기여할 것으로 기대하는가에 대하여 서술하는 것으로서 예상결론을 어떻게 서술하여 기대효과와 관련지을 것인가를 적는 것이다. 이때 예상결론은 연구목적에 대한 적절한 대답을 적는 것이며, 앞에 제시한 연구가 진행된다면 결과적으로 어떠한 성과가 나올지에 대해 적는 것이다. 기대효과의 서술은 예를 들어 "그러한 결과는 음악교육학의 이론 정립에 하나의 징검다리를 놓는 것으로 기대되는 바이다"라고 적는 것이다. 마지막으로 예상결론(기대효과)에 이어서 연구계획서에 반드시 포함될 것이 바로 연구에 영향을 준 자료와 참고문헌의 정리서술이다.

4) 기타사항의 서술

연구계획서에는 위에 언급된 것에 덧붙여 논의될 것들이 있는데, 연구의 중요성이나 연구개관, 용어정의와 참고문헌 등의 사항들이 바로 그것이다. 연구의 중요성과 필요성은 선정된 연구주제가 왜 중요하고 필요한가를 서술하는 것으로서, 연구목적을 서술할 때 포함시키는 것이 좋다.

연구사에 대한 개관이란 선정한 연구주제와 직·간접적으로 관련된 기존 연구성과에 대하여 개괄적으로 점검하는 작업을 뜻한다. 즉 무엇이 풀리지 않은 문제이며 또는 무엇이 해결되었고, 앞으로 해결되어야 하는지를 찾는 작업으로서, 서론은 문제제기 및 연구목적 서술과 관련해서 간략하게 서술한다. 이는 자신의 연구주제 설정에 대한 검토 작업을 뜻한다.

용어정의란 연구 주제와 관련된 가장 중요한 핵심용어 또는 본론의 전개 때 사용되는 특수한 술어에 대한 분명한 개념 규정을 뜻한다.

3. 자료수집과 정리

연구자료의 수집과 정리를 하는 동안에 얻는 이점은 다음과 같다.

첫째, 주제를 한정하고 그 윤곽을 명확히 하는데 도움을 준다.
둘째, 연구계획시 새로운 연구방법을 알 수 있다.
셋째, 연구 시작 전에 놓치고 있었던 결론이나 사실 등을 알 수 있다.
넷째, 다른 연구자가 사용한 좋은 방법들을 알 수 있다.
다섯째, 특정 문제에 관한 현 연구 상황을 파악하는데 도움이 된다.
마지막으로는 이론적인 부분과 문제를 확실히 이해할 수 있다.

논문 주제가 선정이 되면 이에 따른 자료조사에 들어가는데 내용적으로 연구주제와 직 · 간접적으로 관련되는 문헌, 악보, 음반, 녹음테이프나 비디오 영상들을 모두 포함하여 인터넷 열람 가능한 정보에 이르기까지 무한한 양에 이른다. 이중에 도서관이 제공하는 서지도구정보 서비스 시스템 혹은 인맥(학연, 지연, 혈연) 등과 같은 다양한 방법을 동원하여 관련 정보를 총망라하여 조사 연구하게 된다.

연구자료를 그 자료성격에 따라 크게 다음의 두 가지로 분류한다.
먼저 1차 자료는 연구의 기본인 原典이며, primary source이다. 연구의 바탕으로서 자료문헌이라고 한다. 예를 들면 그밖에 음악사 관련 원천, 유성기 음반 등의 고음반, 자료 카세트, 비디오테이프, 자료 사진, 면담자료, 현장자료, 친필악보 등이다.
2차 자료는 원전을 바탕으로 삼아서 쓴 논문이나 저서와 같은 자료들을 말한다. 연구문헌이라고 부르기도 한다. 예를 들어 그밖에 1차 자료를 근거로 연구된 ~연구, ~서설, 사전, 연구논문들, 음악사서 등의 많은 자료들이 그것이며 예로써 다음과 같은 내용을 들 수 있다.

D. J. Grout 저 A History of Western Music

O. Struck 저 Source Readings in Music History

The New Grove Dictionary 등이다.

또한 문헌조사의 종류에도 소급조사와 최신정보조사의 두 가지로 나뉘는데 몇 차례 혹은 동시에 몇 회에 걸쳐 실시된다.

첫째, 소급조사란 과거 일정 연도부터 현재까지의 모든 문헌조사법이며, 관련 주제에 대한 연구의 흐름과 함께 현재까지의 연구결과 파악이 용이하다. 결과적으로 자신이 다루려는 연구가 해당분야에서 어느 위치에 해당하는지의 파악이 가능하다.

둘째, 최신정보조사란 새로 도착한 문헌과 자료만 조사하는 경우를 뜻하며 도서관 소장 자료 목록이나 인터넷 온라인상의 자료를 검색하여 그 내용을 알아가는 것을 말한다.

따라서 논문의 주제 선정 시점에는 소급조사가 중요하며 논문을 작성하는 중에는 최신정보조사 쪽이 더 유용하다. 조사방법에 있어서는 매뉴얼 탐색과 온라인 탐색이 있는데 최근에는 후자의 방법이 더 늘어나는 추세이다.

1) 연구주제 관련의 자료조사

첫 단계는, 논문주제와 직접 또는 간접적으로 관련된 문제를 다룬 기존 연구업적을 조사하는 일이다. 그러기 위해서는 먼저 연구주제 관련의 논저목록을 작성하기 위한 조사작업이 시작되어야 하는데 이때 단행본 저서는 물론 계간·월간·연간의 모든 정기 간행물과 부정기 간행물, 발표 논문 등을 모두 포함한다.

예술·서양음악 관련의 논저목록 작성 시 고려할 사안에는 다음의 세 가지가 있다.

(1) 국내에서 발표된 석사학위 논문의 제목을 검토하여 어떠한 제목의 무엇이 연구됐는지를 알아본다.

(2) 자기의 연구주제와 관련된 논저목록을 학술지에 발표된 논문이나 단행본을 중심으로 작성하는 일이다.

(3) 자기의 연구주제와 비슷한 학위논문의 참고문헌을 이용하여 자신의 논저목록을 작성하는 것도 또 하나의 방법이 될 수 있다.

2) 조사된 검토와 제목

논저 목록에 기입된 자료의 검토 작업은 다음의 기준들에 의거하면 좋다.

(1) 이 논문에서 다른 문제와 자신의 연구주제가 관련이 있는가?

(2) 이 논문에서 제기된 문제가 무엇이고, 어떠한 결론에 이르렀는가?

(3) 이 논문의 방법론은 무엇이며, 그 방법론에는 결함이 없는가?

(4) 이 논문의 결론은 충분한 자료에 의해서 뒷받침 되었는가?

(5) 이 논문에서 사용된 자료들이 신빙성을 가졌는가?

(6) 논문 과정에서 논리적 결함은 없는가?

채록은 작성된 논저 목록의 하나하나에 관해 검토한 내용을 적어두는 것이며, 일반적으로 서지카드, 즉 독서카드에 적는 것이다. (3×5 혹은 5×8) 조금 재래식 방법이나 그 내용은 다음과 같다.

(1) 하나의 카드에 한 가지 내용만 적는다.

(2) 카드는 앞면만 사용한다(긴 경우는 카드 앞쪽 윗부분에 일련번호를 붙여 이용함).

(3) 학술정보는 내용을 정확하게 기입하는 것이 좋다.

(4) 직접 인용은 따옴표를 적음으로써 요약한 자기의 의견과 구별 짓는다.

(5) 이는 카드의 분량이 많거나 적거나 간에 각기 표제어를 달아서 분류하거나 이용하기 편리하도록 하는 것이다.

기재내용의 예를 들면 저자명, 책명, 출판지명, 출판사명, 출판연대의 기본 학술정보 및 도서정보 순으로, 논문의 경우는 논문명의 양쪽 끝은 따옴표로 표시하며, 이때 특별히 정기간행물이나 논문은 권수와 쪽수가 표시되어야 한다.

3) 검토 자료의 정리

먼저 자료의 가치를 점검하고 결정해야 하며, 이때 연구주제나 연구자의 관심 또는 연구대상에 따라서 다음의 분류 중 하나를 택하게 된다.

(1) 자료를 시간적인 순서에 따라서 정리하는 방법이다. 이것은 주로 통시적 관점에서의 변화와 역사적인 변천을 다루는 경우에 매우 효과적이다.

(2) 공시적인 견지에 때라서 정리한다. 이는 시간의 흐름을 정지시키고 그 안에서 지역에 따른 예술적·음악적 차이나 변화 또는 지역적 배경이나 사회적인 위상에 따른 변화의 차이를 다루는 논문일 경우, 효과적인 분류방법이다.

(3) 문제별로 분류하는 방법으로서, 그 문제의 순서에 따라 자료를 분류해야 효과적이다.

(4) 원인이나 결과별로 분류하는 방법으로 인과별 분류방법이 쓰인다.

(5) 연역적 방식 또는 귀납적 방식에 따라 분류하는 방법도 있다.

① 귀납적 분류: 특수한 사실로 미루어 일반적 원리를 알아내기 위한 문제를 다루는 것

② 연역적 분류: 일반원리를 바탕으로 삼고 그 위에서 특수한 것을 이끌어내는 것

4) 연구개요의 작성요령

논문을 쓰기 위해 가장 먼저 해야 할 일은 연구내용의 골격을 확정함과 동시에 그 세부적인 내용 목차를 구성하는 작업으로서, 연구계획서를 작성하기 바로 직전에 마련해야 한다. 이때 연구개요의 골격은 장, 절, 항, 목의 순서로 이루어지며, 본론의 '윤곽'(outline)에 해당된다. 이와 같이 작성되는 연구개요는 논문의 統一性을 갖도록, 즉 논지가 다른 곳으로 벗어나지 않도록 이끌어주는 나침판의 구실을 한다.

Chapter 3

논문의 구상과 작성

1. 논문은 어떻게 구상하고 준비하나

논문 작성에서 본연의 자세를 취하는 것은 구상력을 갖추는 것이다. 구상력이란 조각, 작곡, 소설, 건축 작업과 같은 개인의 창작능력을 뜻하며 논제의 향방에 따른 전개를 어떻게 어느 범위 안에서 할 것인가와 어떠한 자료의 사용과 도구의 선정을 정하는 것을 뜻한다. 즉 구상이란 한 연구자 개인의 마음속에 일어나는 현상을 의미하기도 하는데 한때 무질서하고 잡다하게 축적된 자료가 어느 날 갑자기 어떤 체계나 순서로 정리된 상태를 직면할 때 바로 어떤 구조나 구성이 이루어지거나 결정되기도 한다. 구상력이란 본래 무의식의 작용이라고도 말한다. 즉 구상에 필요한 자료나 문제는 의식적으로 정리해 두어야 하지만 그 문제 해결을 위한 하나의 체계로 구성되는 것은 무의식의 과정에서 이루어진다는 말이다. 이때 문득 생각이거나 예기치 않은 순간 번개처럼 스치고 가는 생각이나 영감을 직감이라고 한다. 쇼펜하우어는 그래서 우리 눈은 하나의 대상을 오래 응시함으로써 둔감해지고 아무것도 볼 수 없게 된다고 경고했나 보다. 그 말은 즉 마음을 충분히 휴식하게 하면서 구성할 문제로부터 의식적으로는 가끔씩 떠나게 해야 한다는 것을 시사한다. 그렇게 함으로써 우리의 지성은 오히려 우둔과 혼돈 속에 묻혔던 것에서 탈피하여야만 결과적으로 그 일에 관한 명백한 윤곽과 해결안을 얻을 수 있다는 것을 의미하고 있다고 본다.

구상력을 일으키기 위한 방법이 있다면 다음과 같은 것을 들 수 있다. 첫째, 마음을 쉬게 하되, 새로운 생각이 떠오를 때에는 즉시 메모하는 습관을 들인다. 둘째로는 가능한 구성 중 가장 합리적이고 유효한 논문의 구성을 찾을 수 있도록 구성의 원리를 익혀야 하는 것이 필요하다. 셋째로는 몇 가지 구성 요소로써 나뉘어지는 기본적인 구성유형을 잘 알아둘 것이다. 마지막으로는 논문 개요를 작성해보는 방법이 그것이다.

1) 구성의 원리

구성의 원리로는 크게 5가지를 들 수 있는데 통일성, 포괄성, 균형성, 조리성 그리고 집중성이 있다.

(1) 통일성

하나의 주제와 관련된 자료를 바탕으로 내용이 구성되어져야 한다. 반대로 별 관련이 없는 내용으로써 논문의 한 부분을 차지하고 있다면 이는 통일성의 결여로 판단된다. 또한 하나의 큰 주제를 몇 개의 작은 소제목으로써 다뤄야 할 때라도 그 작은 소제목들이 주제와 관련되었음을 분명히 해야만 한다. 이때 적합하지 않은 소제목이나 주제들을 제외시켜서 차후 다른 논문의 주제로써 활용할 수도 있다.

(2) 포괄성

주제를 제한된 범위 내에서 다룰만한 자료와 내용제시가 충분히 되지 못했을 때에는 포괄성이 결여되었다고 본다. 만일 자료정리를 하다가 맨 마지막에 이런 경우를 발견하게 되거나, 구성 단계시에 포괄성의 문제가 발견되었을 때에는 다시 자료수집 단계로 돌아가서 보충자료를 더 구해 와야 한다.

(3) 균형성

하나의 부제를 몇 개의 소제목으로써 논문의 각 장을 써 갈 때에는 장과 장의 비중관계를 따져봐야 한다. 따라서 논문의 각 장의 분량과 비중을 적절히 분배하는 데는 균형의 원칙이 필요하며 적용시키는 것이 필요하다.

(4) 조리성

논문 내용의 순서와 전개의 문제로써 어떤 내용의 소개를 먼저 또는 나중에 할 것인지와 다른 하나는 하나하나의 내용을 어떻게 이어가느냐의 문제이다. 결국은 필자 자신의 생각보다는 읽어볼 독자가 어떠한 생각의 흐름을 갖을지를 고려한 논문구성이어야 한다.

(5) 집중성

글의 흐름에 초점이 있어야 한다는 것이다. 이때 반드시 하나여야 하는 것은 아니며, 몇 개의 초점으로 구성될 경우는 '강조점'을 가져야 한다. 연구자가 전하고 싶은 그 내용을 '논문의 초점' 혹은 '가장 강조되는 점'으로 해야 한다. 이는 조리성, 균형성과도 관련짓는다. 그러므로 논문에서는 가장 중요한 내용을 전체 구성의 어느 부분에 두느냐에 따라 그 내용의 순서가 다르게 된다. 또한 중심내용이 전체에서 어느 정도 비중을 차지할 것인지에 따라 균형문제도 연관을 짓게 된다.

2) 구성의 유형

(1) 시간관계: 어떤 주제를 역사적 고찰 논문으로 쓴다면 그 내용을 시대순, 연대순으로 나누는 것이며, 실험과정의 보고나 관찰보고에 있어서 일정시간 단위에 따라 변화현상의 내용을 서술하는 것이다.

(2) 공간관계: 지역별, 지질적 특징, 사회구조의 특색을 다루는 내용이라면 공간적 관계 구성의 순서를 동쪽에서 서쪽으로, 중심지에서 변두리로 또는 낮은 지역에서 높은 지역으로의 기준에 따라 구성을 한다.

(3) 집합관계: 어떤 대상을 전체적으로나 부분적으로 취급하는 경우 서로 호환적 방식이 가능하며, 보편적이냐 특수적인 문제냐의 내용의 관계도 집합관계로 다룬다. 즉 예를 들어 교육문제로는 초 · 중 · 고등의 단계로 나누거나 전체와 부분관계를 구분짓거나 서로 개별적 또는 연계적으로 바꾸어 다룰 수 있다.

(4) 인과관계: 원인과 결과의 관계도 두 가지 호환적 방향으로 다룰 수 있다.

(5) 논리관계: 주어진 전제에서 시작하여 연역적 추리가 가능한 명제들 추리순서에 따라 설명해가는 논문형식이 있다. 이럴 때는 내용의 논리적 전개가 곧 논문구성 결정의 순서이다.

(6) 문제와 해답: 학술적 문제에 대한 학술적 해답을 제시해 보이는 논문이라면 문제제기와 해답이라는 기본적인 구성형식을 택할 수 있다.

(7) 가설과 검증: 가설을 세우고, 그 가설을 검증하기 위한 연구방법에 대한 설명과 그리고 그 연구결과와 가설의 검증에 관한 설명부분으로 나눠진다.

(8) 분석과 분류: 여러 요소의 혼합된 자료에서 특정 요소들을 구별해서 가려내는 것이 분석작업이다. 또한 이때 분석된 것과 개개의 것으로 수집된 자료를 어떠한 기준에 따라 체계적으로 나눠보는 것이 분류작업이다. 역사학, 고고학 같은 분야에서 이러한 자료의 분석과 분류의 소개

가 논문의 주요 내용일 때에는 논문의 구성형식을 판가름하게 된다.

(9) 비교와 대조: 사본을 원본과 대조해보는 것을 사본의 정확성이나 신빙성을 검토해 보기 위한 것이다. 이같이 두 가지를 이론적으로 비교하는 것은 상대적인 우열을 가리는 평가적 의미를 갖으며, 이때 비교기준이 필요하다. 학술논문은 이렇게 두 가지 이상의 이론이나 형상을 비교 대조하여 구성해보는 논문으로 다수 이루어진다.

(10) 비판과 종합: 한 가지 주제에 대한 여러 견해나 이론을 비판함으로써 각각의 장단점을 가려내고, 그 장점들을 종합해 새롭고 지양된 견해나 이론 제시를 하는 논문도 많이 취하는 형태의 학술논문 유형이다. 이때 논문의 전개는 비판의 부분에서 종합의 부분으로 나아가게 된다.

3) 주제와 부제

주제의 결정은 그 성질이나 자료의 종류에 따라 논문 구성형식에 쉽게 결정되기도 하나, 선택을 필요로 하는 복합적인 구성을 생각해내야 할 경우에는 복합적인 구성요소가 될 수 있는 기본구성 유형을 잘 익혀두는 것이 좋다.

논문의 제목이 논문내용이나 범위를 충분히 표현해 주지 못할 때에는 논문의 부제목을 붙이게 된다. 이러할 때에는 대체로 논문범위나 방향, 필자의 입장을 더 구체적으로 표현해주는 것이 필요하며, 단어의 사용에 있어서도 보다 함축적인 의미로써 어미나 어간에 다만 한 글자나 한 스페이스라도 줄여서 쓰는 것이 좋다.

덧붙여 숫자, 한글, 한문, 영문, 그밖에 외국어 등의 사용을 하는 경우에는 어느 정도 시각적으로 통일성을 갖도록 유념하는 것이 필요하다.

2. 논문은 어떻게 작성하는 것인가

1) 학위논문의 체계

구성요소의 범주에 따라 크게 다음과 같은 세 부분으로 나뉜다.

1) 서두(序頭 : Preliminaries) 부분
   - 표제지 또는 표지
   - 인준서
   - 국문초록
   - 내용목차
   - 도표목차 또는 그림(악보)목차
2) 본문(本文 Text of Thesis) 부분
   - 서론
   - 본론
   - 결론
3) 참고자료(參校資料 Reference) 부분
   - 참고문헌
   - 영문초록
   - 부록

(1) 서두부분

표제지(표지 表紙)는 논문의 제목이 적힌 앞표지로서 학위논문과 관련된 크기, 색깔 또는 학위구분, 제목, 학과명, 성명 등의 위치는 각 대학에서 정한 엄격한 규칙에 따라야 한다. 단 학술논문은 까다로운 제약은 없고, 원칙적으로 논문제목 및 필자의 이름과 소속 등이 알아 볼 수 있을 정도로 표시되기만 하면 된다.

① 논문 제목은 범위가 분명하게 드러나게 표시되어야 한다. “연구주제의 범위를 좁게 작게 그러나 구체적으로 잡으라”고 충고함을 상기하며, 흔히 부제(副題)로 그 범위를 한정하기도 하나 되도록 주제목으로 명확히 드러내는 것이 더 좋다.

② 논문의 제목은 논의된 내용의 성격을 드러낼 수 있어야 한다.

③ 논문의 제목은 되도록 간결하고, 명료해야 한다. 단어형과 문장형의 중간체인 어구형(語句型)의 제목이 적당한다.

④ 논문제목은 산뜻하고 신선한 맛을 내는 참신성을 풍겨야 한다. 상투적이거나 멋을 낸다고 하여 문제의 성격을 불투명하게 해서도 안 된다.

- 인준서에는 표제지와 같이 만든 밑에 “누구의 무슨 석사학위논문을 인준함”이라고 적는다. 그리고 그 아래에 심사위원장과 심사위원의 이름과 도장을 찍는 자리를 만드는 것이 일반적이다.
- 사사(acknowledgment)는 논문작성과 관련된 사람들에게 감사의 뜻을 표시하는 부분이다.
- 목차는 논문의 차례를 일정한 순서에 따라서 나열해 놓은 것으로서, 우리말로는 차례라고도 쓴다.

논문의 내용을 장(章), 절(節), 항(項), 목(目)의 숫자나 기호로 표시한다. 또한 목차의 표시 방식이 숫자로 표시하는 것을 수문목차라 하는데 장(場)은 로마숫자로, 절(節)은 아라비아 숫자로 표시한다.

예) Ⅰ. 서론

Ⅱ. 본론의 제목

1.

1)

2)

(1)

가 또는 A

나 또는 B

가) 또는 A)

나) 또는 B)

(2) 본문(本文 Text of Thesis)부분

A. 서론

문제의 어디까지를 연구하겠다는 연구범위 및 어떻게 문제에 접근할 것인가에 대한 연구방법의 서술도 서론의 필수적인 언급사항이다. 대체로 서론에서는 연구계획서에서 언급된 문제제기와 연구목적, 연구범위와 연구방법, 그 외에 문제의 중요성이나 연구사 개관 또는 연구배경이 서론에 포함되기도 한다. 경우에 다라서는 연구의 제한점을 쓰기도 하지만 이는 필수사항은 아니다.

B. 본론

논문의 본론은 서로에게 제기된 문제에 대하여 본격적으로 발전, 심화시켜서 일정한 결론을 도출해내는 모든 과정에 관한 진술을 말한다. 논문의 핵심이며 정수이다. 따라서 모든 문제점이나 가설의 검증이 이뤄지며, 확실한 증거에 의해 필연적인 결론을 이끌어내는 부분이다. 중요시 다뤄질 사항들은 이론이나 학설의 근거가 되는 논거, 논란하여 의론해 가는 논의, 이론이나 학설의 요지에 해당하는 논지 등의 세 가지로 요약된다.

논거를 제시할 때 주의해야 할 사항들은 다음과 같다.

① 논거는 확실해야 한다. 이때 확실하다는 뜻은 사리에 어긋나지 않고 들어맞는 타당성을 뜻한다.

② 어떤 가설을 세우고 그 가설의 정당성을 추구해가는 과정이 바로

논의라면, 그것은 이미 토론(討論)과 같다고 보면 된다. 고로 다른 모든 대안보다 자신의 대안이 우월함을 밝힐 수 있어야만 그 입론(立論)은 성립될 수 있고, 다른 사람을 설득할 수 있는 객관성을 획득하게 된다.

③ 자기주장이나 학설의 핵심이 바로 논지이므로, 논지의 전개는 논문의 구성과 관련된 모든 것, 곧 논거를 제시하면서 논의를 이끌어가는 과정을 일컫는다. 즉 논리적 일관성을 유지시키며, 한 항목에서 논의가 끝난 뒤 다음 항목으로 넘어가기 앞서서 그 논의의 결과를 요약하여 소결론(小結論)을 지어가며 논지를 전개하는 것이 독자의 이해를 도모할 수 있다.

C. 결론

본론에서 전개한 논의의 결과를 요약, 정리하는 부분이 결론이므로, 결론은 매우 중요한 의미를 갖는다. 일반적으로 본론의 소항목에서 이미 제시해 놓은 소결론을 종합하여 결론을 삼는다.

결론에서는 그 논문에서 밝혀진 가장 중요한 사실이나 결과가 제시되어야 하며, 주변적인 논점이나 사소한 문제는 언급할 필요가 없다. 또한 철저히 다루지 못한 부분이나 문제점들, 혹은 앞으로 더 밝혀져야 할 문제점들을 결론에 명시하여, 후학들이나 다른 이에게 연구점을 밝히는 것도 좋은 후속 연구를 낳게 한다. 또한 결론의 끝에 학계의 전망이나 정부 당국자에 대한 제언 또는 어떠한 사실에 대한 의의를 첨가하는 경우도 있다.

(3) 참고자료(Reference) 부분

A. 참고문헌(Bibliography)

학위 논문이나 저서에서 참고문헌을 중요시하는 이유는 그것이 연구의 질이나 수준을 가늠할 수 있는 척도가 되기 때문이다. 참고문헌은 논저목록의 작성처럼 단행본과 논문으로 구분 작성되며, 논문 주제에 따라 시청각 자료를 따로 구분하여 첨가시키기도 한다. 모든 참고문헌은 형식과 작성법을 따라서 기재하는데, 한글의 경우는 가나다 순으로, 외국어일 경우에는 ABC순서로 배열한다.

또한 외국원서와 논문은 모두 저자명의 ABC 순서에 따라서 배열하고, 중국인명과 책명 또는 일본인명과 책명을 그 나라식 발음의 로마자로 읽어서 배열하는 것이 좋다. 번역서의 경우에는 번역자의 이름이 제일 앞에 놓이고, 그 번역자 명 바로 뒤의 괄호 안에 저자명을 적는 것이 원칙이다. 고로 번역자의 이름을 가나다 순으로 정리해야 옳으며, 만일 연구자가 영문원서를 참고했다면 외국인명의 ABC 순서로 정리함을 따른다.

정기간행물의 학술지 발표 논문의 경우에는 각주와 참고문헌에서 차이점이 있는데, 각주에서는 연구자가 참고한 어느 특정한 쪽수만이 표시되지만, 참고문헌에서는 그 논문의 시작에서부터 끝쪽까지를 표시해야 하는 점이 차이점이다.

B. 영문초록(English Abstract of Summary)

초록(抄錄)은 연구의 내용과 결과를 간결하게 간추린 글이므로 흔히 요약이라고도 하는데, 그것이 학위논문에서는 외국어(대체로 영어)로 작성되어야 한다.

C. 부록(Appendix)

부록은 논문의 본문에서 다루기 어려운 자료나 참고사항 또는 도표나 연표, 아니면 귀한 자료나 사진 등을 묶어서 제시하는 것이다. 단 어떠한 경우라고 부록은 독자들에게 참고가 될 만큼의 가치가 있는 것이어야 한다.

2) 인용법의 종류와 방법

• 직접인용: 연구자가 원전 자료나 글을 그대로 옮겨 논거로 삼는 방식의 인용

• 간접인용: 연구자가 원전 내용을 요약하거나 요점만 간추려 자기의 논거로 삼는 인용

3) 주석의 종류와 각주 형식

(1) 주석의 종류

• 내각주: 본문 안에 주석을 다는 것을 뜻한다. 본무의 활자보다 작은 활로로 끼어 넣는 협주

• 외각주: 본문 밑에 일정한 순으로 주석을 다는 난외주에 해당된다.

• 별주: 장이나 단원의 내용이 끝마쳐지는 본문 마지막에 주석을 일률적으로 게재한다.

4) 참고문헌의 체제

참고문헌이 많을 때는 원전(原典)이나 고악보, 단행본, 논문, 시청각 자료 등으로 세분된다.

각주와 참고문헌 게재 시 주의해야 할 사항(쪽수, 외국인명, 부호)

(1) 논문작성자가 각주에서 어느 저서의 특정한 쪽을 참고했다 하더라도 참고문헌에서는 특정한 쪽수를 적지 않는 것이 원칙이다.

(2) 각주에서는 외국인명의 이름, 성의 순으로 적지만, 참고문헌에서는 성, 이름 순서로 적되, 성과 이름 사이는 쉼표(,)로 구분된다.

(3) 각주의 저자와 저서 사이 및 출판연대와 쪽수 사이에서는 쉼표가

사용됐지만, 참고문헌에서는 그 쉼표를 모두 마침표(.)로 바꾸어야 한다. 또한 참고문헌에서 논문을 게재하는 순서는 필자명, "논문명", 「학술지명」(출판사명: 출판지명, 출판연대), 권수, 쪽수의 순서로 게재한다. 이에 반하여 각주에서는 필자명, "논문명", 「학술지명」(출판사명: 출판지명, 출판연대), 권수, 쪽수의 순서로 적는다. 유념할 것은 참고문헌에서 시청각자료는 「자료명」. 제작지명 : 제작자명, 제작연대. 자료종류(일련번호)의 순서로 적는다. 그러나 각주에서는 "곡명," 「자료명」(제작지명: 제작사명, 제작연대), 쪽 · 밴드(band)명의 순서로 기입한다.

5) 논문 작성의 요령

(1) 문장력

좋은 글이란 읽어 내려가기 쉬운 글이며 글 흐름이 좋은 글을 말한다. 즉 어렵지 않고 딱딱하지 않으며 부드럽게 흘러 내려가는 글이 바로 그러하다. 그러나 이같이 읽기 쉬운 글이라 해서 모두 논리적 전개가 잘된 글이 될 수는 없다. 예를 들어 읽기만 좋은 글이 아니라 내용전개가 조리 있고 초점이 있는 글 다시 말하여 내용구성도 잘된 글을 뜻한다. 특히 내용의 논리적인 전개문제를 신중히 고려치 않고 함부로 써내려가는 버릇의 소유자라면 좋은 글쓰기를 위한 새로운 습관과 태도로 고쳐 나가는 것이 필요하다.

글쓰기가 어렵다는 것은 당연한 일이다. 그 이유는 생각의 속도에 비해 말하는 속도는 느리며, 글쓰는 속도는 이보다 더욱 느리다. 그러므로 글쓰기가 어려운 것은 첫째 생각이 글 쓰는 것보다 앞서감으로 조리 있게 정리할 시간적 여유가 없기 때문이며, 둘째로는 이를 위한 개념화와 문장화에 필요한 시간 때문이다. 글을 쓰기 위하여서는 생각을 명석하고 조리 있게 하는 훈련이 필요하다는 견지이다. 만일 결심이 선다면 다음과 같이 생각을 명석히 하기 위한 훈련을 해보기를 권유해 본다. 첫째는 자기가 쓰는 말의 뜻을 명확히 하는 훈련을 하는 것과 둘째로는 남들이 쓰는 말에서 뜻이 불명확한 표현을 지적해 낼 수 있는 훈련을 시작해 보는 것이다. 셋째로는 문장력을 위한 훈련을 덧붙여 한다면 이러한 과정을 명석하고 조리 있는 생각을 하게 되며 이는 맞춤법과 문법을 바로 익히는 것뿐만 아니라, 생각을 체계 있게 글로 구상해 가는 데 속도감을 더해갈 수 있다고 본다. 학술 논문을 위한 문장력에서는 결국 명확한 의미 전달과 조리 있는 내용의 전개가 중요한 것이므로 다음과 같은 '의미와 표현의 문제'와 '논리와 사실의 문제'가 이와 관련짓게끔 된다.

(2) 의미와 표현

A. 의미의 애매성과 모호성

두 가지 이상의 다른 뜻으로 이해가 될 수 있는 문장을 애매한 글이라 하는데 예를 들어 '나는 배를 좋아한다.' 같은 말이다. 이렇게 모호한 문장은 대개 그 문장의 주된 개념이 지시하는 대상이나 또는 집합의 한계가 분명치 않은 것이다.

또한 모호한 문장 중에는 개념의 모호성이 문제가 되는 것이 아니라, 문장의 구조가 잘못되었기 때문에 전체의 뜻이 모호하게 되는 것도 있다. 만일 글을 써 놓은 후 얼마 지난 뒤에 자신이 독자의 입장에서 자기 글을 읽는다면 처음에 발견치 못했던 애매함과 모호함을 발견할 수도 있다. 그러므로 처음 논문의 작성 때부터 자신의 표현력에 더 민감해질 것이며, 애매모호한 문장 표현을 자제하는 것이 중요하다.

B. 문장의 평이성과 연속성

좋은 글이란 의미가 명확한 글이어야 하지만, 의미가 쉽게 전달된다는 것은 즉 읽는 이에게 부담을 주지 않는 글이다. 이것은 의미파악이 쉽다는 뜻과 함께 글 흐름이 부드럽다는 뜻이 된다. 그런 글이 되기 위한 요점에는 다음의 열 가지를 들 수 있다.

① 되도록 평범하고 쉬운 말을 쓴다.

② 언제나 적합한 단어를 골라서 쓰도록 한다.

③ 어떤 말이든 그것이 일반적 통용의 의미가 아닌 특별한 뜻으로써 제한적으로 쓸 때에는 그 말의 사용에 대한 설명부터 해주도록 한다.

④ 감정적인 뜻의 말이나, 너무 강한 표현은 피하는 것이 좋다.

⑤ 글은 간결할수록 좋으며 과장된 수식은 삼가도록 한다.

⑥ 문장은 짧을수록 좋으나 짧은 문장으로 된 글은 오히려 딱딱한 느낌을 독자에게 줄 수 있으니 사려 깊게 긴 글은 적절히 나누어 표현하도록 한다.

⑦ 말하듯 쓰는 글이 좋은 글이다.

⑧ 계속 같은 말로 끝나거나 연이은 사용문장으로만 이어지면 단조롭고 지루한 글이 된다.

⑨ 문장과 문장을 잇는 말을 적절하게 잘 써야 한다. '그리고', '그러나', '또한', '그런데', '그렇지만', '따라서', '그러므로', '총체적으로', 등의 말을 잘 사용하면 문장의 연속이 부드러워진다.

⑩ 문장의 연속성은 무엇보다도 내용의 연속에 의존한다. 문장의 연속성이 표현에 있어서 중요한 것은 먼저 읽는 사람이 그러한 관련성을 쉽게 파악할 수 있도록 해주어야 한다는 것이다. 이에 반하여 어떠한 때는 나누어줘야 할 문단을 나누어 주지 않았기 때문에 글의 흐름이 어렵게 되는 경우도 있어 문제가 된다.

(3) 논리와 오류

A. 추리

학술논문을 쓰는데 가장 중요한 것 한 가지는 이론을 전개해 나가는 것이다. 이는 자기가 주장하고 싶은 어떤 사실을 뒷받침에 줄 수 있을만한 다른 사람들을 논리적으로 전개시켜 나간다는 뜻이다. 이것은 사실과 사실의 관계, 추리의 관계가 되도록 엮어 나간다는 의미가 된다. 따라서 학술논문의 서술에는 논리적인 생각과 논리적인 글쓰기 훈련이 아주 중요한 기초가 될 수밖에 없다.

B. 오류

① 자가당착의 오류: 앞뒤 말이 서로 모순되거나 반대되는 주장임을 뜻한다.

② 논리 비약의 오류: '따라서'나 '그러므로'라는 말로 연결되어졌으나 실제로는 논리적으로 뒤따라올 내용이 아닌 것, 또는 전제와 결론관계가 될 수 없는 글의 오류를 말한다.

③ 순환논법의 오류: 어떤 사실의 증명이나 뒷받침을 위해 제시한 물음이, 만일 처음 문제되었던 사실로써 그것을 뒷받침하고자 한다면 이것은 순환논법이 된다.

④ 조건혼동의 오류: 조건에는 필요조건과 충분조건이 있다. 필요조건이란 그것이 성립되지 않으면 결과가 실현될 수 없는 것을 말하며, 충분조건이란 그것만 성립되면 결과가 실현될 수 있는 것을 말한다.

⑤ 흑백 논법의 오류: "이것이냐, 저것이냐" 혹은 "이것이다, 저것이다"와 같은 선택적 명제논법을 전제할 때에는 두 명제들이 서로 반대관계인지 모순관계에 있는 것인지를 분명히 해야 한다. 학술논문저술시 좋은 글이란 논리적 구성이 잘된 글, 논리적으로 잘 흘

러가는 글임을 바르게 이해하고, 또한 그러한 훈련을 위해 자신이 노력할 수 있도록 항상 다짐해야만 한다.

(4) 인용과 표절

A. 인용문

필요 없는 인용문이 너무 많거나 거의 전부가 인용문으로 된 논문은 오히려 학술 논문으로서의 가치가 평가 절하된다. 그러나 표절의 위험성을 고려한다면 역시 인용문의 표현이 결여된 것보다는 비율이 낫다고 하겠다. 사실 자기가 할 수 있는 이야기는 무엇이든 남이 이미 정리해둔 내용에서 나올 수밖에 없다. 어떤 무의식 세계 안에 잠겨 있던 내용이 어느 때 자신의 생각으로 떠올리게 되는 경우가 있다면 이런 경우에는 표절문제가 개입되어서는 안 될 것이다. 단, 이럴 때도 그것이 어떤 자료에서 나왔다는 사실과 자신이 그 자료를 접한 적이 있다는 사실만 인정된다면 그것의 인용된 출처를 밝혀주는 것이 옳은 것이다. 그러나 누구나 알고 있는 평범한 사실은 새삼스럽게 인용할 필요가 없지만, 처음으로 그것을 말한 사람이 중요하므로 어떤 때는 구태여 그 출처를 밝히지 않고 말한 사람의 이름만 제시할 수 있다. 가능한 한 인용에 의존하지 않고 자기 생각을 전개해 서술하면 좋다.

B. 인용문의 사용

만일 자기말로 써 내려간 내용이 어떤 권위자의 얘기와 같은 내용의 것이 된다면 간접인용임을 표시한다. 단 이때 주의점은 인용문 본래의 뜻을 정확히 옮겨 주어야 한다는 조건이다. 그러나 자칫 잘못하면 인용자의 주관적 해설의 개입소지가 있으므로 주의해야 한다. 직접인용은 어떤 때는 너무 인용이 많다는 느낌을 주기도 하는데 이를 간접인용문으로 고쳐주는 방법을 쓴다면 이는 불필요한 인용을 줄이는 것이기도

하다. 그러나 인용목적이 인용문 내용에 대한 비판일 때에는 직접인용이 마땅하다.

① 인용의 정확성

직접 인용문의 경우 인용할 출처(문헌)에 있는 내용 그대로를 인용문으로 옮겨 써야 한다. 이때 모든 인용문은 "겹 따옴표" 안에 기재해야하며, 단지 인용문 안의 인용문만 '홑 따옴표' 안에 넣도록 한다.

② 인용의 생략

만일 인용문 내용 중 일부를 생략할 때에는 아랫점 3개를 간격을 띄어서 찍는다. 첫 점 및 마지막 점과 이어지는 글 사이에도 간격을 띄운다. 또한 생략부분이 한 문장의 끝부분일 경우에는 생략을 나타내는 점 3개와 마침표를 합쳐 점 4개를 찍는다. 이때는 4점 중 첫 점은 글 마지막에, 나머지 3점은 각기 간격을 띄운다. 생략부분이 한 글을 넘는 경우에는 아랫점을 한 줄 찍으며, 단 문단이 시작되는 첫머리에는 생략부호를 사용하지 않는다.

③ 인용문 사용시 주의할 사항은 다음과 같다.

첫째, 양식이 바뀔 때마다 글이 중단되는 것 같은 느낌을 피하려면 짧은 인용문이나 인용구를 자신의 문장 속에 포함시켜줌으로써 어느 정도의 단절감은 피할 수 있다. 둘째로 인용문이 긴 경우는 인용 시작 전에 인용내용에 대하여 짤막한 소개를 하는 것이 좋으며 인용이 끝난 후에도 그 인용문 내용에 대한 언급을 해주는 것이 좋다.

(5) 초고와 원고수정

연구논문을 써 가는데 있어서 만일 시간적, 심리적 여유를 갖는다면 몇 차례이든 다시 고쳐 써보는 수정작업을 거치는 것이 좋다. 글을 써 내려가다가도 갑자기 더 좋은 구상과 전개의 아이디어가 떠오른다거나 한다면 한 어떠한 경우는 적절한 휴식기간을 갖은 후에 논문쓰기를 재고려해 보는 것이 좋다. 이런 태도는 자신의 논문에 대해 어느 정도 객관적인 입장에 서는 데에 도움이 된다. 가장 최선의 방법은 가끔씩 자기 동료나 지도교수 혹은 전문적 식견을 가진 타인에 의한 수정안이나 조언을 곁들인다면 가장 바람직하다.

원고 수정에 대한 세부적인 자기성찰 목록은 다음과 같이 요약될 수 있다.

첫째, 논문의 체제가 올바르게 되어 있는지 확인 검토한다.

둘째, 문법적인 면은 자세히 검토하여 수정하도록 한다.

셋째, 적절한 개념의 사용이나 어휘사용 문제도 검토해 본다.

넷째, 학술논문적 표현에 알맞은 방법을 썼는지와 문장의 의미전달이 알맞게 되었는지도 검토한다. 문장의 흐름을 더 부드럽게, 더 간결히 해주는 것을 고려한다.

다섯째, 논리적 전개시 어떠한 오류가 있는지도 검토하며 논문의 전체적 구조도 다시 따져 보도록 한다.

여섯째, 자료의 충실성에 대한 검증과 비판도 반드시 필수적이다. 부족하면 보충 수정한다.

일곱째, 무엇보다 처음 논문작성 계획 때부터 이를 위한 논문작성 단계별 소요시간에 대한 세밀한 일정표를 만든다면 제출마감 시간을 앞두고 크게 당황하지 않게 된다. 경험자들은 때로는 논문작성을 두고 예술작품의 완성에 비유하여 다음과 같이 말하기도 한다. “한편의 논문이란 한 폭의 그림과도 같다. 그러므로 화가가 자신의 그림을 다듬듯이 논문을 쓰는 사람도 자기 논문을 끝까지 잘 다듬어야만 한다.”

제2부

연구논문이란

Chapter 4

연구논문이란

1. 논문이란 어떤 종류의 글인가

논문의 정의와 성격을 자세히 살펴보자면 논문이란 어떠한 사물에 관하여 자기의 견해를 체계적으로 적은 글이나 또는 학술적인 연구결과를 발표하는 글을 말한다.

이와 같은 면에서 인간의 연구활동으로 나온 논문은 글의 체재 면에서 다른 글과는 확실히 구분된다.

먼저 가치 있는 논문이 되려면 다음의 구비조건을 만족시키는 것이라야 한다.

첫째, 논문은 그 논문이 다루고 있는 분야에서 새로운 내용을 담아야 한다.

둘째, 논문에서는 논의가 이치에 타당해야 한다. 즉 주장이나 학설이 참신하다고 해도 그것을 정당화하지 못한다면 그 논문은 존립할 수 없다.

셋째, 논문은 논문이 되기 위해서 필요한 내적 형식과 외적 형식을 고루 갖춰야 한다.

넷째, 논문은 공표되어야만 비로소 논문으로서 자격을 가지게 된다.

두 번째로 논문의 종류를 크게 나눠볼 때에는 다음의 일곱 가지로 나누어 볼 수 있다.

Article: 신문이나 잡지에 발표하는 기사

Monograph: 주제를 중심으로 연구한 단행본의 저술

Treatise: 전문학회지나 특정 연구논총에 발표되는 논문

Thesis: 석사학위 논문

Dissertation: 박사학위 논문

Essay: 가벼운 논문

Paper or Report: 학기 중에 마련하는 소논문

논문의 종류에 따라서 내재적으로 갖춰야만 할 속성을 보다 상세히 살펴보면 다음과 같다.

1) 학위논문

학위논문은 학위에 따라서 논문에 요구하는 질적, 양적 수준에서 차이가 있으며, 담당지도 교수의 지도하에 작성되고, 일반 학술논문과는 구별된다.

졸업논문의 목적은 다음과 같은 데에 그 뜻을 둔다. 단적으로 말하면 교수와 학생간의 학술적 접촉의 증진과 전공과목의 지식을 종합하여 이로써 자주적 학문연수의 능력과 태도의 함양에 있다.

석박사 학위 논문은 학생의 독립적인 연구능력을 한 층 더 요구하는 것임으로써 완벽한 방증, 철저한 연구자 스스로의 자체 점검, 충분한 자료제시 등을 필수적으로 포함해야 한다.

즉 연구자가 해당 분야에서 새로운 사실을 발견했거나, 새로운 학설의 제시, 아니면 혁신적인 연구방법을 소개하는 내용을 그의 논문에 담아야 한다는 뜻이다.

2) 연구논문

일정한 주장이 있어야 하고, 그 주장을 뒷받침하기 위한 논거가 제시되어야 하며, 논증과정이 필수적으로 수반되어야 한다.

(1) 지금까지 알려지지 않은 사실이나 현상을 밝히는 논문

(2) 일반적이 원리나 법칙을 수립하려는 논문

(3) 새로운 해석을 시도하려는 논문: 내재적 속성의 필수적인 요건 이 따르며 자기주장에 반드시 새로운 내용을 담아야 한다는 것이다. 만일 그 자료에 대한 새로운 해석을 제시한 논문이라면, 연구논문으로서의 독창성은 인정될 수 있다.

3) 논문의 내재적 속성

논문의 가치를 높여주는 필수조건은 독창성(Originality), 정확성(Accuracy), 객관성(Objectivity), 불편성(Impartiality), 검증성(Verification), 평의성(Readability)의 여섯 가지를 들 수 있다.

(1) 독창성

논문의 생명은 독창성 여부에 달려 있다. 자료 연구 방법, 결론, 시각 등의 면에서 모두 새롭거나 참신해야 할 것을 요구한다.

연구주제를 어떤 방법으로 어떻게 접근하느냐에 있어서 새로운 자료에 의거한 논문은 새로운 연구방법으로써 이론의 바탕이 되기도 한다. 새로운 결론은 또한 새 해석에 의해서 나오므로 논문의 독창성과는 긴밀한 관계이다. 또한 같은 논제라 할지라도 시각을 달리할 때 정설의 허점이 발견되므로, 독창적 논문에서는 필수적이다. 독창성을 해치는 피해야 할 금기사항은 다음과 같다.

첫째, 연구결과를 요약하는 일은 삼가야 할 일이다.

둘째, 남의 주장이나 학설을 비판 없이 옮기는 일도 피해야 한다.

셋째, 입증되지 않은 개인적 견해나 주장을 펴는 것은 글을 읽을 독자들에게 무례한 경우이다.

(2) 정확성

애매모호한 정보나 거짓 정보를 근거로 작성된 논문은 신뢰성을 상실하므로 아무런 가치가 없다. 또한 통계자료, 인명, 지명, 용어 등의 자료가 정확해야만 논문의 가치가 드러나기 마련이다. 문장의 쉼표와 마침표 하나에 이르기까지 틀림없이 확실해야 한다. 자기주장이나 학설의 근거가 되는 각주와 참고문헌이 논문의 정확성과 밀접한 관계를 맺고 있다.

(3) 객관성과 불편성

① 객관성: 논문의 내용이 사실과 증거에 의거하여 객관적으로 서술되어야 한다. 즉 입증이 되지 않은 개인적인 견해나 생각에 의한 주관적인 서술로는 안 된다는 말이다. 객관성은 언제, 어디서, 누구에 의해서나 보편적인 진리로 수긍이 가능한 것이라는 의미이다.

② 불편성: 논문집필자가 개인적인 감정이나 관심에 치우친 선입견이나 편견에 사로잡혀서는 안 된다는 뜻이 불편성의 핵심이다. 즉 개인적인 이해관계에 어긋나더라도 그것이 진리라면 공명정대하게 다뤄야 한다. 학문의 목적이란 결국 진리, 탐구에 있으므로, 가장 올바른 진리 판단에 대한 냉정한 불편성이 요구되기 때문이다.

(4) 검증성과 평이성

① 검증성: 검사하여 증명할 수 있는 성질을 뜻하여, 논문의 내용은 곧 다른 사람에 의해 검증, 재현될 수 있어야 한다. 즉 논문에서 제시한 방법에 의해서 언제, 어디서, 누가 검증하더라도 같은 결론이 나올 수 있는 재현 가능성이 바로 검증성이다 재현 가능의 확신이 있을 때, 비로소 주장이나 학설의 타당성이 인정되고 그 논문이 설득력을 갖게 된다. 그러므로 논문에서는 자료의 출처나 연구방법 또는 주제의 접근 방법 등이 명시되어야 한다.

② 평이성: 까다롭지 않고 알기 쉬운 성질의 뜻으로써 논문도 예외일 수 없다. 연주가는 투명한 의미의 용어와 어법에 맞추어 읽기 좋고 쉬운 문장으로 서술해야 한다. 글은 알기 쉽게 써야 한다. 눈에 거슬리지 않고 쉽게 읽혀질 수 있도록 문장을 잘 다듬어야 할 것이다. 요컨대 논문의 본문만으로도 내용파악이 불편하지 않도록 논문의 주석이 눈에 거슬리지 않게 함으로써 쉽게 표현하여 평이성을 높여주어야 한다.

2. 사회현상의 연구

우리가 몸담고 있는 사회현상 그 자체에 대한 정확한 인식이 전제되어야 한다. 교육, 문화, 예술분야들 포함하여 일정한 사회현상에 대한 이론을 발전시키고 창조시키고자 하는데 그 의미가 있다. 그러므로 어떠한 경우 이론적으로 정확치 않은 연구결과나 현상과 불일치한 연구는 사람들의 가치판단과 사고의 혼돈을 가져올 수 있는 위험을 초래하기도 한다. 그러므로 사회현상에 대한 연구란 다음과 같은 일곱 가지의 특성을 만족시켜야만 한다.

첫째, 체계적으로 엄격한 절차에 따라서 수행되어야 한다. 연구자가 절차에 따라서 생각하고, 기획하며, 행동하도록 하는 것이다.

둘째, 설정된 연구 전략에 따라서 수행되어야 하며, 동시에 융통적이고 사회적 맥락을 소홀히 하지 않는다.(주변 상황 변화에도 민감히 대처하며 의사결정을 내리기도 해야 함.)

셋째, 연구자에 의해서 비판적인 자기점검과 성찰이 이루어져야 한다. 자신들의 '자료'나 지식에 대한(정보) 가치중립적, 객관적인 입장을 지닐 수 있도록 항상 스스로 묻고, 자신의 역할을 숙지하도록 노력해야 한다.

넷째, 지적으로 탐구하는 대상에 대한 사회적 설명이 이루어져야 한다. 기술과 상황 묘사만으로는 충분하지 않으며, 자신이 새롭게 사회적 설명을 창출해낸다는 것을 충분히 인지하고, 뚜렷한 설명논리를 지녀야 한다.

다섯째, 일반화가 가능하며, 널리 동조 받을 수 있는 사회적 설명을 만들어 내야 한다.

여섯째, 질적 연구의 철학과 이의 수행이 방법론적으로 아무런 문제가 없이 완벽한 조화를 이루는 것으로만 간주되어서는 안 된다. 또한 질적 연구가 양적 연구에 배치되거나 양립 불가한 것으로 보는 것도 잘못이며, 양적 · 질적인 연구 방법들 이 둘을 왜, 어떻게 결합시킬 것인가를 심각하게 고려해야 한다.

일곱째, 질적 연구는 반드시 연구 윤리강령과 그러한 맥락에 따른 준거에 의하여 수행되어야 한다.

우리가 논문연구를 존재적 구성요소로 볼 때에 사회과학의 연구대상은 다음과 같은 요소를 포함한다.

- 사람, 사회적 행위자
- 신체, 주체(subjects), 객체(objects)
- 심성, 정신
- 합리성, 감정, 사고, 느낌, 기억, 감성
- 의식, 잠재의식, 본능
- 이해, 해석, 동기, 생각
- 태도, 믿음, 견해
- 정체감, 본질, 존재
- 자아, 개인
- 타인, 통제집단
- 표상, 문화적 사회적 구조
- 경험, 기사
- 이야기, 전기, 진화
- 글, 담론
- 단어, 부호, 통신, 언어
- 행동
- 상호작용, 상황, 사회관계
- 사회적 문화적 관례
- 사회과정
- 규칙, 도덕, 신념체계
- 제도, 구조, 물질, 시장
- 문화, 사회, 집단, 생산자, 소비자
- 본성, 유전, 인간, 동물
- 경험적 유형, 규칙성, 질서, 조직, 연계성
- 경험적 우연성, 자발성, 무질서, 해체, 혼란과 단절
- 기초를 이루는 인과기제
- 하나의 객관적 실체
- 다양한 실체들 또는 견해
- 수업지도안, 교구, 교재

1) 사회현상 연구의 유형

사회현상 연구의 유형을 살펴보면 크게 두 가지로 나누어 볼 수 있다.

첫째는 하나의 기준을 내세워 이제까지 발표된 이론을 중심으로 비교 연구하여서 더 한층 발전된 이론의 창조를 새롭게 모색하는지에 대하여 연구를 통해서 구분해 가는 것이다.

둘째로는 현상에 대한 구체적인 연구방법이 경험적 방식을 취하는지 혹은 전혀 비경험적이고 반대로 규범적 방식을 추구하는지를 구분해 보는 것이다.

〈표 4-1〉 사회현상 연구의 차원

	연구의 목표		
연구의 방법	방법 / 준거	적용적	재창조적
	규범적	규범적-철학적	공식화-이론화
	경험적	공학적 연구	이론지향적 연구

(1) 철학적 연구: 사회현상 속에서 학문적 사회적으로 저명한 인물이나 이론을 들어 비교 연구하는 동안 무엇이 본질적으로 존립되어야 하는가의 당위성의 문제를 연구하는 것이다. 예를 들어 Platon, Karl Marx, John k. Galbraith, 공자 등의 인물을 비교하여 주로 도덕적 관점에 입각하여 현실적 입장에 서서 접근하여 이론적으로 규명하는 것이다.

(2) 공학적인 연구: 현실적인 문제의 즉각적 해결을 위해 연구의 중요목적으로 삼는 것이다. 주로 경험적인 연구방법을 쓰며 사회적 문제해결을 위한 필요성에 관심을 둔다. 이를 위해 여러 다양한 변수관계의 효과를 측정하는데 그러한 측정의 정확성을 위해 경험적인 연구방법을 동원한다.

(3) 이론지향적 연구: 우리가 아는 사회현상적인 지식을 더욱 확대시켜 주고, 이에 대한 새로운 사실의 발견을 중심으로 이론화하는데 연구의 중심을 둔다. 구체적으로 연구대상에 대한 접근 자체가 경험적이며, 바로 현실적 인식에 관점을 가진다.

위와 같은 유형의 연구를 위한 훌륭하고 바람직한 이론은 과연 구체적으로 어떠한 성격을 가져야만 하는가? 이에 대해서는 여러 가지 의견이 있겠으나 이론의 단순성, 예언적 정확성, 그리고 중요성의 세 가지 기준에 의해 평가될 수 있다. 이때 중요성에 대해서는 다음의 두 가지 의미를 반드시 포함해야 하는데, 첫째는 연구대상 자체가 현실적으로 중요한 의미를 가져야 한다는 것이다. 두 번째로는 연구결과 자체가 중요한 의미를 전달시켜 주는 것이어야 한다.

2) 사회현상 연구의 단계

이를 위해 몇몇 학자들이 공통적으로 채택한 연구의 단계를 살펴보면 다음과 같다

(1) 문제영역의 설정(시차적 상황, 지역성 고려함)
(2) 문제대상에 관한 이론과 문헌의 조사
(3) 논리적 가설의 설정
(4) 가설의 입증을 위한 연구전략 수집
(5) 자료의 수집과 분석
(6) 가설의 입증
(7) 이론화의 설정

위의 연구단계의 순서는 John T. Doby, C. V. Good, F. N. Kerlinger, W. A. Scott의 학자별 연구단계의 과정 중 공유된 절차를 제시한 것이다. 이와 같이 사회현상연구에 대한 바람직한 연구를 위해서라면 연구자 각자가 가장 정확한 현상인식과 이에 대한 보편적 논리를 수립하여 우리에게 놓여진 학문적 과제해결에 더 한층 노력을 기하는 것으로써 원하는 목적에 다가갈 수 있다.

이러한 이유로 볼 때에 사회현상 연구에 대한 질적 향상을 추구하기 위해서는 무엇보다도 그것을 다루는 연구 방법 자체에 대한 과학적 체계화가 우선적으로 실천되어야 함을 깊이 인식해야만 할 것이다.

3. 과학적인 연구와 질적인 연구

1) 과학적인 연구

먼저 과학과 상식에 대한 그 의미를 규명해 보아야 한다.

(1) 과학과 상식

과학과 상식은 모두 개념이나 이론을 사용하고는 있지만, 그것을 사용하는 방식에는 큰 차이가 있다.

첫째, 과학자들은 체계적으로 이론을 구성하고 내적 일관성을 확인하거나 실험을 통하여 그 이론을 입증한다.

둘째, 과학과 상식에서 모두 이론과 가설을 검증한다고는 하나 그 검증방법에서는 차이가 있다. 즉 과학에서는 실험과 관찰을 반복하며, 새로운 안을 수립하고 검증하며, 실증적인 연구를 통해서 과학자들은 새로운 이론을 계속 개발한다.

셋째, 과학에서는 통제를 중요시하는 반면, 상식에서는 그렇지 않다.

넷째, 과학과 상식은 관찰된 현상을 설명하는 방식에서 차이를 보인다. 즉 과학은 자연과 인간의 모든 현상을 합리적, 객관적으로 탐구하는 학문활동이다.

그러나 상식은 사람들이 보편적 사고의 범위를 넘지 못한다. 그러므로 과학적 방법이란 객관성을 지녀야 하며 경험적 증명가능성을 추구하며, 자체 수정을 끊임없이 해나가는 것이 그 특징이다.

(2) 과학적 방법의 기본가정

과학적 방법을 갖추는 연구란 다음의 세 가지 성질을 내포해야 한다.

첫째, 객관적 현실의 존재를 가정하는 것은 정당화에 더욱 유익하다.

둘째, 자연의 균일성이나 자연의 규칙성에 대한 가정은 자연현상의 분류가능성, 항시성, 결정론과 같은 세 가지 가정을 뜻한다.

셋째, 지적 활동의 신뢰성을 갖는다는 것은 즉 지각의 신뢰성과 기억의 신뢰성을 그리고 추리의 신뢰성까지 만족시키는 것을 말한다.

(3) 과학적 탐구의 목적

〈표 4-2〉 과학적 연구 활동의 순환과정

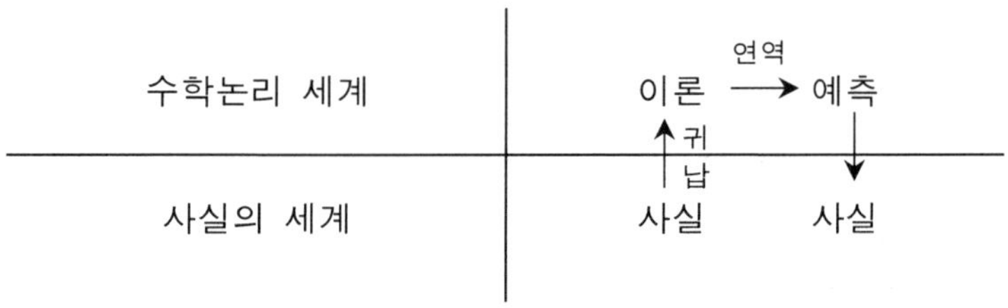

기술(Description)한다는 것은 다음과 같은 의미를 지닌다.

즉 과학적 탐구의 일차 목표는 현상을 기술하는 일이다. 설명이 '왜'에 대한 해당 이유를 강조하는 것이라면 기술은 '무엇'이라는 내용과 사실에 초점을 둔다.

설명이란 '왜'라는 의문에 답하는 것이다. 그밖에도 예측할 수 있는 결과를 위한 진행을 해야 하며, 연구과정이 논제에서 통제된 범위 내에서 진행하도록 한다.

(4) 연구의 일반적 과정

〈표 4-3〉 연구의 과정

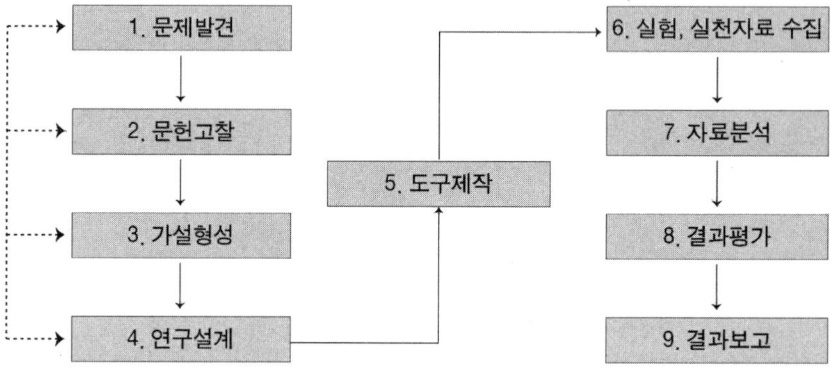

(5) 연구윤리

① 심신의 상해문제
② 사생활의 침해문제
③ 사회적 책임문제

연구의 사회적 윤리와 사회에 대한 과학자의 역할이 보다 중요하게 인식되고 있다. 즉 ‘과학자는 자신이 관심을 가지는 어떤 분야이건 연구, 발표하는데 자유로워야 하지만, 동시에 자신의 연구 보고에 따른 사회적인 책임을 어느 정도 받아들여야 한다’는 Cronbach의 말에 귀 기울일 필요가 있다.

2) 질적인 연구

질적인 연구가 바람직하고 차질 없이 진행되려면 그 전에 먼저 다음과 같은 계획이 우선해야만 한다.

(1) 내 연구는 무엇에 관한 것인가?

① 내가 탐구하고자 하는 현상, 실재, 또는 사회적 실체의 본질이 무엇인가?

② 무엇을 내가 탐구하고자 하는 실재, 또는 사회적 실체에 대한 지식이나 증거로 간주할 것인가?

③ 연구에서 다루고자 하는 주제, 또는 주관심 영역이 무엇인가?

④ 이론적, 지적으로 해결하고자 하는 궁금증이 무엇인가? 무엇을 설명하고자 하는가? 풀고자 하는 연구문제는 무엇인가?

⑤ 내 연구의 목적이 무엇인가? 나는 왜 이 연구를 수행하고자 하는가?

(2) 나의 연구전략은 일관성을 지니고 있는가?

① 어떤 자료출처와 자료수집 방법들이 잠재적으로 가용하고 또 적절한가?

② 이 자료수집 방법들과 자료 출처가 현실적으로 나에게 무엇을 가르쳐 주는가? 이를 자료출처와 자료수집 방법들이 어떤 현상과 사회적 실체의 구성요소를 설명하는데 잠재적으로 도움을 주는가?

③ 어떻게 또는 어떤 근거로 이들이 그럴 수 있다고 생각하는가?

④ 이들이 어떤 연구문제를 풀어가는 데 도움을 줄 수 있는가?

⑤ 자료와 조사방법들을 결합시켜 얻고자 하는 것이 무엇인가?

⑥ 어떻게 어떠한 논리로써 다양한 자료와 조사방법을 통해 얻은 결과물들을 서로 보태고 결합시킬 것인가?

(3) 나의 탐구는 윤리적인가?

질적 연구란 디자인 외에도 윤리, 도덕 및 정치성에 대하여도 다음의 항목에 대하여 분명히 답할 수 있어야 한다.

첫째, 연구의 목적이 무엇인가?

둘째, 누가 혹은 어떤 조직이나 단체가 이 연구에 관심을 갖고 있으며, 이 연구에 관여하거나, 또는 이 연구에 의해서 영향을 받을 것인가?

셋째, 이러한 개인, 조직이나 단체가 특징 연구 문제의 형성에 시사하는 바는 무엇인가?

넷째, 이러한 기준들에 의하여 누구의 어떠한 이해관계가 충족되는가?

다섯째, 이러한 기준들을 어떻게, 그리고 왜 형성되었는가?

여섯째, 출처가 달라도 이 기준들의 설득력이 동일하게 유지되는가?

일곱째, 이러한 기준들이 내가 인지하고 있는 복잡한 이해관계 속에서 충분히 만족스러운 것인가? 등이다.

(4) 연구디자인의 창출에 있어서도 연구자는 주어진 자원 즉 시간, 돈, 장비, 교통여건, 가용한 자료, 자신의 능력, 기술과 훈련의 필요성, 주요 자료에 대한 접근 가능성 등을 가지고 무엇을 이루어낼 수 있는가를 조심성 있게 계획하여 한다. 즉 나에게 주어진 가능한 자원들이 무엇인가와 이러한 자원들을 연구문제와 관련하게 가장 잘 활용하는 방법이 무엇인가에 대하여서도 명백한 해답을 제시할 수 있어야 하겠다.

A. 질적인 연구의 진행이 되려면 어떻게 하나.

1) 자료, 출처와 조사방법

(1) 어떤 출처의 자료를 활용할 것인가?

(2) 이러한 자료출처의 활용에 있어서, 무엇이 사회현상을 구성하는

가에 관한 나의 존재론적 관점과 또한 사회현상에 관한 지식이 어떻게 만들어질 수 있는가에 관한 나의 인식론적 관점에 얼마나 잘 부합되는가?

(3) 이러한 자료출처를 활용함에 있어 실용성의 문제는 어떠한가?

(4) 이러한 자료출처를 활용함에 있어 윤리성의 문제는 어떠한가?

2) 질적 면접: 논리와 합리적 근거

(1) 왜 면접을 시행하고자 하는가? 왜 나는 자료를 창출해 내기 위해서 사람들과 이야기하거나 접촉하고자 하는가?

(2) 왜 질적 면접을 시행하고자 하는가? 왜 더욱 구조화된 형태의 면접이나 질문지를 사용하지 않고 이러한 접근방법을 선택하는지에 대한 이유를 밝혀야 한다.

3) 질적 면접의 기획과 수행

(1) 어떻게 질문을 할 것인가? 어떤 내용을 어떤 형태로 물을 것인가?

(2) 이러한 주제들을 어떠한 깊이와 폭으로 다룰 것인가?

(3) 다음에는 무엇을 질문할 것인가? 그리고 어떤 순서로 할 것인가? 이다. 이와 같은 면접의 원활한 진행을 위해서는 다음 요건들을 갖추도록 한다.

① 피면접자에 대한 사전지식을 바탕으로 그의 주변 상황, 경험들을 고려해야 한다.

② 연구자 윤리입장에 위배되지 않고, 피면접자의 요구와 권리를 고려해야 한다.

③ 면접하는 상호작용 -목적을 지니고 이뤄지는 대화- 의 흐름을 방해하기보다는 원활히 하는데 도움이 되어야 한다.

④ 연구자의 연구문제에 관련되는 주제와 화제에 적절한 초점이 모아져야 한다.

〈표 4-4〉 질적 면접을 위한 기획과 준비과정

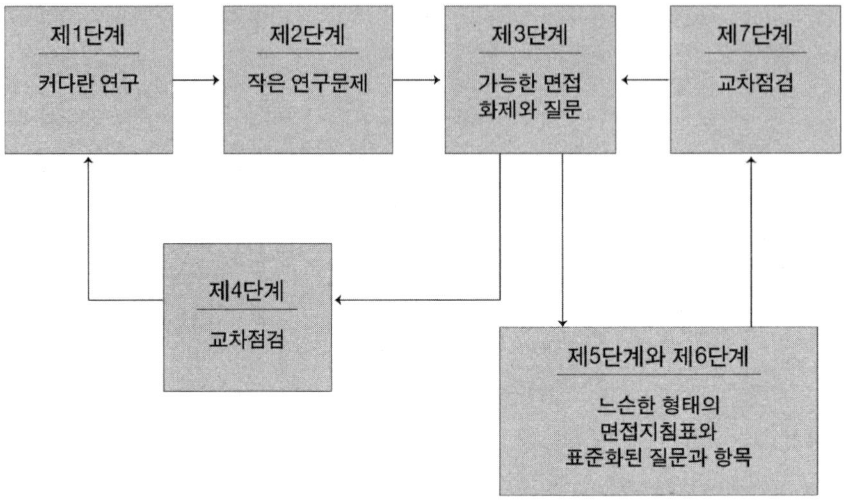

4) 질적 면접 결과물의 자료화

(1) 어떠한 과정을 거쳐 면접결과를 자료로 전환시킬 것인가? 이 과정에 따라 자료의 품격과 질이 달라지는가?

(2) 자신의 해석과 판단을 근거로 작성하거나 녹음한 현장노트도 자료로 간주될 수 있는가?

(3) 자신의 기억, 또는 면접과정에서 기록하지 않고 해석한 것들도 자료로 간주될 수 있는가?

(4) 면접이나 그 상호작용이 자료화되는 것은 이를 글로 작성했을 때만 가능해지는가? 예를 들어 면접을 녹음한 것은 반드시 글로 옮겨져야 하는가?

(5) 면접을 녹음하거나 녹화한 것은 그 자체가 자료로 간주되는가?

(6) 면접과정에서 이야기를 주고받는 것도 그 자체가 자료인가?

(7) 면접 도중 혹은 그 전후에 도형이나 사진, 그리고 그림과 도표들은 자료로써 간주될 수 있는가?

(8) 면접을 통해 자료를 추출할 때 직설적으로 받아들일 것인가, 아니면 해석적이나 반항적으로 할 것인가?

5) 질적 면접의 윤리적 문제

(1) 내가 수행한 면접과 그 형식이 얼마나 윤리적인가?

(2) 나는 무엇을 근거로 윤리적인가의 여부를 판단하는가?

(3) 내가 수행한 면접과 그 형식에 어떠한 정당성을 부여할 수 있는가?

(4) 이러한 정당성의 부여는 어떤 근거로써 충분히 설명하고 이에 대한 동의를 얻었는가?

(5) 피면접자에게 면접에 대하여 충분히 설명하고, 이에 대한 동의를 얻었는가?

① 면접참여, 피면접자의 동의가 모든 질문에 대해 답변하기로 동의한 것을 의미하는가?

② 면접시 창출된 자료를 활용하는 권리, 피면접자들이 무엇을 자료로 간주하는가에 대한 연구자의 관점을 이해, 공감하는가?

③ 다른 상호작용을 통해 창출된 자료와 비교하여 해석, 분석하는 권리

④ 자료를 모아서 재생산하고, 분석하는 권리 등이다.

질적인 연구를 위해서 연구자는 일정기간을 정하거나 지역, 단체, 집단을 한정하여 실습을 통한 가설에 대한 검증을 수반한다. 이러한 환경을 조성하려면 논문연구에서는 특정 실험집단에 대한 선택기준을 정하는 것이 필요하며 그 내용은 다음과 같다.

B. 질적인 연구를 위한 표집과 선택

1) 질적 연구에서의 표집과 선택의 논리

(1) 왜 표집을 해야만 하는가? 내 연구에서 표집을 하는 목적이 무엇인가?

(2) 어떠한 대상이나 모집단으로부터 표집을 하고자 하는가? 나는 이러한 대상전체나 모집단에 대하여 어떤 성격에 관심을 가지고 있는가?

(3) 무엇을 표본으로 뽑을 것인가? 무엇이 적절한 표집단위가 되는가?

(4) 연구자로써 나는 '상식적'이거나 '실제가 있는' 표집단위의 활용에 만족하는가?

(5) 표집단위의 분류를 위해 통상적이거나 이미 가용한 체계를 활용하는 것이 나에게 만족스러운가?

(6) 특성・속성・유형・주제・경험 또는 사례들을 변수들로 설정하는 것이 나에게 만족스러운가?

(7) 내가 만들어내는 표본이나 선택이 포괄적인 모집단이나 전 대상들 아니면, 이들 간에 어떤 관계가 있다고 가정할 것인가?

2) 표집과 선택의 실행

(1) 얼마나 많은 단위들을 표집해야 하는가? 표본크기는 얼마나 커야 하는가?

(2) 내가 무엇을 비교하고자 하는가?

(3) 왜 비교하고자 하는가? 비교가 사회적 설명을 이끌어내는데 어떻게 어떤 논리에 근거하여 도움이 되는가?

(4) 내 연구에서 핵심이 되는 비교는 무엇인가? 어떠한 '부정적 사례, 또는 반례'들이 있을 수 있는가?

(5) 표집에 관한 결정을 언제 내려야 하는가?

(6) 내가 원하는 형태의 표본을 어떻게, 어떠한 방법과 기술을 동원하여 추출해 낼 것인가?

(7) 내 표집전략이 실용적이고 현실적으로 가능한 것인가?

(8) 내가 필요로 하는 표본에 대한 접근이 가능한가? 표본에의 접근에 시간이 얼마나 소요될 것인가?

(9) 나에게 주어진 재원을 감안할 때, 얼마나 많은 횟수의 면접이나 관찰이 가능하고, 일기나 문서를 얼마나 많이 수집할 수 있는가? 문서보관소나 극장을 몇 번이나 방문할 수 있으며, 자료 수집을 위한 해외여행은 가능한가?

(10) 내 표집전략이 윤리적으로 문제가 되지는 않는가? 등이다.

C. 질적 자료의 분류, 정리 및 지표화

질적 자료를 분류하고 정리하는 방법에는 횡단적 범주적 지표화를 통해서나 전체주의적인 자료정리를 함으로써 또는 도형과 도표의 활용 등이 있다.

1) 자료에 대한 인식과 판독(reading)

내 연구문제와 관련하여 무엇을 자료나 증거로 간주할 것인가? 자료를 어떻게 '판독'할 것인가?를 정하는 것이다.

2) 횡단적·범주적 지표화

(1) 내 자료를 횡단적으로 지표화 시키고자 하는가? 만약 그렇다면 그 이유는 무엇인가?

(2) 내가 어떤 종류의 지표화 범주들을 만들고자 하는가?

(3) 어떤 설명논리나 분석논리가 횡단적 또는 범주적 지표화를 뒷받침하는가?

(4) 지표화 범주들은 어떻게 만들어낼 것인가? 그리고 이들은 어떻게 내 자료에 적용시킬 것인가?

(5) 지표화 범주들에 관한 최종 결정을 언제 내려야 하는가?

(6) 지표화 작업을 언제 시작해야 하는가?

(7) 언제 이 작업을 끝내야 하는가?

(8) 자료를 지표화시키는 작업을 몇 번 해야 하는가?

(9) 자료화 범주들을 얼마나 많이 만들어야 하는가? 범주의 수가 충분한가의 여부를 어떻게 확인할 수 있는가?

(10) 가용한 기술들을 최대한 활용하였는가? 등이다.

3) 전체주의적 자료정리

자료결과가 지니는 특수성에 초점을 맞추고, 횡단적인 단면보다는 전체주의적인 관점을 추구한다.

(1) 내 자료를 비횡단적으로 정리하고자 하는가? 그렇다면 그 이유는 무엇인가?

(2) 어떻게 전체주의적인 관점으로써 자료를 정리할 것인가?

(3) 어떠한 설명과 분석의 논리로써 정리하는 것이 이러한 관점의 자료정리를 뒷받침해 줄 것인가?

4) 도형과 도표

(1) 내 자료를 도형으로 정리하고자 하는가? 만약 그렇다면 그 이유는 무엇인가?

(2) 어떻게 자료를 도형으로 정리하여야 하는가?

(3) 어떤 설명논리나 분석논리가 자료를 도형으로 정리하는 것을 뒷받침해주는가?

D. 질적인 연구를 위한 분석과 설명

1) 설명의 구축과 분석

(1) 자료로부터 어떤 종류의 사회적 설명과 주장을 구축할 수 있는가? 그리고 반대로, 어떤 종류의 사회적 설명이 내 분석 영역에서 배제되어 있는가?

(2) 내 설명이 시도하는 것이 무엇인가? 어떠한 설명논리를 활용하고 있는가? 내 자료가 이를 허용하는가? 비교설명(comparative explanation), 전개설명(developmental explanation), 묘사설명(description explanation), 예측설명(predictive explanation) 그리고 이론상의 추적(theoretical explanation) 등이 바로 그것이다.

(3) 어떤 종류의 논법과 자료를 바탕으로 해야 내 설명이 가능한가?

(4) 특별히, 내가 시도하는 설명에서 경험적 자료 그 자체의 역할이 무엇인가?

(5) 내 자료와 나의 연구수행이 나로 하여금 이런 방식으로 설명할 수 있도록 해 주는가?

(6) 내 자료가 그 자체로서 직접적 또는 상황적 증거를 제시하고 있는가? 아니면 내 자료가 해석적으로 의미심장하게 다른 어떤 증거를 대변하거나 나타내고 있는가?

(7) 나의 설명의도와 관계없이 경험세계가 존재할 수 있는가? 내가 가치중립적 또는 독립적 설명을 해낼 수 있는가?

(8) 연구의 어느 시점에서, 그리고 어떻게 이론이 구축되고 전개되어야 하는가? 이와 관련하여 다음의 내용을 염두에 둔다.

① 이론이 경험적 연구나 분석에 우선하며, 이는 자료활용을 통해 검증, 측정된다.

② 이론이 자료창출이나 분석의 과정을 통해서 후에 만들어진다.

③ 이론, 자료창출과 자료분석이 변증법적 과정을 통해서 동시에

이루어진다.

(9) 이 자료의 '조각' 부분이나 형태가 내 설명을 예시하거나 구축하는데 도움이 되는가?

2) 설득력

(1) 나의 방법이 신뢰할 수 있고 정확하다는 것을 어떻게 증명할 수 있는가?

(2) 나의 분석이 타당하다는 것을 어떻게 증명할 수 있는가?

(3) 나의 분석과 설명을 기초로 하여 어떤 종류의 일반화 또는 평범한 주장을 할 수 있는가?

(4) 나의 연구문제들이 어떤 종류의 일반화를 시사하는가?

(5) 나의 표집전략이 어떤 종류의 일반화를 뒷받침하는가?

(6) 자료를 분류하고 정리하는 나의 방법이 어떤 종류의 일반화를 뒷받침하는가?

3) 질적 자료의 분석과 제시의 윤리성

(1) 내가 타인의 비밀과 사생활을 침해하지 않고 충실하게 지키고 있는가? 나의 행동이 충분히 설명해 주고 얻어낸 동의를 밑바탕으로 하고 있는가?

(2) 나는 양질의 연구를 수행하는 책임을 다하고 있는가?

(3) 나는 내 연구와 설명을 효과적으로 활용하고 있는가?

(4) 내 연구와 설명을 다른 사람들이 어떻게 활용할 것인가를 예측할 책임이 나에게 있는가?

(5) 나의 자료, 분석 및 설명과 관련하여 나의 권리와 책임을 분명히 인식하고 있는가?

이러한 질문들을 통하여 단련된 질적 연구의 수행자는 연구과정의 각 시점에서 '왜?', '어떻게?', '그 결과가 무엇인가?' 등의 질문을 던지게 되며, 또한 '옳기는 하지만, 그러나 이는 그렇게 단순한 문제가 아니다.'라는 식으로 항상 생각하는 경향을 지니게 될 것이다. 모든 이들이 공유할 수 있는 질적 연구를 만들어내는 가장 좋은 방법은 이러한 질문들을 스스로 제기하고 그 답을 찾아내고자 부단히 노력하는 것이다.

Chapter 5

연구논문의 방법

학위논문의 청구를 위하여 연구를 한다면 가장 중요한 결정은 다음의 유형중 어떠한 형식과 연구방법을 따를 것인지이다. 학위 청구 논문의 체재에는 크게 문헌연구와 조사연구, 관찰연구와 그리고 실험연구의 네 가지가 있다.

1. 문헌연구

사회현상 연구에 대한 자료는 주로 문서, 통계조사, 신문, 개인의 기록, 교구나 기구, 회화, 사진, 영화, 레코드, 테이프 녹음, 동영상, CD 등과 인터넷 검색이 가능한 것들에 이르기까지 다양하다. 이를 위한 자료를 먼저 선택하고 그 정리의 기준과 범위를 규정하는 것이 필요하다.

1) 자료의 종류

(1) 공문서 및 공식적인 자료
(2) 신문, 잡지
(3) 사문서로는 정당이나 사회단체, 학술기구나 협회, 사회구성조합

등에서 발간되는 단체문집과 개인적 기록으로 회고록이나 개인문집 등이다.

(4) 간접적인 자료로는 연보 및 인명록, 문예작품, script(각본, 대본, 원본) 등이다.

2) 자료분석의 방법

자료의 가치와 그 진실성 정도와 정확한 의미 확정에 대한 뚜렷한 기준으로써 자료내용의 음미가 되어야 한다. 크게 두 가지로 구분된다.

(1) 고전적이며 전통적인 설명적 방법이다.

(2) 내용분석적인 방법(수량적인 방법)이 있다.

이는 분석의 단위가 어휘적인 것이 아니라 의미라는 사실이 특징이다. 또한 내용분석의 방법은 사회현상의 문헌학적 접근에 비교적 객관성이 높은 연구방식으로서 널리 이용되고 있다.

2. 조사연구

1) 방법적 분류

(1) 전수조사: 연구대상 전체를 조사하는 것이다.

(2) 표본조사: 전체 중에 한 부분만을 떼 내어 전체의 성격을 추정하는 것이다.

(3) 통계조사: 전수조사와 표본조사의 방법을 합쳐서 진행하는 것이다.

(4) 사례조사: 현상의 속성을 정밀히 파악하기 위해 한 가지 주제를

집중적으로 파악하는 질적 분석에 의존하는 연구방식이다.

2) 서술적 방식의 분류

(1) 기술적 조사: 현상을 있는 그대로 묘사하는 것이다.
(2) 입증 조사: 가설의 검증을 주된 목적으로 하는 것이다.
(3) 실험적 조사와 자연적 조사: 조사조건에 대한 인위적으로의 조작 여부에 따라서 분류된다.

3) 시간적 차원의 분류

(1) 역사적 조사
(2) 실태조사
(3) 현황조사
(4) 예측조사 등이 있다.

4) 조사결과의 용도에 따른 분류

(1) 순수조사
(2) 응용조사 등으로 나눌 수 있다.

3. 관찰조사 연구

관찰조사란 자료나 조사대상을 중심으로 보거나 듣는 감각작용에 의해 자료를 모으는 연구조사의 방법이다. 관찰을 실시할 때에는 반드시 체계적인 계획을 세우고 목적에 의한 일반화된 명제에 입각하여 타당성과 신뢰성을 확인하고 통제하는 조사를 진행해야 한다.

1) 관찰시 논리와 근거

왜 나는 관찰 방법을 사용하고자 하는가? 여기에는 다음과 같은 두 가지 근거가 있다.

(1) 연구자의 존재론적 관점: 상호작용, 행동과 행위, 사람들이 이를 해석, 반응하는 법이다.

(2) 연구자의 인식론적 입장: 지식이나 증거가 관찰에 참여하는 동안 생활경험과 상호작용하는 상황에 의해 창출된다고 생각하는 경우이다.

2) 관찰의 기획과 수행

(1) 나는 참여자, 혹은 관찰자 아니면 참여관찰자중 어느 쪽이 되기를 원하는가?

(2) 내가 어떠한 신분, 지위나 역할을 택할 것인가? 내가 어떤 인상을 주도록 노력해야 하는가?

(3) 연구대상의 위치, 주변상황이나 현상에 관해서 어떻게 결정할 것인가? 내가 관심을 갖는 것이 시간적, 공간적으로 어디에 위치하는가?

(4) 관찰대상에 어떻게 접근할 것인가? 접근이 무엇을 의미하는가?

(5)현장에서 관찰 대상과의 관계를 어떻게 설정해야 하는가? 어떻게 승낙을 받아낼 것인가? 승낙여부에 어떻게 확인할 것인가?

(6) 관찰 대상에서 구체적으로 무엇을 들여다 볼 것인가?

(7) 관찰대상으로부터 어떻게 자료를 창출해 낼 것인가? 자료가 어디로부터 만들어지는가?

3) 관찰결과의 자료화

관찰한 것을 어떻게, 언제 기록해야 하는가? 무엇을 기록할 것인가? 에 관하여 단위와 표본추출을 정하는 것이다. 이는 또한 관찰 내용이 사건 중심으로 언제 어떤 사건에 왜 발생했는가를 기록하는 '사건표출'과 일정한 시간을 정하여 나타나는 형태나 상황의 관찰을 적는 '시간표출'이 있으며 상당부분 관찰자의 추리능력이 요구되는 경우도 있다.

4) 관찰조사의 종류와 실시

(1) 통제관찰과 비통제 관찰
(2) 조직적 관찰과 비조직적 관찰
(3) 참여 관찰과 비참여 관찰이 있다.

관찰은 조사자의 주관성이 개입되기 쉬우므로 객관성과 현실성을 고려하여 임하는 태도에 있어서도 겸손함과 치밀함 그리고 인내력이 필요하다. 연구에 필요한 관찰내용이 결정되면 단위의 결정이 조사결과의 신뢰도나 타당한 큰 영향을 끼치므로 알맞은 표본 추출로서 논문완성의 길에 차질이 없도록 해야 한다. 이때 관찰할 때의 신뢰도를 높이기 위해 관찰 훈련의 습득과 도구의 사용 그리고 다양한 평가의 방법 등이 고려될 수 있다.

관찰시 타당도는 관찰자의 상식이나 능력과도 관련이 깊으므로 사전에 많은 주의를 요하는 부분이다.

4. 실험연구

주로 심리학 연구에 많이 이용되며 가상적 상태에서나 조작적 관찰을 요한다.

1) 특징

(1) 변수를 조작해서 이들 사이의 인과관계를 인식하려는 것으로써 변수 조작 없이 있는 상황 그대로 조사하는 의견조사와는 다르다.

(2) 실험연구조사는 현재가 아니라 미래지향적 성격을 띠므로 대부분의 지나간 것에 대한 사후 연구와는 차이가 있다.

(3) 변수들의 영향을 알기 위해서는 비교기준과 통제집단을 반드시 사전에 설정해야 한다.

2) 실험연구의 종류

현장실험의 형태와 실험적 실험의 두 가지로 구분된다.

특별히 현지실험은 실제적이고 자연적인 상황에서 변수를 조작하여 그 결과에 대한 인과관계를 규명하는 것이기 때문에 인위적으로 조작된 실험실 실험과는 확연히 구별된다. 후자의 경우는 연구자가 일정조건이나 상황을 조성해 놓고서 변수를 조작하여 변수간의 연관성을 관찰하는 방법이다.

3) 실험연구의 단계

실험연구는 다음과 같이 8단계를 통하여 진행된다.

(1) 변수를 선정한다.
(2) 검정수준을 결정한다.
(3) 표본 추출과 규모를 정한다.
(4) 실험대상을 배분한다.
(5) 실험에 대한 설계를 한다.
(6) 예비검사를 한다.
(7) 본 실험을 한다.
(8) 자료의 해석을 하는 순서를 거친다.

제3부

예술 · 음악교육 연구의 이해

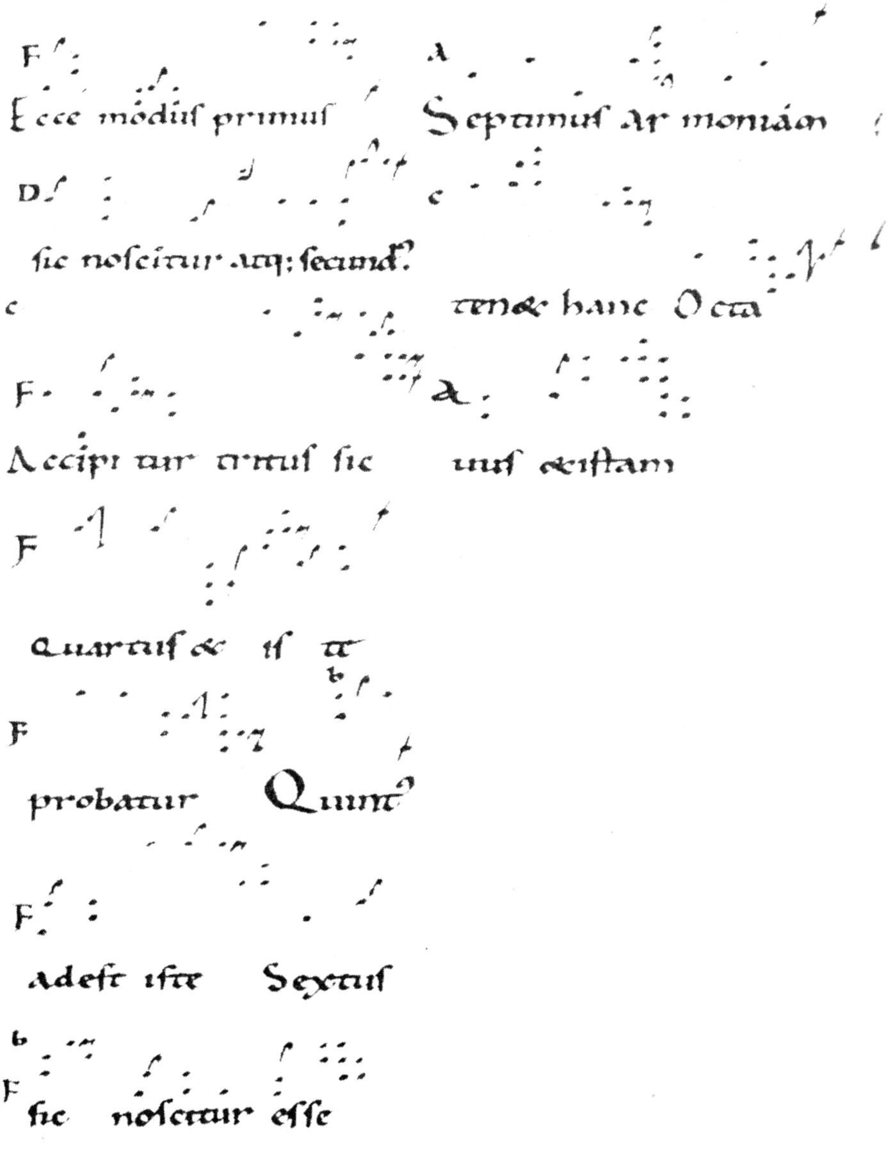

【라틴어필사본, 11세기말】

자료: Page of manuscript, late eleventh. Fol. 127 v. from Lat. 7211, Bibliothèque Nationals, Paris.

Chapter 6

기호법 이론

1. 주요기능(the primary function)

예술에서 기호법(notation)이란 단순히 두통거리로써 치부되어지곤 하는 몇 가지 문제점들이 있는데, 실제로 그것은 언어적 지식 이론에까지 깊숙이 영향을 미친다. 무용을 위한 기호법이 정당한 목표인지의 여부나 회화를 위한 기호법이 왜 정당한 목표가 될 수 없는지에 관한 임의적 추리에서부터 대체로 악보(score)의 본질적인 기능이 무엇이며, 악보를 그림이나 습작, 스케치, 그리고 다른 한편으로는 언어 표현이나 시나리오, 대본 등과 구별시키는 이유가 무엇인지에 관한 질문으로까지 이르게 한다. 악보는 보통, 조각가의 해머나 화가의 이젤과 마찬가지로 완성된 작품에는 포함되지 않은 단순한 도구로써 간주된다. 그 이유는 공연이 끝난 시점에는 악보가 그다지 필요치 않기 때문이다. 그리고 음악은 악보 없이 '귀'를 통해서, 심지어 어떠한 기호법도 읽고 쓰지 못하는 사람들에 의해서도 작곡되어지고 가르쳐지고 연주될 수 있다. 그러나 기호법을 단지 작품에 대한 실용적인 보조물로써만 간주하는 것은 근원적으로 이론적인 역할을 놓치는 결과를 가져올 수도 있다.

연주를 위한 가이드로써 사용되어지든 그렇지 않든 간에, 악보는 연주의 처음부터 끝까지 어떤 작품에 대한 권위 있는 신분증과도 같이 주요 역할을 하게 된다. 종종 악보들과 기호법들(그리고 유사 악보들과 유사 기호법들 역시)은 전환법이나 이해력에 의해서, 혹은 심지어는 작곡으로써의 역할도 수행하는 보다 흥미롭고 다양한 기능들을 가지고 있다. 그러나 모든 악보들은 어떠한 작품임을 확인시켜주는 보다 중요하고도 논리적인 책무를 지니고 있다. 이러한 과정을 통해서 그것들이 씌여진 기호 체계들과 악보들에 대한 필수적인 이론상의 특성들이 모두 밖으로 표현되는 것이다. 그러므로 첫 번째 단계는 이 주요 기능에 대해서 보다 자세히 살펴보는 것이 되어야 한다.

먼저, 악보는 그 작품에 속한 연주들과 그렇지 못한 연주들을 구별하면서 어떤 작품을 명확히 표현해야 한다. 이것은 주어진 연주가 그 작품에 속하느냐 그렇지 못하느냐의 여부를 결정하기 위한 당장의 판단을 악보가 제공해야 한다는 말이 아니다. 뭐니뭐니 해도, 197.2의 원자 무게를 지니고 있는 원소라는 금에 대한 정의는 일반적으로 금 한 조각과 놋쇠 한 조각을 구별할 수 있도록 만들어 주는 어떠한 용이한 테스트도 제공해 주지 못한다. 마찬가지로 악보를 위해 그려진 선은 이론상으로 분명하게 기재되어야 할 필요가 있다. 이때 요구된 사항은 그 악보에 의한 모든 연주들이 그 작품에 대한 정확한 연주들로 표현 되어야 한다는 것이다.

그러나 그것만이 전부는 아니다. 우리가 일상적인 대화와 공식적인 체계 안에서 접하게 되는 대부분의 정의들은 악보의 주요 임무에 의해 부과되어지는 보다 엄중한 요구를 충족시켜 주지 못한다. 즉 훌륭한 정의는 어떤 대상들이 그것을 따르는지를 항상 명백하게 결정해 주는 반면에, 어떠한 정의는 그 실증들에 의해서 유일하게 결정되는 일은 드물다. 만약 어떠한 물체를 지적하여 그것이 어떤 종류의 물체인지를 일반인들에게 묻는다면, 그들은 그 물체가 어떤 종류에 속하는지를 알아본 뒤 아주 다양한 대답들을 내놓을지도 모른다.

따라서 어떤 물체로부터 그 물체가 따르고 있는 어떠한 정의 예를 들어, 테이블이나 이와 유사한 용어들, 또 다른 물체, 강철 테이블과 같은 물체에 적용되는 또 다른 명칭, 예를 들어, 강철 물건, 그리고 이러한 두 번째 명칭을 따르는 세 번째 물체 예를 들어 자가용 차에 이르기까지 번갈아 통과하게 될 때, 우리는 어떤 한 물체로부터 그 시리즈 내의 어떤 명칭이 양쪽 어느 것에도 적용되지 않는 또 다른 물체에 이르게 될지도 모른다. 그리고 시리즈 내의 두 가지 명칭들은 외견상 완전히 다를 수 있고, 어떤 한 물체가 앞서 제시된 두 가지 물체 중 어느 것에도 적용되지 않을 수도 있다.

그러한 해석의 자유는 악보들의 경우에는 용인될 수 없다. 악보와 연주는 밀접한 상호 연관성을 지니고 있어야 한다. 따라서 각각의 단계가 악보에서부터 그것을 따르는 연주, 연주에서부터 포괄적인 악보, 혹은 어떤 악보의 복사본에서부터 그것의 또 다른 정확한 카피에 이르게 되는 전체 사슬 안에서는 모든 연주들이 똑같은 작품에 속해야 하고, 그 악보들에 대한 모든 카피들은 똑같은 종류의 연주들을 명확하게 표현해야만 한다. 그렇지 않으면, 연주로 시작해서 연주로 끝나는 어떤 작품에 대한 필수적인 증명이 보장받지 못하게 될 것이다.

우리는 어떤 연주에서부터 동일한 작품이 아닌 다른 연주에 이르기까지 지나쳐버릴 수도 있고, 혹은 어떤 악보로부터 그것과는 다른 종류의 연주들이라고 판정짓는 것으로 그냥 지나치게 될지도 모른다. 악보는 그 작품에 속하는 연주들의 종류를 유일무이하게 확정지어야 할 뿐만 아니라, 어떤 연주와 그 기호 체계가 제시될 때 그 악보 역시 정확히 소리 나는 것으로서 표현될 수 있어야 한다.

이러한 이중의 요구는 실제로 강력한 것이다. 그 동기 부여와 영향력들, 그리고 다양한 방법들로 그것을 약화시키는 결론들은 실제로 세심하게 검토되어야 할 필요성이 있다. 우리는 악보들과 그것을 표시하는 기호 체계들이 이러한 기본 요구를 충족시키기 위해서 어떠한 특성들을 가져야만 하는지에 대한 질문을 함으로써 토론을 시작할 수 있을지도 모른다. 그러한 질문에 대한 연구는 언어들의 본질과 다른 언어들을 구별시켜주는 특징들에 대한 조사를 요구할 것이고, 다소 번거로운 기술적 세부 사항들로 파고들게끔 만들 것이며, 그렇지만, 때때로 몇몇 익숙한 문제점들에 대해서는 시간이 지나면 결국 새로운 의견들이 나타날지도 모른다.

2. 구문론적 필요조건들(syntactic requirements)

모든 기호 체계에 대한 상징체계(scheme ; 도식, 도해, 조직, 일람표)가 기호법이긴 하지만, 기호법을 지닌 모든 상징체계가 기호 체계인 것은 아니다. 기호 체계들과 다른 것들을 구별시켜주는 것은 기호법과 그 활용 사이에서 얻을 수 있는 특이한 관계의 어떤 특징들이다. '기호법(notation)'은 일반적으로 '기호기구(notational scheme)'이나 '기호 체계(notational system)'의 약자로써 각각 사용되는데, 약자의 경우 종종 그 문맥이 혼동을 주지 않는 곳에서 이 편리한 용어가 사용될 것이다.

먼저, 기호법을 구성하는 것은 무엇인가? 어떠한 상징법은 다른 것들을 나타내기 위해서 그것들을 결합시키는 양식을 가지고 있으며, 주로 문자들로 구성되어 있다. 문자들은 어떤 종류의 발음들이나 명(inscription), 혹은 부호들이다(여기서 발성법을 포함하기 위해 '명'을 사용할 것이고, 명을 포함시키기 위해서 '부호'들을 이용하게 될 것이다. 명은 어떠한 문자에 속해 있는 시각적, 청각적 부호를 뜻한다). 좀 더 살펴보면 어떤 기호법에 있어서 문자의 필수적인 특징은 그 구성원들이 어떠한 구문론적 효과 없이도 서로에 대해 자유롭게 교환될 수 있다는 것이다. 보다 정확하게 말하자면, 실제 부호들은 좀처럼 움직여지거나 교환되지 않기 때문에 주어진 문자의 모든 명들은 구문론적으로 동등한 가치를 지니고 있어야 한다는 뜻이다.

바꾸어 말해서, 어떠한 기호법에서 한 문자의 실증들이 되기 위해서는 부호들이 서로에 대한 '참된 카피들'이나 복제들이 되어주거나. 그렇지 않으면 동일한 방법으로 철자가 씌여져야 한다는 충분조건을 갖추고 있어야 된다. 그리고 X라는 명의 참된 카피…에 대한 참된 카피의 참된 카피는 항상 X에 대한 참된 카피이어야만 한다. 왜냐하면 참된 카피를 이루는 관계가 서로 이행(移行)하는 것이라면, 표기법의 기본 목표가 파기되기 때문이다. 따라서 정확한 카피들로 연결된 일련의 사슬 속에서 동일성이 유지되지 않는다면, 문자들과 악보들 간에 당연한 필수적인 분리가 이루어지지 않게 될 것이다.

그러므로 어떠한 기호법에 대한 필요조건은 각각의 문자들의 실증들 간의 '문자 중립성'이다. 만약 두 가지 부호가 각각 하나의 명(어떤 문자에 속해 있음)이며, 한 부호가 속해 있지 않은 문자에는 다른 부호도 속하지 않는다면, 그 두 가지 부호들은 문자 –어떤 기호법 안에 있는 한 문자는 가장 포괄적인 종류의 문자이며 중립적이다– 중립적 명들이다. 즉, 두 가지 모두가 문자 –중립적이며, 그 종류 이외의 어떠한 부호도 그것의 각 구성원을 가진 문자– 중립 상태가 될 수 없는 그러한 종류의 부호들인 것이다. 간단히 말해서, 어떤 기호법 내의 한 문자는 명들 중에서 어쨌든 하나의 문자에 속하는 것이다. 그 결과로, 어떠한 부호도 하나 이상의 문자에 속할 수 없다.

그러므로 문자들이 해체되어야 한다는 사실은 아주 중요하거나 인상적인 것으로 보이지 않을지도 모르지만 절대적으로 필요한 것이며, 오히려 기호법들의 놀랄 만한 특징인 것으로 간주된다. 그것은 이미 설명된 이유들에 있어서도 필수적이다. 예를 들어, [그림 6-1]에 있는 어떤 부호가 알파벳의 첫 번째 문자(a)와 네 번째 문자(d) 모두에 속한다고 생각해 보자.

[그림 6-1]

그러면 모든 'a'와 'd'는 이 부호에 대해서 구문론상 동등해질 것이고, 따라서 서로에 대해서도 동등한 가치를 지니게 될 것이다. 그렇기 때문에 두 개의 글자 종류들은 하나의 문자로 붕괴되어 버리거나, 그렇지 않으면 어떤 문자 종류에 대한 공동의 자격으로써 구문론상의 동질성을 보장받지 못하게 되어 같이 연계되는 문자들이 없다면 서로에 대한 정확한 의미들이 전달되지 않게 될지도 모른다. 경우에 따라 심지어는 어떤 문자들은 기호법 내의 문자들로써 간주되지 않게 될 것이다.

문자들의 해체성(disjointness) 또한 어느 정도는 새롭게 느껴질 수 있다. 왜냐하면 우리는 명확하게 분리된 종류들로 말끔하게 나누어진 명들의 영역이 아니라, 모든 방식들과 정도에 있어서 서로와 다른, 다소 당황스럽게 뒤섞인 부호들을 지니고 있기 때문이다. 어떠한 일련의 단어들을 해체시켜 그 배열을 달리하게 만드는 것은 설사 그것이 필요하다 할지라도 다소 고의적인 것처럼 보일 수 있다. 그리고 문자들이 아무리 일일이 설명되어 있다 하더라도 그것들이 주어진 문자에 속하는지 그렇지 않은지의 여부를 실제로 결정하기가 어렵거나, 불가능한 많은 부호들이 필연적으로 존재하기 마련이다. 문자들 간에 규정된 차이점이 보다 섬세하고 정확할수록(예를 들어, 문자들이 2인치의 백만분의 일에 의한 길이로 구별되는 직선 부호들의 종류들이라고 가정해 보자) 어떤 부호들이 이 문자에 속해 있는지, 아니면 다른 문자에 속해 있는지를 결정하기가 더욱 어려워지게 될 것이다.

반면에, 만약 문자들 간에 광범위한 중립 지대들이 있다면(예를 들어, 문자들이 1인치와 2인치 길이 사이에 있는 직선 부호들과 5인치와 6인치 길이 사이에 있는 직선 부호들의 종류라고 가정해 보자), 어떠한 문자에도 속하지 않은 부호들 중에서는 문자의 어떤 실증들과 구별하기가 대단히 어려운 것들이 존재하게 될 것이다. 이러한 경계선들에 대한 침입을 방지해 주는 방법이라는 것이 존재하지 않을 뿐만 아니라, 주어진 문자에 속하거나 속하지 않는 어떤 부호를 감정하는 데에 있어서 주의만 기울인다면 모든 실수들이 방지될 것이라고 보장해 주는 방법 역시 존재하지 않는다.

그러나 이러한 고민거리는 기호법들에만 특별히 해당되는 것이 아니다. 이미 그것은 널리 퍼져 있을 뿐만 아니라 피할 수도 없는 경험된 사실이다. 그리고 그것은 부호들의 해체된 체계 설정을 결코 방해하지도 않는다. 단지 그러한 종류들에 포함되는 몇몇 부호들의 조합에 대한 결정을 더 어렵게 만들 뿐이다.

분명히 기호법을 고안한 누군가는 실수의 가능성을 최소화하려고 노력할 것이다. 그러나 이것은 해체성에 대한 이론적 요구들과는 달리 현저히 구별되는 기술적 관심사이다. 참된 기호법을 인식시켜주는 것은 정확한 판단들이 얼마나 쉽게 이루어질 수 있느냐 하는 것이 아니라, 그것들의 결과물들이 무엇이냐 하는 것이다. 여기서 중요한 점은 결합된 분류법과는 대조적으로, 참된 기호법의 경우 어떠한 문자의 공동 구성원들로 정확히 확정된 부호들은 항상 서로에 대한 참된 모사들이어야 한다는 점이다. 주어진 결합 안에서도 구별에 대한 정확한 판단들이 비교적 손쉽게 이루어지는 경우가 있는 반면에, 어떤 때는 참된 기호법 내에서라도 정확한 판단을 내리기가 지나치게 어려워서 그것이 아무런 쓸모가 없는 경우도 있다.

그러나 그 어려움은 그것이 실제로 제시된 기준을 초월하고 원칙상 불가능하게 될 때에는 이제 더 이상 단순한 기술적인 문제점으로써 치부될 수 없다. 문자들 간의 구별이 제한되어 있는 한, 문자 내의 부호의 구성원에 대한 결정은 그것이 아무리 사소하다 할지라도 우리가 고안할 수 있는 도구들에 대한 지각력과 감수성의 정확도에 의존하게 될 것이다. 그러나 두 가지 문자들의 경우에, 만약 그에 대한 구별이 제한되어 있지 않거나 몇몇 부호의 경우에 이론상으로 실행할 수 있는 테스트조차도 그 부호가 양쪽 문자들 모두에 속하는지, 속하지 않는지의 여부를 결정할 수 없다면, 그 때는 문자들의 분리를 유지시키는 것이 실제적으로나 이론적으로 모두 불가능하다.

예를 들어, 직선 부호들만 관련되어 있고, 1인치의 가장 작은 부분의 길이로 구별되는 부호들이 다른 문자들에 속해 있는 것으로 규정되어 있다고 가정해 보자. 그 때는 어떤 부호의 길이가 아무리 정확히 측정된다 하더라도 다른 유리수들과 일치하는 두 가지 문자들이 항상 존재하게 될 것이기 때문에, 측정에 의해 그 부호가 그것들에 속하지 않는다는 것을 알아낼 수 없게 될 것이다. 기호법의 경우에는 철자의 동일성이 실수 없이 유지되어야 할 뿐만 아니라 그 실수 또한 최소한 이론상으로는 피할 수 있는 것이라야만 한다.

이어서, 기호법에 대한 두 번째 필요조건은 문자들이 제한적으로 차별화되거나 똑똑히 발음되어야 한다는 점이다. 그것은 다음과 같다. K와 K′라는 두 문자들과 실제로 양쪽 모두에 속하지 않는 m이라는 부호의 경우에 있어서, m이 K에 속하지 않는다거나 m이 K′에 속하지 않는다는 결정이 이론상으로 가능하다. '이론상 가능'하다는 것은 어떤 타당한 방식으로 해석될 수 있을 것이다. 그 선택이 무엇이든 간에, 논리적·수학적 근거를 가지고 있는 불가능성(아래에 제시된 예들에서 알 수 있듯이)은 물론 배제될 것이다.

제한된 구별은 제한된 숫자의 문자들을 의미하지도 않을 뿐만 아니라 그것들에 의해서 암시되지도 않는다. 한편, 아라비아의 분수 표기법에서와 마찬가지로 어떠한 기호군이 무한한 숫자의 제한적으로 구별된 문자들을 규정할 수도 있다. 다른 한편으로는 어떤 기호군은 제한적으로 구별되어 있지 않은 단 두 가지 문자들로만 구성될 수도 있다. 예를 들어,

1인치 미만의 길이를 가진 모든 부호들이 하나의 문자에 속하고, 그 이상의 모든 부호들이 다른 문자에 속한다고 상상해 보자.

어떤 기호군은 만약 그것이 너무나 질서정연해서 각각의 두 글자 사이에 세 번째 문자가 존재하게 되거나 그것이 또한 무한하게 많은 문자들을 뜻하고 있다면, 구문론상 아주 조밀해진다. 그러한 경우에는 그 문자들이 1보다 적거나 2이상인 모든 유리수들과 일치하게 될 때와 마찬가지로, 여전히 여지를 남겨두게 될지도 모른다. 이 경우에 있어서 1에 일치하는 어떤 문자를 삽입하게 되면, 그 조밀성이 파괴될 것이다. 정상적인 위치에 다른 문자들을 전혀 삽입하지 않아서 그 조밀성이 파괴되지 않을 때, 그 기호군은 어떠한 공백도 가지고 있지 않으며, '시종일관 조밀한 것'으로 불리워질 수 있을 것이다. 여기서, '시종일관'이라는 말은 종종 빠뜨려질 수도 있을 것이다. 조밀성이 구별되지 않는 곳에서, 문제가 일어난다면 두 가지 다른 문자들 사이에 존재하는 어떤 요소가 그 두 문자들이 서로에 대해 차별적인 것보다 그들 각각에 대해서는 사실상 덜 차별적인 것이라고 이해하면 될 것이다.

해체와 제한된 구별에 대한 구문론상 필요조건들은 서로에 대해 명백히 독립적이다. 후자가 아닌 전자는 아무리 작다 하더라도 길이에 있어서의 모든 차이점이 문자의 차이로 인정되는 일직선상의 분류 기호에 의해서 그 뜻이 충족된다. 전자가 아닌 후자는 모든 명들이 두드러지게 다르지만, 어느 두 가지 문자들은 최소한 하나의 명을 공유하고 있는 어떤 기호에 의해서 충족된다.

이들 중 어떤 것도 부호들 간의 문자적 중립이 -혹은 구문론상 동질성, 혹은 참된 묘사나 복사물이 되는 것- 형태, 크기 등의 단순한 기능을 의미하는 것으로써 이해해서는 안 된다. 예를 들어, 영어 알파벳의 글자들은 전통과 습관에 의해서 설정되어 있다. 그리고 그것들을 정의하는 것은 '책상(desk)'과 '탁자(table)'와 같은 평범한 용어들을 정의하는 것만큼이나 어려울 것이다. 분명히 똑같은 형태, 크기 등등을 가지는 것은 두 가지 부호들이 똑같은 글자에 속하기 위한 필요조건이나 충분조건이 될 수 없다. [그림 6-2]의 왼쪽에 있는 'a'는 [그림 6-2]의 오른쪽에 있는 'd'나 'o'와 더 유사하게 보이며, 중앙에 있는 A와는 아주 달라 보일지도 모른다.

a A d

[그림 6-2]

aa
ad

[그림 6-3]

baa
mdn

[그림 6-4]

게다가 동일한 형태와 크기를 가진 두 가지 부호들도 문맥의 결과에 따라서 다른 문자들에 속하게 될 수도 있다([그림 6-3]). 실제로, 분리시켜서 보면 'a'에 더 가깝게 보이는 두 가지 부호들 중의 하나가 'd'로 간주되는 경우가 있는가 하면, 'd'처럼 보이는 하나가 'a'로 간주되는 일이 생길 수도 있다([그림 6-4]).

이러한 경우들은 실제로 어떠한 곤란도 야기시키지 않는다. 왜냐하면 우리의 상황들이 다른 문자들의 명들 중에서 특정한 구별을 하도록 요구하지 않을 뿐만 아니라, 어떤 문자 내의 한 부호에 대한 멤버십을 결정하는 데에 있어서 문맥의 이용을 금지하지도 않기 때문이다. 그러나 다른 시간, 다른 문맥 안에 놓여진 경우에 다른 문자들로써 모호하게 판독되는 부호는 무엇인가? 만약 어떤 부호가 동시에든 그렇지 않든 간에 두 가지 다른 문자들에 속한다면, 해체성은 파괴된다. 그러므로 만약 알파벳이 어떠한 기호법으로써 간주된다면, 영속적인 부호들이 아닌 그와 같이 다소 모호한 일시적인 부호들은 문자들의 일원으로써, 즉, 글자들의 명들로써 이해되어야 할 것이다.

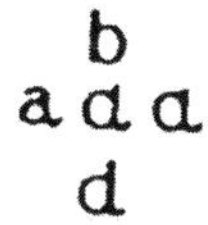

[그림 6-5]

상징 기구가 특정한 정의에 의해서라기보다는 통상적으로 제시될 때, 어떤 기호법에 대한 필요조건들의 만족도는 실행에 대한 관찰에 의해서 판단되어야 한다. 만약 그 실행에 있어서 똑같이 훌륭한 공식(formulation)들이 두 가지가 있다면, 그 조건들은 다른 것이 아닌 이러한 공식들 중에서 어떤 것 하나에서 충족될지도 모른다.

그러나 두 번째 조건은 알파벳과 같은 전통적인 기호에 대한 적용에 있어서 어떻게 해석되어야 하는가? 어떤 주어진 부호가 어떤 주어진 글자에 속하느냐, 그렇지 않느냐의 여부를 결정할 수 있는 명백한 절차를 갖지 못하고 있다는 사실은 제한된 구별이 부족하다는 것을 의미하지는 않는다. 오히려, 우리는 그 부호가 어떤 다른 글자에 속하지 않는다는 것을 결정할 수 있을 때까지 어떠한 부호도 어떤 글자의 명으로써 인정하지 않는다는 방침을 채택하고 있다.

실제로, 우리는 증명이 불가능한 경우들을 배제시킴으로써 제한된 구별을 강요하고 있다. 그리고 그 정책은 그 기호에 대한 어떤 적절한 분류에 통합되어야 한다. 이것은 모든 기호들에 대해 적용되지는 않는다. 단, 조밀한 기호와 함께 그 결과는 모든 명들을 제거하기 위한 것이 될 것이다. 그러나 각각의 문자들 내에 있는 모든 부호들이라기보다 몇몇 부호들에 대한 멤버십(구성원 자격 요소)에 대한 결정이 불가능할 때에는 그 방침이 표준 형식대로 유지되어야 하고, 그 방침을 방해하는 이유를 제시하지 않거나 그에 대한 설명을 분명히 요구하고 있는 모든 기호들에 대해서도 책임을 져야 한다.

해체와 제한된 구별에 대한 구문론상의 필요조건들은 우리의 익숙한 알파벳 기호들이나 숫자 기호들, 이중 기호들, 전신 기호들, 그리고 기본 음악 표기법들에 의해서 충족된다. 그리고 아주 다양한 다른 서술 기호법들에 의해서도 충족되는데, 그들 중 몇몇은 순수한 학문적 흥미를 담고 있다. 반면에, 우리는 최근에 고안된 기호법들이라 불리워지는 몇몇 기호들이 이러한 최소 요구들을 충족시키지 못하기 때문에, 사실상 기호법들로서의 자격을 전혀 갖추지 못하고 있다는 점을 발견하게 된다. 그 두 가지 필요조건들은 보통 기호법들이라고 불리워지는 종류에 대한 설명을 의미하는 것이 아니라, 어떤 악보의 기본 목적이 제공된다면 충족되어야만 하는 조건들이다. 따라서 그것들은 상징적 유형들 사이에서 어떤 결정적인 식별안을 우리에게 갖추도록 이끌어 줄 것이다.

3. 문자들의 구성(composition of characters)

대부분의 상징 기호군들에 있어서, 명들은 다른 명들을 만들기 위해서 어떤 방식들로 결합될 수 있다. 어떤 명은 만약 그것이 어떠한 다른 명도 포함하고 있지 않다면 '원자(atom)'이고, 그렇지 않다면 '합성어(compound)'이다. 어떤 기호군들이 새롭게 규정된 것이 아니라 묘사를 위해서 이전에 미리 정해졌을 때에는 우리가 무엇을 원자들이라고 간주할 수 있는지, 그리고 결합 규칙을 어떻게 짜 맞추어야 하는지에 대해서 어느 정도의 자유 재량권을 가지게 된다. 때때로 가장 행복한 분석은 그 자체를 분명하고도 손쉽게 이해하는 것이 될 것이다. 예를 들어, 일상적인 알파벳 기호법에 있어서, 글자 명(문자 기호열들을 분리시켜 주는 공백이나 여백 등도 포함)들은 원자로써 가장 잘 이해된다. 그리고 두 개의 문자 명들에서부터 전체 대화에 이르기까지 이러한 것들의 연속들은 합성어로써 간주된다.

반면에, 일상적인 음악 기호법의 경우에 원자 명들과 결합 양식들에 대한 분석은 보다 복잡하고 덜 직접적으로 표시된다. 여기서 가장 유용한 처리는 음표, 음자리표, 박자 기호 등등의 범주로 나누어진 기본요소들을 요구하고, 이러한 범주들과 관계있을 뿐만 아니라 두 가지 영역들 안에서, 결합을 시켜주는 규칙들을 요구하는 것이다. 어떤 중간 경우는 그 결합 양식이 어떤 범주의 원자 명들의 직선상의 연결로 이루어져 있지만, 그 기호군 안의 명들과 마찬가지로 어떤 순서들이 불필요한 병렬이나 길이를 바탕으로 하여 배제되는 경우일지도 모른다. 예를 들어, 영어에서는 모든 기호열의 문자들이 단어들이다. 그러나 어떠한 결합들에 대한 배척은 그것들을 허용하지만, 그것들에 어떠한 의미도 부여하지 않는 것과 혼돈되어서는 안 된다. 의미론에 관해서는 다음에 또 얘기하기로 한다.

실제로 어떠한 실행 가능한 기호군도 명들의 총체라 할 수 있는 하나의 명이다. 구성 성분의 명들은 결합의 지배 규칙들에 의해 정해진 관계 안에서 서로에 대한 입장을 고수해야 한다. 그러므로 자유로운 연속이 인정된 곳에서도 흩어진 명들의 전체는 일반적으로 하나의 명을 구성하고 있지 않다.

어떤 문자는 그 실증들이 단일한지 복합적인지에 따라서 원자(atomic)나 복합어(compound)가 된다. 어떤 기호법에 대한 필요조건들은 원자 문자들뿐만 아니라 복합 문자들에도 적용된다. ‘jup’이라는 문자와 ‘j’라는 문자는 한 문자가 다른 문자를 포함하고 있다 할지라도 해체되어 있어야 한다. 여기서의 패러독스(모순)는 피상적이다. 어느 문자의 어떠한 명도 다른 문자의 명이 될 수 있다(실제로 어떠한 ‘jup’도 ‘j’가 아니며, 어떠한 ‘j’도 ‘jup’이 아니다).

그러나 한 문자의 명들은 다른 문자의 명들의 일부분이 되거나, 그렇지 않으면 겹쳐질 수 있다(모든 ‘jup’이 부분적으로 하나의 ‘j’를 가지는 것과 마찬가지임). 다른 원자 문자들의 명들조차도 그러한 일부분이 그 단어 내의 어떤 명이 아닌 한, 공통된 부분들을 가지고 있을지도 모른다. 즉, 원자 명들은 문제의 기호법과 관련하여 분리될 필요가 있다. 그렇기 때문에 [그림 6-6]에서의 'a'와 'e'는 둘 중 어떤 부분도 하나의 명으로써 인식되지 못하는 어떤 기구 내에서 원자로 분리되어 있다.

Æ

[그림 6-6]

한 문자가 어떤 다른 문자들로 구성되어 있다고 말하는 것은 그 문자의 각각의 멤버들이 어떤 다른 문자들의 명들로 구성되어 있다는 것을 요약하여 말한 것이라고 이해해야 한다. 그러나 때로는 완전하고 분명한 진술이 좋은 법이다. 'add'라는 문자는 'a'라는 문자 뒤에 'd'라는 문자가 두 번 뒤따르는 구성으로 이루어져 있다고 어설프게 설명될 수 있다. 보다 나은 설명은 'a' 뒤에 'd'가 오고, 그 뒤에 또 다른 'd'가 뒤따르는 구성으로 이루어져 있다는 각각의 명들의 종류에 대한 설명이다.

4. 의미론적 필요조건들(semantic requirements)

기호 체계들에 대한 첫 번째 의미론적 필요조건은 그것들이 명백해야 한다는 것이다. 그 이유는 기호 체계의 근본 목적이 추종 관계가 변하지 않을 때에만 분명하게 지켜질 수 있기 때문이다. 그렇기 때문에 어떠한 모호한 명이라도 제외되어야 하는데, 그 이유는 어떤 대상이 그 명을 따르는지에 관한 결정들이 그것을 모순되게 만들 것이기 때문이다.

모호한 문자는 설사 그 명들이 전부 명백하다 할지라도 실제로 완전히 배제되어야 한다. 왜냐하면 그것의 다른 명들이 다른 추종들을 지니게 될 것이며, 상호 간의 참된 카피들로 인식되는 몇몇 명들이 다른 추종-부류들을 지니게 될 것이기 때문이다. 그러한 경우에 있어서 작업의 본질은 연주에서부터 악보에 이르기까지, 그리고 악보에서 그 순응적 연주에 이르기까지 일련의 모든 단계들 안에서 잘 유지되지 못할 것이다.

기호 체계들에 대한 두 가지 의미론적 필요조건들은 구문론적 필요조건들과 유사하지만, 그것들을 그대로 따르지는 않는다.

어떠한 상징체계의 모든 문자들이 명백한 명들의 개별적인 아류들이고 어느 한 문자의 모든 명들이 동연(coextensive: 외연이 동일한) 추종-부류를 지니고 있다 할지라도, 다른 추종-부류들은 어떤 방식으로든 교차할 수 있다. 그러나 어떤 기호 체계에서 그것들은 해체되어 있어야만 한다. 그 이유는 만약 두 가지 다른 추종-부류들이 서로 교차한다면, 어떤 명에 있어서 하나는 어떤 종속-부류에 속하고 다른 하나는 그렇지 않은 두 가지 종속물들을 갖게 될 것이며, 추종에서 명으로, 명에서 추종으로 이르는 사슬이 어떤 추종-부류의 한 멤버에서부터 그것 이외의 다른 어떤 것으로 나아가게 될 것이기 때문이다.

예를 들어, 다음에 오는 [그림 6-7]에서 만약 A와 B가 문자들을 대표하고, A′와 B′가 그들의 종속-부류들을 나타낸다면, B′에 포함된 A′와 함께 A′안에 있는 k 또한 B′속에 포함되어지게 되므로 i 라는 명을 따라야만 하게 되는 것이다. 따라서 그것은 하나의 추종으로써 h를 가지게 되지만, 그것은 A′안에 포함되어 있지 않은 것이다. 이 두 가지 교차하는 종속-부류들 중 어느 것도 상대방 속에 포함되어 있지 않은 경우에, 종속에서 명, 명에서 종속, 종속에서 명, 또 다시 종속에 이르는 사슬은 어느 하나의 종속-부류에조차도 속하지 않는 두 개의 대상들과 연결될지도 모른다.

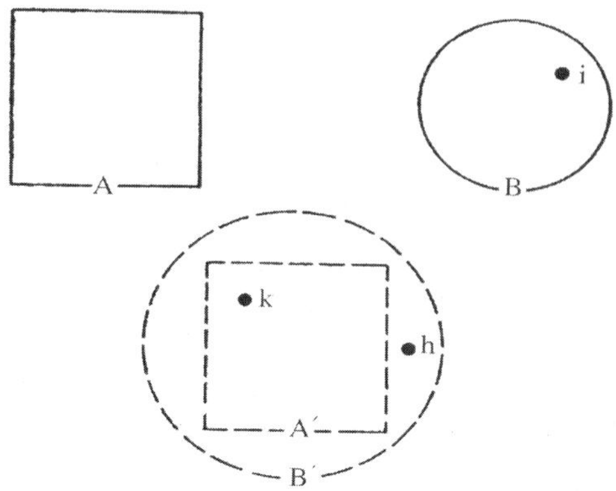

[그림 6-7]

예를 들어, [그림 6-8]에서 h는 i를 따르고, 그것은 또 다시 종속으로써 k를 가지게 된다. k는 또한 j를 따르는데, 이것은 또 다른 종속물인 m을 가지고 있다. 그러나 h와 m은 동연 종속-부류에 속하지 않는다. 따라서 다른 종속-부류들의 교차는 어떤 기호 체계의 원래 목적을 파기시킨다고 할 수 있다.

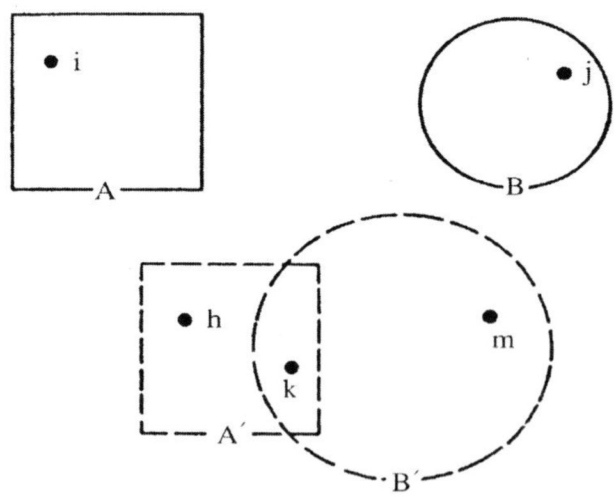

[그림 6-8]

게다가 다른 문자들은 반드시 다른 종속-부류들을 가져야만 하는가? 즉, 어떤 체계는 다른 여분이 없도록 구성되어 있는가? 잉여 시스템 안에서, 어떤 때는 그 첫 번째 명의 참된 카피가 아닌 두 번째 명을 따르는 어떤 추종적 성격을 지니게 될 것이다. 따라서 허용된 단계에서의 모든 사슬 안에서 모든 종속물은 동연 종속-부류에 속하게 되는 반면에, 그러한 모든 사슬 안에 있는 모든 명들이 모두 동연 문자에 속하게 되지는 않는다. 그러므로 엄격히 말해서 여분은 금지되어야 한다. 그러나 문자의 본질(예를 들어, 카피에서 카피로 이르는 악보의 본질)을 유지하는 것이 종속-부류의 본질(예를 들어, 연주에서 연주에 이르는 음악 작품의 본질)을 유지하는 것에 부수적으로 일어난다면, 여분은 아무런 해를 끼치지 않는다.

그리고 물론 어떤 체계 내의 여분은 동연 용어들 중의 어느 하나를 폐기하더라도 거의 손쉽게 제거될 것이다. 또한 어느 경우에 있어서도, 여분이 없더라도 단독 필요조건으로써 간주되지는 않을 것이다.

우리는 어떤 두 개의 문자들이 어떠한 추종도 공유하고 있지 않다는 것을 규정하기 위해서 '해체'요청을 고려할 수도 있다. 그렇게 하기 위해서는 기호 체계 내의 두 개의 다른 추종-부류들이 해체되어 있어야 할 뿐만 아니라 두 개의 문자들 모두가 다른 추종-부류들을 지니고 있어야 한다. 그럼에도 불구하고 두 개의 문자들이 몇 개의 공통 추종물들에 대한 대비책으로써 그 전부를 내포하는 것이 종종 더 작은 위반이 되기도 한다.

비록 순수한 기호 체계 안에 있는 각각의 두 개의 문자들이 의미상으로 완전히 분리되어 있어야 하지만, 어떤 한 문자의 추종물들은 다른 문자의 추종들과 부분적으로 겹쳐지거나 그 일부분이 될 수도 있다. 문자들의 의미론적 해체가 종속물들의 분리를 의미하지 않는 것은 문자들의 구문론적 해체가 명들의 분리를 의미하지 않는 것과 마찬가지이다. 이 경우가 어떤 지리학적 영역들에 적용될 때, '미국에 있는 State(주)'와

'미국에 있는 행정도시 county(주)'는 전자의 모든 추종들이 후자의 여러 가지 추종물들을 포함하고 있다 할지라도 의미론상으로는 해체되어 있다.

의미론적 단절의 필요조건은 설사 우리가 그것들이 모호하지 않다고 가정할지라도 가장 일상적인 언어들을 배제시킨다. 얼마나 많은 것들이 금지되는지 살펴보자. 기호 체계는 'doctor'와 'English-man'과 같은 의미상으로 교차하는 한 쌍의 용어들이 같은 뜻을 내포할 수 없다. 그리고 예를 들어서 그 체계가 'man'이라는 용어를 내포하고 있다할지라도 그것은 보다 특수한 용어인 'Englishman'이나 보다 일반적인 용어인 'animal'을 내포할 수 없다. 기호 체계의 문자들은 의미상으로 분리되어야 한다.

어떤 기호 체계에 대한 마지막 필요조건은 의미론적으로 '한정된 구별'이다. 즉, 그 추종-부류들이 일치하지 않는 K와 K′라는 두 가지 문자들, 그리고 그 둘 모두를 따르지 않는 대상 h의 경우에, h가 K를 따르지 않는다고 하거나 그런다고 해서 h가 K′를 따르지 않는다는 판단이 이론적으로 가능해야만 한다. 이러한 조건은 또 다시 기호로써의 의미가 있는 체계들을 상당히 만족시키는 것이다.

어떤 체계가 'a'와 'b'라는 두 개의 문자들을 포함하고, 1온스나 그 미만의 무게를 가지고 있는 모든 대상들이 'a'를 따르는 반면에 그 이상의 무게가 나가는 모든 대상들은 'b'를 따른다고 한다면, 그것이 포함하는 다른 문자들과 인용-종류들이 무엇이든지 간에 그 체계는 의미론상의 구별이 어려우며, 성공적인 기호법이 되지 못할 것이다.

5. 기호법들(notations)

어떤 기호 체계를 위한 다섯 번째 필요조건들은 완전히 반대일 뿐만 아니라 일반적인 것으로써, 그것들은 무익한 문자들로 이루어진 체계들이나 혹은 심지어 어떠한 문자도 지니고 있지 않은 체계들에 의해서 충족된다. 이러한 필요조건들은 그렇지 않으면 불가피하게 생겨날 골칫거리를 방치하기 위해서 고안된 것이며, 주어진 소재(subject-matter)에 적절한 어휘나 문법을 보장해 주지 못한다. 그것들은 특정한 가족들에 필요한 편의는 도모하지 않은 채, 건축상의 결점들만 방지하기 위해 제정된 어떤 건축 규약과 다소 유사하다.

거기에는 꼭 필요 할지도 모르는 여러 가지 훌륭한 다른 조건들 역시 포함되어 있지 않다. 제한된 세트의 기본 문자들에 대한 필요조건들, 그리고 명확성, 명백함, 영속성, 기동성, 읽고 쓰기 쉬움, 생생한 암시성, 기억을 돕는 효력이나 손쉬운 실행에 대한 어떠한 요구들도 부과되지 않았다. 이것들은 아주 바람직한 특성들일지도 모르고, 어느 정도는 어떠한 실행 기호법에 필요하기까지 하다. 그리고 그러한 기술적인 재료들에 대한 연구는 매혹적이고 유익할 수도 있다. 그러나 이 중 어느 것도 기호 체계들의 근본적인 이론상의 기능과 아무런 관계가 없다.

도처에서, 나는 상징들의 단정적이거나 독단적인 힘이나 미심쩍은 효력이 아니라 그들의 주격, 혹은 서술적 관점을 강조해 왔으며, 문자들을 문장들보다는 술부나 명칭들로써 더 많이 간주되어 왔다. 이것은 현재의 문맥에서 당연한 것이다. 왜냐하면 기호 체계들 안에서 어떤 문자의 문법 양식은 별로 중요하지 않기 때문이다. 예를 들어, 사운드-잉글리시(sound english)에서 글자들의 기호열은 사운드(sound)들의 어떤 연속을 나타낼지도 모른다. 그러나 그 기호열은 그러한 사운드들이 그와 같은 순서로 발생한다거나, 그것들이 완전히 필요 없게 될 것이라는 것을 선언하고 있음을 덧붙여야 한다.

예를 들어 기능어들이 기호 체계에 첨가되어서, 'vo'는 v-사운드 뒤에 o-사운드가 뒤따르는 것을 나타내는 반면에, '+vo'는 v-사운드 뒤에 o-사운드가 뒤따른다는 사실을 단언하고, '!vo'는 v-사운드 뒤에 o-사운드가 뒤따를 것을 명령하고, '?vo'는 v-사운드 뒤에 o-사운드로 인해서 기호법이 되는 것을 나타내는 것이 된다.

이와 반대로, 문장들을 없애고 문구들로만 제한된 목적어는 그 때문에 기호법이 되지 못한다. 요점은 그것들이 논리적인 면에서는 그러한 시제가 언어들과 관계없는 것과 마찬가지로, 기호적인 면에서는 그러한 양식이 무의미하다는 사실이다. 시제의 단순한 부재나 존재 여부는 어떤 체계를 논리적이나 비논리적으로 만들지 못한다. 그리고 양식의 단순한 존재 여부가 어떤 체계를 기호적이나 비기호적으로 만들 수도 없다.

이제까지는 대체로, 관련된 서술부들만이 단지 개별적인 하나씩의 서술부인 것처럼 말을 함으로써 문제를 좀 더 단순화시켜 왔다. 여러 개의 같은 종류의 술부들이 고려되어야 할 필요가 있는 경우 이 다섯 가지 필요조건들 중 어떤 조건들도 변경시키지 않은 채, 우리가 해야 할 일은 문자들의 종속물들일 지도 모르는 '대상'들 사이에 총괄적으로 맞춤으로서 기호 즉 문자의 순서들과 종류들을 체계적으로 포함시키는 것이다.

요약하자면, 기호 체계에서 요구되는 특성들은 명백하게도 구문론적·의미론적 해체성과 구별성이다. 이것들은 훌륭하고 유용한 기호법에 단순히 권장되는 것들만이 아니라 기호 체계들을 비 기호 체계들과 구별시켜주는 특징들이다. 이런 것은 어떤 악보가 지니고 있어야 할 근본 목표로부터 유래한다. 그리고 모든 것은 이론상으로 작동 가능한 기호 체계를 위해서 절대적으로 요구된다. 그러므로 어떤 체계는 주어진 문자의 명들을 따르는 모든 대상들이 동연 추종 종류에 속할 때, 그리고 우리가 각각의 부호들이 어느 특정한 문자의 명들에 속해 있고, 각 대상들이 그 명들을 따른다는 것을 이론적으로 판단할 수 있을 때에만 기호법적이라 할 수 있다.

다섯 개의 조건들은 통상적인 논리적 개념 안에서 서로 독립적이다.

다시 말해서, 어떤 조건에 대한 하나 이상의 충족이나 위반이 그 밖의 다른 조건들에 대한 충족이나 위반을 의미하지는 않는다. 그리고 비록 그 조건들이 기호 체계들을 정의하도록 고안되어 있긴 하지만, 다른 중요한 유형들의 상징체계는 이러한 조건들과의 위반성 여부에 의해서 구별된다.

그러므로 이 장의 앞 페이지들에서 추구된 복잡하고, 추상적이며, 다소 힘들었다고 할 수 있는 기술적 연구는 예술, 과학, 그리고 우리의 삶에서 일반적으로 사용되는 상징의 다양한 체계들을 의미심장한 방식들로 분석하고, 비교하며, 대조시켜 주는 수단을 제공해 주었다. 예술들 내의 상징에 포함되는 특정한 질문들로 되돌아가기 전에, 다음 절에서는 그 밖의 다른 영역들의 몇몇 체계들에 대해 살펴보고자 한다.

6. 아날로그와 디지트(analogs and digits)

위에서 설명한 처음의 압력 계측기는 아날로그 컴퓨터라고 불리워지는 것에 대한 이론적이고도 기본적인 예이다. 숫자들로 표시된 dime-계수기는 또한 디지털 컴퓨터라고 불리워지는 것에 대한 단순한 예이다. 그리고 가장 일상적인 방식으로 판독되는 평범한 시계는 아날로그와 디지털 컴퓨터들을 결합시켜 준다. 그러나 아날로그와 디지털 기계들이나 체계들 간의 차이점은 정의하기보다 설명하는 것이 더 쉽다. 그리고 그것에 대한 몇몇 현대의 개념들은 잘못 생각되기 쉽다. 분명히 디지털 시스템은 디지트(disit ; 손가락, 아라비아 숫자)와 아무런 연관이 없으며, 아날로그 시스템들도 아날로기(analogy ; 유사, 유추)와 특별한 관계를 가지고 있지 않다.

그리고 아날로그 시스템 하에 있는 추종물들은 우리가 원하는 대로 문자들과 다르거나, 문자들로부터 멀리 떨어져 있을지도 모른다. 만일 문자들과 추종–부류들 간의 1대 1관계가 어떤 시스템을 아날로그로 만든다면, 그 때에는 디지털 시스템들 또한 아날로그로써 간주되게 된다. 우리를 오해하게 만드는 전통 용어들인 '아날로그'와 '디지털'은 없어지게 될 것 같지 않으므로, 가장 좋은 진행 상황은 아날로그와 디지털을 아날로기 및 디지트와 분리해서 생각하고자 노력하는 것이고, 비록 이들이 반대말이 아니라 할지라도 조밀성과 구별이라는 관점에서부터 그것들을 구별하고자 시도하는 것이다.

상징적인 '기구'는 만약 그것이 구문론상으로 조밀하다면 아날로그라 할 수 있다. 어떤 '시스템'은 만약 그것이 구문론과 의미론적으로 조밀하다면 아날로그가 된다. 그러므로 아날로그 시스템들은 양 극단에서 구문론적으로나 의미론적으로 구별되지 않는다고 할 수 있다. 모든 문자들의 경우 어떤 부호에 대하여서는 그 부호가 전체에 속하지 않는다는 것을 우리가 알지 못하는 것들이 많이 있으며, 어떤 경우에는 그 대상이 전체를 따르지 않는다는 것을 우리로서는 도저히 판단할 수 없는 그런 경우들도 수없이 많다. 이러한 종류의 체계는 분명히 어떤 기호 체계와는 대조를 이루고 있다. 그러나 조밀성으로 인해 구별하지 못함을 암시한다고 해서 반대로 구별할 수 없기 때문에 조밀성이 있다는 뜻은 아니다. 그리고 어떤 시스템은 그것이 조밀할 때에만 아날로그가 된다.

이와는 대조적으로, 디지털에 쓰이는 기호는 시종일관 분리되어 있다. 그리고 디지털 시스템 안에서 그러한 디지털에 쓰이는 문자들은 유사하게 해체된 세트의 추종–부류들과 1대 1로 연관을 맺고 있다. 그러나 연속적이지 않다고 해서 비록 그것이 구별성에 의해서 암시되긴 하지만, 구별성을 뜻하지는 않는다. 우리가 앞에서 살펴보았듯이, 단지 두 개의 문자들을 지닌 어떤 시스템은 처음부터 끝까지 구문론적으로나 의미론적으로 구별되지 않을 수도 있기 때문이다. 디지털이 되기 위해서 어떤 시스템은 불연속적이어야 할 뿐만 아니라 시종일관 구문론적, 의미론적으로 구별되어 있어야 한다. 만약 그것이 명백하게 구문론적, 의미론적으로 나누어져 있다면, 그것은 바로 기호법이 될 것이다.

디지털 컴퓨터들은 완벽하게 정확할 수 있는 반면에, 아날로그 컴퓨터들은 기껏해야 유효한 근사치에 도달할 수 있는 정도에 불과하다고 때때로 말해진다. 즉, 이것은 디지털 컴퓨터의 작업이 계산하는 것이고, 아날로그 컴퓨터의 작업은 어떤 연속체 안에서 완전한 위치를 기록하는 것일 때에만 유효하다는 것을 말해준다. 디지털 기구들의 실제 가치들은 기호법의 시스템들에 대한 그 효능들이라 할 수 있다. 즉, 판독의 명확성과 반복 능력인 것이다.

아날로그 기구들은 보다 큰 민감성과 융통성을 제공해 줄 수 있다. 아날로그 기구를 사용한다면, 우리는 제멋대로인 보다 낮은 수준의 식별법에 얽매이지 않게 될 것이다. 판독의 정확성에 대한 유일한 제한은 포인터의 위치 결정에 있어서의 정밀도에 대한 변화하는 제한일뿐이다. 그러나 일단 최고도의 정확한 식별력이 갖춰지고 나면, 우리는 판독에 있어서 정확도를 더해 줄 디지털 기구를 짜 맞출 수 있다(우리가 어떤 기구라도 짜 맞출 수 있는 경우에 한해서). 그 작업이 계측하는 것이거나 측정하는 것인 경우에, 아날로그 기구는 측정 단위들이 정해지기 이전의 탐색 단계들에서 주요한 역할을 하고 있다. 그 후에 적절하게 디자인된 새로운 디지털 기구가 바로 그 뒤를 이어받게 된다.

어떤 경우는 추종-부류들이 필요한 몇몇이 이름 없이 남겨진 채로 있거나, 많은 것들이 똑같은 이름을 공유하게 될 수도 있다. 보통으로 그러한 잡종 유형들의 시스템들은 컴퓨터 업무에서 오래 살아남지 못한다. 그 추진력은 아날로그와 디지털 시스템들에 특별히 내포되어 있는 의미론적 특성과 구문론적 특성들에 대한 조화를 목적으로 한다. 만약 소재가 선행적으로 원자화된다면, 우리는 그것을 구분하고, 결합하고, 삭제함으로써 그 상징들에 구별화된 추종-부류들을 제공하고자 시도할 것이다. 미터에 의해서 기록되지 않는 분수 계량들은 무시되는 경향이 있으며, 그것이 식별하는 가장 작은 단위들은 측정 가능한 원자 단위들로써 간주되는 경향이 있다.

이전의 구조가 그러한 외과 수술적 처사에 엄정히 저항해야 한다면, 우리는 우리의 기존 상징 기호체계들을 한 켠에 밀쳐 두고 아날로그 시스템으로 돌아서게 될지도 모른다. 어디에서나 마찬가지로 여기에서도 상징체계들의 개발과 적용은 분석과 조직의 역동적 과정이 된다. 그리고 발생하는 긴장도는 최소한 일시적으로나마 어떤 균형이 이루어질 때까지 어느 한 쪽의 시스템에 대한 조정에 의해서 해결될지도 모른다.

컴퓨터 사용들과는 별도로, 아날로그도 아니고 디지털도 아닌 시스템들이 보편적이다. 예를 들어서, 'a와 b의 중간', 'a, b의 중간과 a의 중간', 'a, b의 중간과 b의 중간', 'a와 a, b의 중간 사이의 중간과 a의 중간' 등등으로 무제한 계속되는 용어들을 상상해 보자. 이 시스템은 구문론적으로 분화되어 있지만, 의미론상으로는 조밀하다. 정확히 말하자면 그 추종-부류들은 일직선 위에 있는 점들이다.

그리고 그 시스템은 설명을 하기 위해서 만들어진 것이 아니라 일상적인 영어의 한 부분이다. 물론 여기에 나오는 모든 것은 다른 것들로부터 무제한 합성시킨 문자들에 대한 규정에 의존한다. 컴퓨터의 경우와 마찬가지로, 10진법의 숫자와 같이 만들어질 수 있는 메시지의 길이에 제한이 있는 곳에서는 기호군을 지니고 있는 어떠한 명백한 체계도 조밀한 추종-부류들을 가지지 않는다.

7. 귀납적 해석(inductive translation)

어떤 컴퓨터가 메시지들을 처리하는 많은 방식들 중에는 '삭제(deletion)'와 '보충(supplementation)'이 있다. 예를 들어, 생략은 어떤 곡선이 스캔되어지고 그 위에 있는 몇몇 지점들을 위치가 지정된 곳에서 나타난다. 보충은 몇몇 지점들이 추가 지정되고, 그 위에 있는 곡선이나 다른 지점들이 만들어지는 곳에서 내삽법이나 외삽법에 의해서 나타나게 된다. 삭제는 종종 아날로그에서 디지털 메시지들로의 전환에 관계하게 되며, 보충은 디지털에서 아날로그 메시지들로의 전환에 관계한다. 상징들의 몇몇 중요한 기능들은 보충 과정에서 설명된다.

이제 다양한 유형들의 곡선들을 조종할 수 있는 어떤 컴퓨터를 상상해 보자. 그 데이터가 이 곡선들 중 여러 개와 아무 모순이 없을 때, 그 기계는 어떻게 결정하게 될 것인가? 설사 그것이 수레바퀴 돌리기나 주사위 던지기로 재분류된다 할지라도, 그것은 여전히 우리의 첫 번째 기계와는 근본적으로 다르다. 왜냐하면 이것은 두 번째 기계와 마찬가지로 점보다는 곡선들 사이에서 선택을 하고, 증거에 모순되는 곡선들을 거부하기 때문이다.

만약 곡선들 사이에서 우선권에 대한 일직선적 순서가 주어지고, 그 기계가 눈금 위에서 가장 높은 곳에 있는 곡선을 선택하라는 명령을 받는다면, 기회가 전혀 생기지 않을 것이다. 그렇지 않다면 수레바퀴나 주사위에 의해 행해진다 할지라도 그러한 척도가 그 차이를 재기 위해 단순히 사용됨으로써, 그 선택이 순수하게 무작위가 되지 못할 수도 있다. 그러나 이러한 모든 경우들에 있어서, 기계는 데이터와 상충되는 곡선들을 삭제시키는 것을 제외하고는 이전에 사라진 것과는 아무런 관계없이 작동한다.

보다 기술적인 기계는 과거 기억을 보다 잘 이용할 수도 있을 것이다. 데이터가 어떤 기계에 공급되고, 곡선 선택이 이루어지며, 추가 데이터가 공급되고, 따라서 새로운 선택이 이루어진다고 상상해 보자. 여러 가지 선택들은 처음부터 끝까지 공급된 모든 것들을 누적된 데이터로써 입력된 것을 한 가지 문제점의 처리 단계들로 간주할지도 모른다.

이제 자동 기록기들이 해독되고, 데이터가 또다시 공급되며, 기계가 새로운 문제점에 대한 작업을 시작한다고 생각해 보자. 우리의 현재 기계는 그것이 새로운 문제점에 직면하게 될 때마다 이전의 문제점들과의 접촉을 회상하게 될지도 모른다. 그것은 현재의 데이터와 모순되는 곡선들을 제거한 뒤에, 현재의 데이터를 적절히 포함하는 데이터를 가진 이전의 문제점들을 찾아낸 다음, 보다 포괄적인 데이터들과 상충되는 모든 곡선을 계속 삭제해 나갈지도 모른다. 따라서 그것은 당면한 증거뿐만 아니라 그러한 경우와 관련된 과거의 증거도 고려한다.

그럼에도 불구하고 만약 그 기계가 충분한 곡선들을 취급할 수 있다면, 현재와 과거 데이터를 기초로 한 제거는 항상 광범위한 선택의 대안들을 남겨 두게 될 것이다. 실제로 그것은 너무나 광범위해서 남아 있는 점들에 관한 어떠한 예측도 배제되지 않는다. x의 많은 값들에 대하여 y의 값이 아무리 주어진다 할지라도, x의 모든 남아 있는 값 m과 y의 모든 잔존값 n의 경우에는 최소한 데이터와 아무런 모순이 없는 곡선들 중 하나가 m, n을 지나가게 될 것이다. 그리고 이것은 과거의 문제점들에 대한 보다 포괄적인 데이터들에 있어서도 유효하게 될 것이다. 그러므로 기계 작동을 활성화할수록 그것은 우선적으로 고정된 명령 체계를 좀 더 자주 찾아보거나, 아니면 그러한 기회들에 좀 더 자주 의지해야 한다. 잘 조직된 기계는 계획된 대로 움직이는 데 오차가 없어야 하며, 다른 변동이 일어나지 말아야 한다.

결점들은 둘 다 어떠한 관습에 의해 움직여 왔던 기계 안에서 수정된다. 경험을 통해서 최대한의 이익을 얻기 위해서는 적당한 인내가 필요하다. 어떤 기계가 어떠한 선택을 하는 데에 있어서는 먼저, 그 문제와 연관된 현재 및 과거의 데이터를 참고할 뿐만 아니라 그 자체의 과거 선택들의 기록 또한 찾도록 디자인되었다고 생각해 보자. 기계는 모든 데이터를 기초로 하여 삭제를 한 뒤에 남아 있는 곡선들 중에서 이전에 가장 자주 사용되었던 하나를 선택하거나, 최소한 그것을 선호하게 된다. 그리고 그것은 새로운 데이터에 의해서 강제로 바뀌어 지기 전에 일단 선택한 곡선을 고집한다. 습관은 실제로 우선적 비중을 형성하거나 그것을 수정한다. 그리고 어떤 유일무이한 선택이 종종 나오게 된다.

예를 들어 '기계가 조종할 수 있는 곡선들' 이라고 말하는 것은 그 것이 응답할 수 있는 목록을 구성한다. 기계는 처음에 입력된 곡선들과 그것이 만들어낼 수 있는 곡선들 간에는 어떠한 차이점도 존재하지 않게 한다. 3개의 다선상의 점들이 주어졌을 때, 원래 일직선들에만 반응할 수 있던 기계는 이러한 데이터에 적응하기 위해 어떤 새로운 곡선을 만들어낼 수 있을지도 모른다. 그러나 이 기계는 다른 선택을 하라고 데이터가 강요하기 전까지는 그것이 취급할 수 있는 모든 곡선들 중에서 항상 일직선만을 선택해 온 것으로 예상될 수 있다. 따라서 어떤 곡선들이 '출발선상'에 있느냐는 것과 그 기계가 어떤 곡선들을 '산출' 해낼 수 있느냐는 것의 문제점은 그 기계가 도대체 어떤 곡선들을 취급할 수 있으며, 그것이 그 곡선들을 어떻게 선택하느냐하는 질문으로 대처해야 할 것이다.

이 모든 기계들은 보충적 작업을 실시하는데, 어떤 것은 완전한 추측에 의해서, 어떤 것은 단순한 계산에 의해서, 어떤 것은 이 두 가지의 혼합을 통해서 보충적인 작업을 한다. 어떤 기계는 아무런 증거도 가지고 있지 않고, 어떤 것은 최소한의 증거만, 그리고 어떤 기계는 아주 광범위하고 복잡한 숫자의 증거를 지니고 있다. 이러한 증거를 참작하는 기계들은 주어진 점들을 나머지 것들과 연관시키는 곡선들과 함께 작동을 한다. 몇몇 그러한 기계들은 아주 극소수의 곡선들을 취급할 수 있고, 어떤 것은 많은 곡선들을, 그리고 어떤 기계는 그들의 세계에서 가능한 곡선들을 모두 취급할 수 있다.

어떤 기계들은 증거를 기초로 하여 모두 제거한 후에 완전한 양자택일 상황에 접하게 되었을 때, 우선 척도를 적용함으로써 항상 하나의 선택을 내리게 된다. 그런 완전한 자동 절차가 결핍되어 있는 다른 기계들은 때때로 우연한 기회를 포착하여 호소해야만 한다. 이것들 중에서 어떤 것은 그들의 과거 선택들을 참작하고, 어떤 것은 그렇게 하지 않는다. 실제로 기계들은 일단 행해진 기회 결정들을 가능한 한 영속시키는 습관들을 형성하고 있다.

귀납의 본질에 관한 질문들이 여기에서 대두된다. 보충은 증거가 고려될 때 귀납이 되어 지는가? 그렇지 않으면 증거가 때때로 공공연한 양자택일 상황을 가져다주지 않는 한 귀납이 이루어지지 않기 때문에 어떤 결정은 다른 수단에 의해서 이루어져야만 하는 것인가? 혹은 몇몇 그러한 결정들의 경우에 어떤 기회 절차가 사용될 때에만 그렇게 되는 것인가? 그것에 대한 대답을 하는 것은 여러 개의 중요한 경계선들을 기록하는 것보다 덜 중요할 것이다.

그러면 인간에 의해서 행해지는 귀납의 특징들은 무엇인가? 분명히, 우리는 미묘하고 세련된 방식들로 증거를 고려할 수 있고, 어느 가능한 곡선이나 가설을 다룰 수도 있다. 그리고 대체로 우리는 증거가 인정하는 한 어떤 선택을 관철하려는 경향이 있다. 그러나 우리는 이러한 곡선들 중에서 완전히 결정적으로 우선적인 순서를 제공받고 있는가, 아니면 때때로 주어지는 기회에 의존해야만 하는 것인가?

위와 같이 메시지 보충을 실행하는 몇몇 방식들을 간단히 살펴보는 것은 현재 인식론 내의 활발한 논쟁의 핵심으로 직접 우리를 이끌어 줄 것이다. 그렇지만 곧 질문의 초점은 명백한 귀납에서뿐만 아니라 카테고리의 발견과 패턴의 지각과 같은 유사 과정들 안에서 상징들의 기능에 대한 어떤 두드러진 특징들을 다음과 같이 나타내주고 있다.

첫째, 증거는 그 데이터를 적절히 포함하며 어떤 외연(extension)을 가지고 있는 일반적 상징(라벨이나 명칭이나 가설)의 적용을 통해서만 효과를 발휘할 수 있다.

둘째, 양자택일들은 주로 고립된 항목들이라기보다는 외연에서 분리된 일반적인 상징들이라 할 수 있다.

셋째, 적절한 시간, 희생, 구제에 관한 습관들은 그러한 상징들의 이용을 통해서만 개발될 수 있다. 아마, 실제로 이것들을 일반적인 인식행동의 특징들일 것이다.

8. 도표, 지도, 모형들

도표들은 그것들이 기록 도구들의 결과로써 나타나는지 설명적인 텍스트들에 대한 보충물이나 작동 가이드로서 나타나든지 간에 그 유형에 있어서 완전히 아날로그인 것처럼 종종 생각된다. 그 이유는 그것들이 다소 회화적 모습을 띠고 있으며, 수학적 부속물들이나 언어적 부속물들과는 대조를 이루기 때문이다. 기계 장치를 위한 스케일 그림들과 같은 몇몇은 실제로 아날로그이다. 그러나 탄수화물들에 대한 도표들과 같은 것들은 디지털이다. 그리고 평범한 도로 지도들과 같은 것들은 아날로그와 디지털이 혼합되어 있다.

글자들이나 그림들의 단순한 존재나 부재 여부는 그다지 중요하지 않다. 어떤 도표에 있어서 중요한 것은 우리가 그것을 어떻게 판독하느냐 하는 것이다. 예를 들어, 자기 기압 기록이나 지진 기록에 대한 그림들이 곡선이 지나가는 어떤 점들을 나타내고 있지만 곡선 위의 모든 점들이 그 자체의 표시를 하는 문자라면, 그 도표는 완전히 아날로그이거나 그래픽이라 할 수 있다. 그러나 10년간의 연간 자가용 생산을 보여주는 어떤 차트 위의 곡선이 그 경향을 강조하기 위해서 여러 가지 번호가 매겨진 점들을 단순히 연결하고 있다면, 곡선 위의 중간 포인트들은 그 기호군의 문자들이 아니며, 그 도표는 완전히 디지털 형식이다.

또한, 알파벳이나 수 문자들을 지니고 있지 않은 도표가 항상 아날로그인 것은 아니다. 예를 들어, 통계학에서의 많은 도표들은 올바른 패턴의 라인들에 의해서 연결된 적당한 숫자의 점들이나 집합들을 지니고 있는데, 여기서 그 점들의 크기와 위치 및 라인들의 길이와 형태는 무의미하다. 분명히, 여기서의 점들과 라인들은 기호 언어에서의 문자들과 같은 기능을 한다. 그리고 전기 회로들에 대한 대부분의 도표들과 마찬가지로, 이 도표들도 완전히 디지털이다. 우리가 그러한 도표들을 다소 도식화된 그림들로써 간주하고 있기 때문에, 이러한 사실에 의해서 고무적이 될수록 디지털이나 기호법, 비기호법, 아날로그 간의 중요한 차이점이 아날로그나 유사에 대한 어떤 엉성한 개념이 아니라 기호 언어에 대한 근거 있는 기술적 필요조건들에 달려 있다는 것을 보다 강하게 상기시키게 된다.

과학자들과 철학자들은 대체로 도표들을 당연하게 생각해 온 반면에, 모델들의 본질과 기능에 관해서는 상당히 오랫동안 초조해 하고 있다. 대중적, 과학적 강연에서 '모델'이라는 용어보다 더 난잡하게 사용되는 용어들은 거의 없다. 모델(model)은 패턴(pattern), 적절한 케이스(case in point), 타입(type), 원형(prototype), 견본(specimen), 실물 크기의 모형(mock-up), 수학적 설명 등으로 찬미되거나 모방되어져 상징화를 의미하는 것과 관계있을 지도 모른다.

많은 경우들에 있어서, 모델은 그것이 본뜨는 것에 대한 본보기나 실증이다. 모범시민은 시민권에 대한 좋은 예이고, 조각가의 모델은 인간의 신체에 대한 샘플이며, 패션모델은 착용자의 견본이고, 모델 하우스는 개발업자가 팔 물건들에 대한 샘플이다. 그리고 자명한 이치들에 대한 모델은 유순한 우주인 것이다. 서술들과는 달리, 그것들은 비언어적이다. 이러한 종류의 모델들은 사실상 2차원 이상에 있는 도표들인 경우가 많으며, 적용 범위들을 지니고 있다.

다시 말해서, 도표들은 단조롭고 정적인 모델들이다. 다른 도표들과 마찬가지로, 모델들은 디지털일 수도 있고 아날로그이거나 아니면 그 둘의 혼합일 수도 있다. 탁구공들과 젓가락들로 만들어진 분자 모델들은 디지털이다. 풍차에 대한 작용 모델은 아날로그일 수도 있다. 잔디 대신에 초록색 혼용지를, 벽돌 대신에 분홍색 카드보드지를, 유리 대신에 플라스틱 필름 등을 장착한 캠퍼스의 스케일 모델은 공간적 차원에 관해서는 아날로그이지만, 소재들에 대해서는 디지털이다. 아마도 모델들에 관한 상당히 혼란스러운 과장된 생각을 쫓아버리기 위한 첫 번째 단계는 그것들이 도표들로써 취급될 수 있다는 것을 인식하는 것일 것이다.

이 장 처음에서 제기된 예술에서의 기호법에 관한 질문들에 대한 해답은 아직까지 명확히 제시되지 않았다. 실제로 그 질문들은 우리가 일반적인 기호법들과 상징체계들에 관한 몇몇 예비 질문들을 검토했던 동안에 한 켠으로 제쳐야만 했었다. 그러나 보이는 것처럼 전혀 연관성이 없는 것은 아니다. 왜냐하면 악보는 우리가 생각한 대로 기호 언어적인 문자이고, 악보들은 전형적으로 연주를 위하는 것이며, 필연적으로는 하나의 작품이기 때문이다.

다음 장에서, 우리의 몇몇 결론들이 예술에 관한 어떤 질문들에 어떻게 적용되며, 어떤 빛이 몇몇의 다른 철학적 문제점들에 어떻게 비춰져 반영될 수 있는지를 고찰해 보고자 한다.

Chapter 7

악보, 스케치와 각본

1. 악보

악보는 기호 체계에서 하나의 문자에 속한다. 음악 기호법에 있어서 모든 문자들이 다 악보는 아니지만, 이러한 종속물들을 지니고 있을지도 모르는 특정 문자체계를 하나의 악보로써 간주한다. 이것은 완전히 유사한 범주식 문자들(즉, 완벽한 작곡이거나 실제로 비공식적인 어느 악보에서도 요구하지 않는 문자들)을 배제한다. 우리는 음악 기호법에서뿐만 아니라, 어느 기호 체계에서 설명되는 문자들까지도 포함할 수 있도록 '악보'의 적용을 확장시켜 왔다.

이와 마찬가지로, 우리는 종종 그러한 문자들과 같은 부류의 약속어들이 일상적인 관습으로 실시되지 않는 경우를 연주들이라고 종종 일컫는다. 그리고 우리는 이러한 종류들이 어떤 일상적인 의미로는 작품이라고 할 수 없는 것(예를 들어, 자연 현상들에 대한 우발적인 집합들)일 때 조차도 그 추종-부류들을 작품들이라고 부른다. 우리가 생각하는 이 모든 것들은 우리가 음악의 가장 기본적인 예와 예시된 보다 일반적인 원리들 모두를 잘 간직할 수 있도록 도와줄지도 모른다.

우리는 악보가 한 작품을 정의하고는 있지만, 그것은 경쟁자들이 없는 묘한 특권을 가진 정의라는 것을 알게 되었다. 어떠한 종류를 구분짓는 데는 일반적으로 악보에 의해서 유일하게 판정된다. 그러나 일상적인 정의와는 달리, 실제로 악보는 그 분야의 연주구성인들에 의해서 판정되는 유일한 것이라 하겠다. 즉, 기호 체계와 악보에 대한 연주가 이뤄질 때, 그 악보는 현실적으로 복원이 가능하다.

작품과 악보의 동일성은 어떤 일련의 단계들에 따르는 연주에서 악보명, 혹은 악보 이름에 걸맞게 작곡된 그대로를 복원해서 치는 각 소절안에서 유지된다. 이것은 어떤 악보가 씌여지는 언어가 기호법이어야 한다는 사실에 의해서만 보장되며, 앞에서 말한 5가지 필요조건들을 충족시켜야 한다. 그 소재에 대한 어떠한 고정된 분할도 허용될 수 없다. 그러나 어떤 작품의 연주들에 한해서는 폭 넓게 다른 관점들로 바뀌질 수 있다.

앞에서 설명했던 것처럼, 여지가 있다면 그것은 기호법에 대한 보편적이고도 사소한 위반이다. 그 그물 효과는 앞에서 설명한 종류의 사슬안에서 악보 명들이 서로에 대한 참된 카피들이 아닐 수도 있다는 것이다. 그러나 모든 것은 의미론적으로 동등하며, 모든 연주들은 동일 작품에 대한 것이 똑같이 진행 될 것이며, 악보의 보존이 아닌 작품의 보존이 보장된다. 그리고 작품보전이 우선적이고 악보보전이 부수적인 한, 여분은 존재할 수 있는 것이다.

우리의 일상적인 평상 언어들은 그 어떤 것도 기호 체계가 아니다. 그러한 '광범위한 언어'들은 2개의 구문론적 필요조건들에는 부합하지만, 3개의 의미론적 필요조건들에는 부합되지 않는다. 따라서 어떤 정의나 동등한 정의들이 정의 내려지는 경우들에 있어서는 단지 하나의 조건에 의해서만 독점적으로 결정되지는 않는다.

그리고 우리가 보아왔던 것처럼, 모호함이 항상 비난을 받는 것만은 아니다. 외바퀴 손수레는 오브젝트 잉글리시의 여러 가지 다른 추종-부류들에 속하며, 그것은 '나무로 만든 물건', '바퀴달린 차량' 등등과 같이 외연적으로 다양한 많은 설명들을 따르고 있다. 그러한 언어에서는 주어진 대상이 충족시켜 주는 정의라든가, 그에 해당하는 정의들이 존재하지 않는다. 그러나 기호 체계나 여분을 통해서만 기호법성질(notationality)을 잃게 되는 어떤 체계 내에서는 같은 연주에 대한 주어진 악보들이 동일하며, 그것들은 모든 동연 연주들을 추종물로써 받아들여지게 된다.

2. 음악

지금가지는 예술에서 실제로 사용되는 기호 체계들에 대한 것을 면밀히 조사하지 않은 채로 일반적인 이론에 대한 문제들에 관해서만 토의해 왔다. 표준적인 음악 기호법은 우리 눈에 익숙한 동시에 여러 가지 다양한 경우를 제공해 준다. 그것은 곧 여러 가지 다른 구두 언어들의 사용자들에게 있어서 아라비아 숫자의 기호와 마찬가지로, 복합적이고도 쓸모가 있을 뿐만 아니라 공통적으로 이용된다. 그러나 그에 대한 대안은 어떠한 성과도 얻지 못했다. 그리고 중국과 인도와 같은 어떤 다른 문화도 수세기에 걸쳐서 비교적 효과적인 어떠한 음악 기호를 발전시키지는 못했다. 그것에 대한 최근에 시도된 반란의 다양성과 전통적 기호법의 지속력은 그것이 지켜 온 그동안의 권위를 입증시켜 준다.

평범한 음악 기호법은 때대로 분리된 조성들과 여백이 있는 음색들을 지니고 있는 건반 악기들의 도입에 그 기원을 두고 있다고 생각되어 왔다. 그러나 참된 기호법이나 진정한 건반 악기가 언제 나타났느냐 하는 질문은 참으로 입증하기 어려운 것이라서 그러한 가설은 역사적 사실에 대한 조사를 좀처럼 허용하지 못하고 있다. 그리고 그 가설은 이전에는 받아들이기 어려웠다. 알파벳 기호가 타이프라이터의 발명을 기다릴 필요가 없었듯이 음악 기호는 클라비코드(피아노의 전신)의 발명을 기다릴 필요가 없었다. 기호 기구나 기호체계의 개발은 해체되고 구별화된 대상들이나 부호들의 본질적인 분리에 의존하지는 않지만, 두 가지 영역들 안에서 실질적인 연속 상태에 직면하여 종종 새로운 개발이 이루어지기도 한다.

몇몇 초기의 중세 음악 원고들에서, 부호들은 음의 고저를 나타내기 위해서 어떤 노래의 음절들이나 단어들보다 더 높거나 낮게 표기되었다. 나중에서야 비로소 수평적 라인들이 첨가되게 되었다. 처음에 이러한 라인들은 아날로그 기호군으로써 받아들여지는 온도계 위의 눈금 부호들과 마찬가지로, 절대적인 위치를 판단하기 위한 단순한 가이드의 역할을 했을런지도 모른다. 이러한 선분들과 공간들이 이러한 문자들 중의 하나를 가리키도록 도와주는 음절이나 음표 부호의 배치와 함께 그 체계의 문자들이 되었을 때, 진정한 기호법의 요소들이 나타나게 된다. 그러나 여기서는 기원이나 개발뿐만 아니라 음악 악보들의 언어가 얼마나 완전하게 진정한 기호 체계로써의 자격을 갖추고 있는지에 대해 주로 관심을 두고자 한다.

구문론적 필요조건들이 일반적으로 교차한다는 것은 아주 분명하다. 실제로, 음표-부호는 항상 배치되어 있는 것이기 때문에 그것이 한 가지 음표-문자에 속하는지 다른 문자에 속하는지를 의심할 수는 있지만, 어떠한 경우에도 그것이 양쪽 모두에 속하는 법은 없다. 표면상의 음표-부호들은 그것들이 다른 어떤 것이 아닌 한 가지 문자에 속한다고 판정되지 않는 한, 그 체계 내의 명들로써 간주되지 않는다. 음악 악보의 대부분의 문자들은 그것이 숫자든지, 문자든지, 그 밖의 것이든지 간에 구문론상 해체되고 구별되어 있다. 그러므로 상징 기구는 실질적을 기호적이며, 악보들의 언어는 실제로도 언어이다. 그러나 이러한 언어가 기호체계인 것일까? 그것은 과연 의미론적 필요조건들을 충족시키고 있는 것인가 하는 질문이 뒤따를 수 있다.

만약 우리가 피아노 악보들만을 참작한다면, 그 언어는 아주 잉여적이다. 왜냐하면 동연 사운드-이벤트들이 c-sharp, d-flat, e-triple-flat, bdouble-sharp 등등에 대한 문자들을 따르고 있기 때문이다. 그러나 우리가 살펴보았듯이 다른 여지는 전체적으로 보아 그리 중요하지 않다. 보다 중요한 문제점은 우리가 다른 악기들에 대한 악보들 역시 숙고하게 될 때에 야기된다. 바이올린 악보에서는 c-sharp과 d-flat에 대한 문자들이 어떠한 추종물들도 공유하고 있지 않다. 그러므로 두 가지 문자들이 피아노 악보들에서는 공통으로 몇몇 약속어들을 지니고 있고, 다른 악보들에서는 따로따로의 약속어들을 지니고 있다면, 그 두 가지 추종-부류들은 의미론적 해체성에 대한 필요조건을 완전히 위반하면서 철저하게 엇갈리게 된다.

그러나 이러한 설명이 놓치고 있는 것은 모든 연주들이 하나나 그 이상의 여러 가지 다른 악기에 대한 것이기 때문에 두 가지 다른 문자들은 다른 prime 문자들을 결합시켜주는 무의미 원자 문자로 간주 될 수도 있다는 점이다. 피아노 악보들에서 존재하는 두 가지 합성적인 prime 문자들에 대한 추종-부류들은 동일하다. 바이올린 악보들에서 나타나는 두 가지 합성적인 prime 문자들에 대한 추종-부류 들은 해체되어 있다.

우리가 끝도 없이 지속되는 온음, 반음, 4분의 1음, 8분의 1음 등등의 시리즈를 가정해 본다면, 제한된 구별성에 대한 의미론적 필요조건은 위반되게 될 것이다. 그 이유는 음표-부호들을 함께 결합시킴으로써, 주어진 분수의 박자 길이와는 다른 음표 문자들을 우리가 만들어낼 수 있기 때문이다. 그러므로 어떤 음표에 대한 소리는 한 가지 문자만을 따르고 있다고 결정될 수 없다. 물론, 어떤 주어진 악보나 전체 악보들에서는 그 위에 있는 음표-부호들과 꼬리가 있는 음표들의 숫자가 제한되어 있다. 그러나 그 시스템에 의해서 허용되는 꼬리가 있는 음표들의 숫자에 대해서는 무언의 제한이나 표현적 제한이 존재해야만 한다. 그렇지 않으면 악보가 연주로부터 회수되는 것이 이론상으로 가능하지 않게 될 것이고, 연주에서 연주로 이르는 작품의 주체성이 보장되지 않을 뿐만 아니라 기호 체계의 주요 목적이 유지되지 않게 될 것이다. 이론상으로는 어떠한 제한도 이루어질 수 있다. 전통적인 이론으로는 현재로서 다섯 개의 꼬리음표들에 -128분의 1음- 그 제한을 두고 있는 것으로 보인다.

그러므로 그 시스템의 독특한 음악 문자들의 주요 부분들은 기호법에 대한 구문상의 필요조건들에서와 마찬가지로 의미론적 요구사항들에도 대체로 부합하는 것처럼 보인다. 악보들에서도 나타나는 모든 수 문자들과 알파벳 문자들의 경우에는 이와 똑같다고 말할 수 없다.

첫째, 어떤 작곡들은 연주가들로 하여금 'figured bass(통주 저음 ; 숫자 붙은 저음)'나 'continuo(통주저음 ; 화성은 변하지만 저음은 일정한 것)' 중에서 선택할 수 있도록 허용하면서 씌여지게 된다. 그러한 악보들이 비교적 공범위하지만 여전히 서로 독립적인 연주들을 결정하고 있는 한, 그것들은 어떠한 트러블도 일으키지 않는다. 중요한 것은 특이성(specificity)이 아니라 분리성(separateness)이다. 그러나 모든 경우들에 있어서 선택 사항을 엄격하게 정하지 않은 채로, 'figured-bass'와 특정한 기호법의 양자택일적 사용을 허용하는 체계는 기호 체계들에 대한 조건들을 기본적으로 위반하게 된다. 왜냐하면 그 문자들 중 몇몇의 추종-부류들은 보다 일반적인 문자들인 다른 것들의 종속-부류들에 철저히 포함되기 때문이다.

두 가지 악보-명들, 즉 'figured-bass' 에서의 한 명과 특수한 기호법에서의 다른 명은 비록 그것들이 어떤 공통적인 종속 연주를 지니고 있다 할지라도 그로 인해서 의미상 동등해지지는 않을 것이다. 그리고 'figured-bass'를 따르는 두 가지 연주들은 어떠한 추종도 공유하고 있지 않은 두 개의 특수한 악보들을 제각기 따르고 있을지도 모른다. 음악 악보들의 포괄적인 언어는 그것이 'figured-bass'와 특수한 기호법 간의 자유로운 선택권을 제공하고 있는 한 진정한 기호법이 될 수 없다. 오히려 그것은 두 개의 기호법적 하부조직을 구성하고 있다고 할 수 있다. 그러나 한 가지 악보 기호법을 사용하는 것은 연주에서부터 또 다른 연주에 이르기까지 작품의 주체성에 대한 보장 여부를 나타내주어야 한다.

자유로운 카덴자(cadenza)에 관해서도 거의 똑같이 이야기할 수 있다. 이 상황에서 연주자는 광범위한 기회를 부여받게 된다. 그리고 자유로운 카덴자들을 포함한 악보들은 모든 세부적인 음을 기록한 솔로 악절들을 지닌 종속 악보들의 별도 첨부를 포함하고 있다. 모든 경우에 있어서 어떤 솔로 악절이 자유 카덴자로써 완전히 표현되어 있거나 나타나고 있는지의 여부를 결정해 주는 방법이 없다면, 우리는 음악 악보들의 언어가 완전히 기호적인 것이 아니라 기호적인 하부조직들로 나뉘어 있다는 사실을 다시 한 번 인식해야만 한다.

다른 종류의 문제들은 어떤 악장의 템포에 사용되는 구두 기호법 때문에 생겨난다. 그 단어들이 일상적인 언어에서 나왔다는 그 자체는 중요하지 않다. '기호법적'이라는 표현은 '비언어적'이라는 것을 의미하는 것은 아니다. 또한 광범위한 언어에서도 그 추종-부류들과 함께 문자들을 선택하는 것도 기호법에 대한 조건들을 모두 다 위반하는 것이 아니다. 보다 중요한 것은 차용한 어휘가 의미론적 필요조건들에 부합하는지의 여부이다.

그러면 템포의 어휘라는 것은 무엇인가? 그것은 'allegro', 'andante', 'adagio'와 같은 보다 통상적인 용어들뿐만 아니라 실내악의 몇몇 프로그램들에서 따온 다음과 같은 많은 것들도 무제한 포함하고 있다. presto, allegro, vivace, allegro assai, allegro spiritoso, allegro molto, allegro non troppo, allegro moderato, poco allegretto, allegretto quasi-minuetto, minuetto con un poco di moto, rondo alla Polacca, andantino mosso, andantino grazioso, fantasia, affetuoso e sostenuto, moderato e amabile 등등이 바로 그것이다.

분명히 거의 모든 단어들은 속도와 음악성을 나타내기 위해 사용될지도 모른다. 위와 같은 악상의 명백함이 놀라울 정도로 지켜진다 할지라도, 의미론적 해체성은 지켜지지 않게도 될 수 있을 것이다. 그리고 어떤 템포가 빠르거나 느리게, 혹은 빠르거나 느린 것의 중간, 혹은 빠르거나 느린 것 중간과 빠른 것의 중간 등등과 같이 무제한으로 지시된다면, 의미론적 구별성도 역시 이루어지지 않을 것이다.

그러므로 템포들의 구두 언어는 기호적이 아니다. 템포 단어들은 모든 연주들을 통하여 어떠한 작품을 증명해 주는 역할을 하는 악보가 있는 한, 악보의 필수적인 부분들이 될 수는 없다. 동시에 지시된 템포로부터 이탈하는 것이라 할지라도 그 악보에 의해서 정의된 작품에 대한 실증으로써의 자격을 그 연주로부터 박탈시키지는 않는다. 이러한 템포 내역들은 정의하고 있는 악보의 필수 요소들이라고 간주될 수는 없지만, 그것의 준수나 위반이 작품의 본질이 아니라 연주의 질에 영향을 미치는 보조 지시물들이라고 말할 수 있다. 반면에, 템포의 메트로놈의 내역들은 분명한 제한 하에서, 그리고 그것들을 보편적으로 요구하는 체계 하에서 기호법으로써의 자격을 갖추고 있으며, 그렇기 때문에 결과적으로 그 악보에 속해 있는 것으로서 간주될 수도 있다.

여기서는 음악 악보들의 표준 언어에 관한 타당한 의문점들 중 몇 개의 두드러지는 사례들만을 뽑아서 논의해 왔다. 그러나 그 결과들은 끊임없는 실제 사용에 있어서는 전통적 관점에서 볼 때 당연히 예상될지도 모르는 것과 기호법에 대한 이론적 필요조건들을 충족시키는 것이 거의 맞먹는다고 말하고 있으며, 어떠한 위반을 수정하는 데에 요구되는 삭제와 교정들이 다소 심플하고 부분적이어야 한다고 제안하고 있다. 결국, 어느 누구도 실험실 바깥에서의 화학적 청결을 기대할 수는 없다.

연주 시 악보를 충실히 따르는 것은 어떤 작품의 참된 실증을 위한 유일한 필요조건이기 때문에 한 번의 실수를 한 가장 훌륭한 연주는 그 작품에 대한 실증이 되지 않는 반면에, 아무런 실수도 하지 않은 가장 초라한 연주는 그러한 실증으로 간주된다. 우리는 어떤 작품의 실증적인 연주들에 대해서 몇몇 제한된 일탈을 허용해 줌으로써 우리의 이론적 평론이 평상시의 연습과 상식에 더 잘 부합되도록 만들 수는 없는 것일까? 연습을 하는 음악가나 작곡가는 보통 어떤 연주가 하나의 잘못된 음을 가지고 있다면, 그것은 주어진 작품에 대한 연주가 아니라는 생각으로 신경이 곤두서 있다.

그리고는 평상시의 습관으로 틀림없이 몇몇 잘못된 음들을 간과하면서 그냥 지나쳐 버린다. 그러나 이것이야말로 평상시의 습관이 우리로 하여금 재빨리 곤란을 겪도록 만드는 그러한 경우들 중의 하나인 것이다. 단 하나의 음에 의해서 달라지는 연주들이 동연 작품에 대한 실증들이라고 순수하게 보이는 원리는 모든 연주들은 무엇이든지 동연 작품이라는 결론으로 감히 이끌게 된다. 만약 우리가 최소한의 편차를 허용한다면, 작품-보존과 악보-보존에 대한 모든 보장은 사라지게 된다. 왜냐하면 생략, 첨가, 가감 등의 한 가지 음에 대한 연속적인 실수들로 인해서, 우리가 베토벤의 '5번 교향곡'에서부터 '3마리 눈먼 쥐(Three Blind Mice)'에 이르기까지 멀리 나아갈 수 있게 되기 때문이다.

그러므로 어떤 악보가 한 연주의 특별히 지정하지 않은 많은 특성들을 남겨놓고 있으며 규정된 제한점들 내에 있는 다른 것들 안에서 상당한 변주를 허용할 수도 있긴 하지만, 주어진 내역들에 완전히 따르는 것이 절대적으로 요구된다. 이것은 학술적 강연을 명령하는 급박한 사정들이 우리의 일상적인 말투를 지배할 필요가 있다는 것을 말하고자 하는 것이 아니다. 그것은 우리가 일상적 대화에서 고래를 물고기라고 말하고, 지구가 둥글다거나, 회색빛이 도는 핑크색 인종을 백인이라고 말하는 것을 거부하지 않는 것과 마찬가지로, 한 음을 놓친 피아니스트가 쇼팽 폴로네즈를 연주했다고 말하는 것을 주저할 필요는 없다.

표준 음악 기호법에 의해서 오랫동안 유지된 압도적인 독점물은 필연적으로 반란과 대안적 계획들을 고무시켜 왔다. 작곡가들은 이 기호법 내의 악보들이 너무나 적은 특징들, 혹은 너무나 많은 특징들이나 잘못된 특징들을 규정하고 있다고 불평하거나, 아니면 올바른 특징들을 너무 정확하게 규정하고 있다든지, 혹은 충분하리 만큼 정확하게 규정하고 있지 못하고 제각기 불평을 하고만 있다. 다른 어떤 곳에서와 마찬가지로 여기에서도 변혁은 생산 수단에 대한 다른 규제를 목표로 할지도 모른다.

John Cage(1912~1992)에 의해서 고안된 한 가지 단순한 체계는 대략적으로 다음과 같다([그림 7-1 참조]). 다음 그림을 보면 단일 사운드들에 대한 점들이 하나의 직사각형 내에 위치하고 있다. 빈도, 지속성, 음색, 크기 연속에 대한 5개의 직선들이 직사각형을 가로질러서 다양한 각도로 교차한다. 하나의 점에 의해 나타나는, 사운드들을 결정해주는 중요한 요인들은 그 점에서부터 이러한 직선들에 이르는 수직거리들이다. 이 체계는 기호적이지 못하다. 왜냐하면 각도와 거리라는 최소한의 중요한 단위들에 대한 어떠한 조항도 없는 채, 구문론상의 구별이 결핍되어 있기 때문이다. 문자에서의 차이를 나타내 주는 위치상의 작은 차이점에 대해 어떠한 제한도 설정되어 있지 않는 한, 어떠한 측정법도 어떤 부호가 다른 문자들이 아닌 어느 한 문자에 속해 있다는 것을 결정지을 수는 없을 것이다.

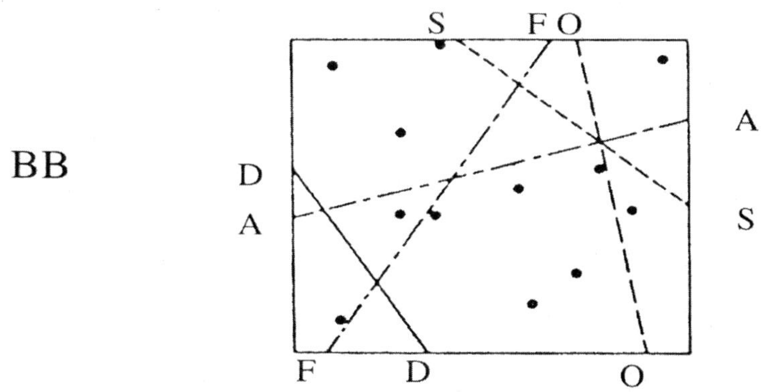

[그림 7-1]

마찬가지로, 이 체계 하에서는 어떠한 측정법도 한 연주가 다른 것들이 아닌 어느 한 부호를 따르고 있다는 사실을 결정할 수 없다. 게다가 그 상징들이 어떻게 해석되느냐에 따라서, 구문론적 해체성과 의미론적 해체성은 결핍될 수 있다. 요점은 어느 작품이든 표준적 악보보다 대충 규정되어 있지 않다는 점이다. 왜냐하면 기호 체계의 문자-부류들과 추종-부류들은 그것들이 해체되고 구별되어 있는 한 어떠한 크기도 될 수 있기 때문이다. 제한된 체계 하에서는 해체되고 구별되어 있는 어떠한 문자들이나 추종-부류들로서는 기호법이나 언어 그리고 악보들은 존재하지 않는다.

만약 우리가 바람직하거나 당연한 수준의 정확도 내에서 그것을 복제해낼 수 있는 원화와 사진의 수단을 지니고 있다면, 구문론적 구별성이 거의 중요하지 않게 된다는 항의가 제기될 수도 있다. 그러나 복제의 부정확성이 아무리 미약하다 하더라도, 연속적인 복제가 지속된다면 어느 정도까지는 원작품으로부터 벗어나는 결과를 가져올 수 있다. 복제는 원화와 직접 비교를 함으로써 두드러진 편차를 충분히 발견할 수 있다. 그러나 두드러지게 다른 두 가지 원화들의 경우에는 둘 중 어느 것과도 눈에 띄게 다르지 않은 제 3의 것(혹은 복사품)이 존재할지도 모른다. 이렇게 어떠한 기호법에 도달하기 위해서는 중대한 편차에 대한 제한점뿐만 아니라 문자들의 해체성을 보장해 주는 수단이 필요하다.

이제까지 설명된 것과 같은 어떤 체계의 적용이 그럼에도 불구하고 좋은 생각이 될 수 있는지의 여부에 대해서는 결코 말할 수 없다. 단지 하나의 기호 체계에서 또 다른 것에 이르는 단순한 변화 이상의 것이 연관되어 있다는 점을 간단하게 지적하고자 한다. 또한 '기호법', '악보', '작품'과 같은 단어들의 적절한 사용에 대해서는 일부러 궤변을 늘어놓을 필요도 없을 것이다. 미식가들에게는 포크의 적절한 사용보다 더 중요한 것은 거의 없을 것 같다.

정말 중요한 것은 문제의 그 체계가 연주에서 연주로 끝나는 어떤 작품이나, 부호에서 부호로 끝나는 어떤 문자를 증명해 주는 수단이 되지 못하고 있다는 점이다. 어떤 것도 함부로 한 Cage의 자필 도표에 대한 참된 카피나 그것의 연주가 될 수 있다고 결정될 수 있다. 스케치를 한 후에 데생과 회화가 존재할 수 있는 것과 마찬가지로, 유일한 물체가 있은 후에 비로소 카피들과 연주들이 존재할 수가 있는 것이다. 물론, 이 장에 대한 권두 삽화에서 제시된 중세의 악보 원고에 관해서도 똑같이 이야기할 수 있을 것이다. 때때로 변혁은 역행되기도 했던 것이다.

자유 방임주의(laissez faire)에 대한 극단적인 정신은 몇몇 작곡가들로 하여금 자기가 원하는 대로 연주하는 연주자의 자유를 약간이나마 제한하는 체계들을 이용하도록 이끌어 왔다. 그러한 자유는 기호법과 모순되지 않는다. 어떤 체계가 하나는 중간 C로 시작하는 모든 피아노 연주들을 종속물로서 가지고 있으며, 다른 하나는 그 밖의 모든 다른 연주들을 추종물로써 지니고 있는 두 가지 문자들로 이루어져 있다면, 그 체계는 기호법이 될 수 있을 것이다. 비록 이 체계의 경우에는 두 가지의 다른 작품들만이 존재할 수 있지만 말이다. 그러나 물론, 적용 범위가 넓은 문자들을 가진 체계들은 종종 의미론적 해체성이 부족하다.

오늘날에는 반면에, 끊임없는 음향 요인(sound source)들과 활성화 수단을 지니고 있으며, 기계 장치들이 필요치 않는 연주가나 명망 있는 몇몇의 전자 음악 작곡가들은 연주에서의 모든 재량권을 제거하고 '정확한 통제'로써 자신들의 입지를 얻고자 노력한다. 그러나 카운팅이 연관되어 있는 경우를 제외하고는 절대적으로 정확한 규정이 어느 기호 체계에 의해서 실행될 수 없다. 구별성은 연속성을 파괴하는 차이들을 요구한다. 예를 들어, 절대적인 정확성은 십진법 체계와 함께 각각의 내역을 끊임없이 완전히 다 소용되길 요구할 것이다. 십진법 순서들 중의 어느 제한된 숫자에서 멈춘다면, 길다란 사슬 안에서 어느 정도까지 축적될 수 있는 어떤 부정확성(그것이 아무리 하찮은 것이라 할지라도)이 생겨나게 될 것이다.

정확한 통제를 위해서, 상징체계는 아날로그나 그래픽 시스템처럼 구문론적으로나 의미론적으로 모두 조밀해야만 할 것 이다. 그러면 어떤 부정확함은 상징체계에서 생긴다기보다는 기계 및 인간의 실수들이나 한계점에 의해서 나타나게 될 것이다. 그러나 그러한 방법으로는 우리가 어떠한 기호법이나 악보들을 지니게 되지는 못하며, 아이러니컬하게도 완벽하고도 완고한 통제에 대한 요구가 완전한 오토그래픽(autographic ; 자필 서명의) 작품들로 귀착하게 된다.

현대 작곡가들에 의해서 개발된 많은 상징체계들은 Erhardt Karkoschka에 의해서 묘사되고, 설명되고, 분류되어 왔다. 우리의 분류법들과는 달리 또 다른 흥미를 느끼게 해 주는 그의 분류법은 네 가지 기본 유형들의 시스템을 다음과 같이 인식하고 있다.

① 정확한 기호법(precise notation) : 여기서는 모든 음이 명칭을 가지고 있다.
② 음역 기호법(range notation) : 여기서는 음들의 범위에 대한 제한만이 설정되어 있다.
③ 연상 기호법(suggestive notation) : 여기서는 기껏해야 음들의 관계, 혹은 음역들의 대략적인 제한점들이 상술되어 있다.
④ 음악 그래픽(musical graphics) : 현대 음악 작곡가들에 의해 다양하게 시도되는 그래픽 악보로 상술되어 있다.

분명히, 처음 두 가지 종류들 중의 어떤 시스템은 학술 용어 안에서 기호법으로써의 자격을 갖출 수도 있고, 그렇지 않을 수도 있다. 3번째 종류의 체계들은 일반적으로 비기호법적인 것처럼 보인다. 예를 들어, 그것들은 일상적인 구두 템포 묘사들을 포함하고 있다. 그러나 음들 간의 관계(어느 하나가 이전 음보다 한 옥타브 낮거나 두 배로 더 크다는 것과 같은)들만을 규정하고 있는 체계는 3번째 종류에 속하는 것처럼 보이지만, 이것은 기호법이 될 수 있다. 덧붙여 그레고리 성가에서 사용되는 체계는 이 종류에 포함된 것이었을 수도 있다. Karkoschka는 처음 3가지 종류들에 대해서 다음과 같이 쓰고 있다.

> "어떤 작품은 만약 그것이 공간과 시간을 근본 원리로 삼는 일상적인 통합 체계를 지니고 있으며, 스케치보다 더 많은 암호를 가지고 있을 뿐만 아니라 필연적으로 직선으로 이루어져 있다면, 정확한 기호법, 음역 기호법, 그리고 연상 기호법이라는 3가지 영역들로 분류된다."

음악 그래픽이라는 4번째 부류는 구문론적 조항과 의미론적 조항 모두가 결핍되어 있는 동일기보체계들로만 구성되어 있는 것이 분명하다. 즉, 그것은 악보들이나 설명들이라기보다는 도표들이나 스케치들을 제공해주는 비기호적, 비언어적 체계들인 것이다.

3. 스케치(sketch)

작곡가의 악보와 마찬가지로 화가의 스케치는 작업 가이드로써 사용될 수 있기 때문에, 그 상태에서의 결정적인 차이점은 눈에 띄지 않은 채로 사라질지도 모른다. 악보와는 달리, 스케치는 언어나 기호법 안에서 존재하는 것이 아니라 구문론적 구별이나 의미론적 구별이 없는 어떤 체계 안에서 존재한다. 그리고 설명된 Cage시스템이 직선에 대한 점의 관계들을 적절한 것들로 간주하는 반면에, 스케치의 회화적 특성들은 그중 어떤 것도 부적절한 것으로 저버릴 수는 없다.

또한, 어느 경우에 있어서도 어떤 것이 기껏해야 하나의 문자에 속하거나 그것을 따른다고 판단될 수는 없다. 그러므로 참된 기억 장치가 음악 작품의 동일하고도 유일한 실증이 되는 연주들의 종류를 골라내는데 반하여, 스케치는 회화 작품의 동등하고도 유일한 실증들이 되는 물체들의 종류를 결정하지 못한다. 악보와 달리, 스케치는 이전에 설명했던 '정의하다'라는 강한 의미로써 어떤 작품을 정의하지 못한다고 할 수 있다.

이것은 기호 체계가 스케치들이 그 문자들에 속해 있음을 입증할지도 모른다는 사실을 부인하고자 하는 것이 아니다. 분명히 스케치들과 회화들은 어떤 다양한 방식들로 해체되고 구별이 가능한 종류들로 나누어질 수 있다. 그리고 여러 가지 상호 연관성들이 설정되어 있을 수도 있다. 그러나 그렇게 분류되고 서로 관련될 수 있는 두 가지 영역들을 지니는 것은 분명히 어떤 체계를 가지는 것과는 확연히 다르다. 통상적이거나 명백한 규정이 실제로 그 두 가지 중 각각의 영역에 대한 분류와 상호 연관성에 영향을 미치거나 선택을 할 때에만 비로소 우리가 어떠한 체계를 갖게 되는 것이다. 그러한 선택은 이미 표준 음악 기호법의 경우에서 행해 왔지만, 스케치들의 경우에는 그렇지 못했다.

어떠한 회화적 관점들도 어떤 스케치가 또 다른 것을 그것과 동등해지도록 배합시켜야 하거나, 아니면 어떠한 회화를 그 스케치가 정의하는 것에 대한 실증들이 되도록 어떤 스케치를 매치시켜야 할 경우들로써 쉽게 구분되지 않는다. 그리고 어떤 관점에 있어서도 차이점의 크기는 중요한 출발점으로써 설정되지 않는다. 모든 종류와 정도에 있어서의 차이점들은 그것이 알맞든 그렇지 않든 간에 똑같은 입장에 처해 있다. 그러므로 어떠한 종류의 스케치들도 문자들로써 이해되지 않고, 어떠한 종류들의 그림들도 기호 체계에 있어서의 종속-부류들로 이해되지 않는다.

간단히 말해서, 스케치는 다른 종류의 한 언어에서 문자로써의 역할을 수행하는 것이 아니라 어떤 언어 안에서 문자로써의 기능을 전혀 하지 않는다는 점에서 악보와 다르다. 음악 악보들의 기호 언어는 스케치들의 언어와는 어떠한 유사점도 가지고 있지 않다고 할 수 있다.

4. 회화(painting)

우리가 회화에 대한 어떠한 기호 체계도 가까이에 준비하지 못하고 있다는 것은 그러한 체계가 가능한지의 여부에 관한 질문을 해결해 주지 못한다. 그 표면 가치만을 생각해 볼 때, 그 질문은 망설임 없이 'yes'라는 평이한 대답을 가질 수 있을 것이다. 왜냐하면 그러한 기호 언어들의 예들은 쉽게 짜 맞추어질 수 있기 때문이다. 제작 시기와 장소에 따라서 각 회화에 대한 숫자를 설정해 주는 도서관 형식의 십진법 체계는 5가지 모든 필요조건들을 충족시킬 수 있을 것이다.

주어진 회화가 주어진 숫자를 따르고 있는지의 여부에 대한 그 이상의 정보가 없다면, 어느 누구도 정밀 검사에 의해서 구별할 수 없다는 반대 이유는 아주 동떨어진 것이다. 그 이유는 더 이상의 정보가 없다면 어느 누구도 주어진 연주가 어떤 음악 악보를 따르고 있는지의 여부를 정밀 검사에 의해서도 구별할 수 없기 때문이다. 결국 누군가는 어떤 사람이 그 숫자를 풀이할 수 있어야 하는 것과 마찬가지로 주어진 그 악보를 이해할 수 있어야만 한다. 그리고 어떠한 문자를 이해하는 법을 아는 것은 그것의 흐름이 대체로 무엇을 따르고 있는지를 아는 것과 똑같다.

이미 설명된 언어에 대한 종속부류들은 실제로 단위군들이 될 것이다. 따라서 실증에서 실증으로 이르는 어떤 작품의 주체성은 항상 하나의 실증에서 시작해서 하나의 동연 실증으로 끝나게 되지만, 어느 기호 체계의 추종-부류들의 크기에 대해서는 어떠한 요구 사항들도 존재하지 않는다. 그리고 회화에서의 실증에 대한 유일성은 여기에서는 부적절하다. 왜냐하면 기호 체계의 가능성에 관한 것과 정확히 똑같은 질문이 에칭(동판화)의 경우에도 생겨나게 되고, 그것은 똑같은 방법으로 대답될 수 있기 때문이다. 만약 판화들이 인쇄된 금속판에 따라서 숫자들을 할

당받는다면, 어떤 숫자에 대한 추종부류는 대체적으로 많은 숫자들을 지니게 될 것이다. 실제로 어떠한 것도 각 금속판 자체에 대해 그 종속물들로써 판화들을, 지니고 있는 어떤 문자에 대한 유일한 실증이라고 간주하는 것으로부터 막을 수 없다. 그러므로 회화와 에칭의 경우에는 기호 언어들이 쉽게 고안된다.

그러나 분명히 문자 그대로의 질문에 대한 이와 같은 무표정한 대답은 주요 포인트를 놓치고 있는 것이다. 왜냐하면, 여기에서 실제 관심사가 되고 있는 질문은 어떤 기호 체계에 의해서 회화나 에칭 작품이 특정한 저자나 제작 장소나 시기, 혹은 제작 수단에 대한 의존성에서 벗어날 수 있는지에 관한 것이기 때문이다. 회화나 에칭의 어떤 작품이, 통상적으로 나타나는 원화(혹은 원화들) 이전이나 이후에 다른 사람들이나 다른 수단(예를 들어, 오리지널 '금속판'이 아닌 다른 것)에 의해서 제작된 것들이라고 정의하고 있는 어떤 보표(스코어)는 그 보표를 그대로 따르고 있으며, 그 작품에 대한 동등한 실증들로써의 자격이 있다고 쓰는 것이 이론상으로 가능한가? 간단히 말해서, 어떤 기호 체계의 설정은 오토그래픽 예술에서 앨러그래픽(ellergraphic: 뉴스 · 정보전달용 그림) 예술로 회화나 에칭을 변형시킬 수 있는가?

부정적인 대답이 제시되어졌던 몇 가지 이유들은 분명히 요점을 벗어난 것이 될 것이다. 어떤 시각적 작품이 음악 연주보다 더 복잡하고 미묘하다는 것은 설사 그것이 사실이라 할지라도 전혀 중요하지 않다. 왜냐하면 악보는 모든 측면들의 종속물들이나 어떠한 관점에서 생기는 모든 차이점을 일일이 열거할 필요가 없을 뿐만 아니라 실제로 그렇게 할 수도 없기 때문이다. 통주저음(figured-bass)이나 자유로운 카덴자 기호에서와 마찬가지로, 악보는 양 극단에서 요약될지도 모른다. 어떤 그림의 완벽한 복제에 대한 어려움은 작품의 제한을 유일무이한 원화에만 국한시키는 것과는 아무런 관계도 없다. 가장 특수한 악보의 연주들은 또 다른 것에 대한 정확한 복제품들은 아니지만, 여러 가지 방식들로 광범위하게 변주된다. 웬만한 좋은 복제품과 오리지널 그림이 Piatigorsky와 Casals가 연주한 바하 조곡들보다는 서로 더 많이 유사할 것이다.

그러나 여기에는 제약들이 있다. 비록 기호 체계가 어떤 영역에서 해체되고 제한적으로 구별된 종류들을 종속-부류들로써 이해할 수는 있지만, 그러한 모든 체계의 모든 종속-부류가 다 하나의 작품으로써 간주되는 것은 아니다. 표준 음악 기호법은 그러한 부류들이 기본적인 것들과 광범위하게 저촉되거나, 아니면 어떠한 음악 연주들도 전혀 포함하지 않도록 새로이 해석될지도 모른다. 그렇지 않으면, 기호 체계가 크기나 형태에 따라서 그림들을 분류할지도 모른다.

그러나 이들 중 어떤 경우에 있어서도 종속-부류는 동물원에 있는 동물들이 하나의 종을 이루거나 음악 작곡의 연주들이 하나의 사회를 구성하지 않는 것과 마찬가지로, 그것이 하나의 작품을 구성하지는 않는다. 어떤 체계에 대한 종속-부류들이 작품들인지 그렇지 않은지의 여부는 이전의 관습에서 작품들이라고 간주되었던 종류들에 대한 그들의 관계에 부분적으로 의존하게 된다.

여기서는 특별한 주의가 요구되어야 한다. 즉 어떠한 종류가 기호 체계에서의 어떤 문자를 할당받음으로써 하나의 작품이 된다고 가정하는 것이 아주 잘못된 것이긴 하지만, 어떠한 종류는 그것이 이전부터 그렇게 간주되어 오지 않는 한, 하나의 작품이 될 수 없다라고 가정하는 것 또한 아주 잘못된 것일 것이다. 한편, 이전의 분류는 어떤 기호 체계에 대한 인가증과 표준으로써의 역할을 한다. 이러한 분류에 대한 언급에 있어서는 실질적인 실수에 대한 책임이나 실질적인 정확함에 대한 요구만이 있을 수 있다. 한편으로 보면, 이전의 분류는 대개 부분적이고 임시적이다. 그것은 단지 샘플들 각각에 의해서 어떤 샘플 종류들로써 내포되는 것이다.

그러므로 어떠한 기호 언어에 대한 채택은 여러 종류들의 샘플들로부터 완전한 종류들에 이르기까지, 그리고 샘플 종류들에서부터 언급한 영역에 대한 완벽한 분류에 이르기까지 이중적인 계획에 영향을 미친다. 이것은 양자택일들 중 하나의 선택을 하게끔 한다. 그리고 보다 나은 조직화를 위해서 이전의 분류에서 실제로 약간 벗어날 수도 있다. 요약하자면, 음악 작품의 개념에 대한 실질적인 정의에 도달하는 문제점과 결국 똑같아지게 되었다.

적절한 선행 분류가 부족하거나 무시되는 곳에서, 기호 언어는 마치 그것이 새로 만들어진 단어인 것처럼, '작품'에 대한 제멋대로의 명목상의 정의만 가져온다. 사실상 체계화에 대한 어떠한 원형이나 인식이 없기 때문에, 다른 어떤 것이 아닌 하나의 체계화를 위한 실질적인 기반들이 없다. 그러나 회화의 경우에 있어서 어떤 작품은 각각의 그림과 미리 동일시되고, 에칭의 경우에 있어서는 각각의 금속판에서 인쇄된 판화의 종류와 동일시된다.

이제 그 질문은 기호 체계의 적용에 의해서 회화나 에칭 작품들이 아주 다른 종류들과 정당하게 동일시될 수 있는지에 관한 것이다. 이것은 어떠한 체계화에서 발생하는 그런 사소한 조정이 아니라, 각기 소속된 부류 안에서 이전의 다른 많은 작품들을 일률적으로 다루게 될 철저한 분해 검사를 요구하게 될 것이다. 물론, 그러한 재분류 작업에 영향을 미칠 기호 체계는 마음대로 적용될 수도 있을 것이다. 그러나 그 안에서 악보들은 회화 작품들의 실제 정의들을 구성하지 않게 될 것이다. 이전의 분류를 거부하는 것은 판정받기에 필요한 충분조건에 대한 자격을 가지고 있는 유일한 권위를 사실상 박탈시키는 것이다.

그러므로 회화를 위한 기호 체계에 관한 중요한 질문에 대한 대답은 'no'이다. 우리는 회화와 에칭 작품들의 경우에도, 제작 연도에 의존하는 실제 정의들을 제공해 줄 어떤 기호 체계를 고안할 수 있다. 다시 말해서 우리는 제작 연도에 의존하지 않는 아주 독단적인 명목상의 정의들을 제공해 줄 어떤 기호 체계를 고안해 낼 수는 없다.

요약하자면, 대상들이나 이벤트들을 작품으로 분류하는 것이 이전의 분류에서부터 합법적으로 기획되고 제작 연도에 의존하지 않은 채로 기호 체계에 의하여 완전하게 정의될 때에만, 비로소 하나의 설정 예술은 앨러그래픽 예술이 될 수 있다. 그러므로 최종적으로는 권위와 수단 모두가 요구된다. 적절한 이전의 분류는 권위를 제공해주고, 적절한 기호 체계는 수단을 제공해 준다. 수단이 없다면, 권위가 발휘될 수 없다. 게다가 권위가 없다면, 수단은 쓸모가 없어진다.

5. 스크립(script)

스케치와는 달리 스크립(손으로 쓴 것, 필기체 활자, 방송 원고 등)은 기호군이나 어떠한 언어상으로 표현되어 있는 문자이지만, 악보와 달리 그것은 기호 체계 내의 문자가 아니다. 고로 어쩔 수 없이 구문론적, 의미론적 필요조건들이 서로 교차하게 된다. 그러므로 여기서 '스크립'은 필기체의 명들이나 극작가들과 영화 시나리오 작가들의 작품에만 국한되는 것이 아니다. 일반적으로, 평상시의 언어들과 가장 전문적인 언어들의 문자들이 바로 스크립인 것이다. 왜냐하면 설사 모호성이 제거된다 할지라도, 그러한 언어의 추종-부류들이 좀처럼 서로로부터 해체되거나 구별되지는 않기 때문이다.

대부분의 스크립들이 말로 나타낸 것인 반면에, 기호법적인 면에서 보면 성질(notationality)은 분명히 부호들과 같은 모양에만 의존하지 않는다. 우리가 만약 각 영어 단어를 어떤 숫자로 치환한다면, 기호 체계에 도달하지 못할 것이다. 그리고 허용된 단어들의 어휘가 우리의 5가지 필요조건들에 부합하는 그러한 방식으로 표준 음악 기호를 단지 영어의 2차 언어로만 해석한다면, 완전히 실용적인 편리함을 배제시킨다 할지라도 우리는 기호법을 단념하지 못하게 된다.

누군가는 악보들이 아닌 스크립들이 주장을 나타내거나 표현할 수 있다고 생각할지도 모른다. 그러나 우리는 그러한 주장에 영향을 미치는 수단이 기호법 성질을 침범하지 않고서도 체계적이거나 그와 반대일 수 있다는 사실을 이미 살펴보았다. 그리고 악보들이 직접 표현을 하지 않는다는 생각 또한 더 나은 근거를 가지고 있는 것처럼 보이지는 않는다. 실제로 어떤 용어와 그것이 표현하는 것 간의 관계는 어떤 악보와 그 연주들, 혹은 어떤 문자와 그 발음들 간의 관계와는 아주 다른 것처럼 보인다.

우리가 어떤 음악 악보의 연주나 어떤 음성 악보의 발성을 인식하는 법을 알아야 할 필요가 있는 한, 우리가 스크립에 대해서도 이해해야만 한다는 개념은 새삼스럽게 더 이상 말할 필요가 없을 것이다. 양쪽 경우들에 있어서, 우리는 그 문자를 따르는 것이 무엇인지 판단하는 법을 알아야만 한다. 어떤 언어가 기본 문자들이나 아주 단순한 종속 원리들을 거의 갖고 있지 않아서 자신만만하고 거의 자동적인 사용이 다소 쉽게 이루어지는 경우에, 우리는 그 언어를 하나의 도구로써 간주하는 경향이 있다. 그 기본 문자들이 많고 종속 원리들이 복잡하여 어떤 문자에 대한 해석이 종종 어떤 숙고를 요구하게 되는 경우에, 우리는 그 언어를 이해해야 한다고 말하는 경향이 있다.

그러나 정도의 문제 외에도, 복잡적인 이러한 차이점은 기호체계들과 다른 언어들 간의 차이점에 대해서 전부 다 일치하지는 않는다. 왜냐하면 어떤 기호 체계는 셀 수 없이 무한한 기본 문자들과 복잡한 추종 관계를 지니고 있을지도 모르지만, 광범위한 언어는 단지 두 가지 문자들만을 지니고 있을 수 있기 때문이다. 말하자면, '붉은'과 '사각형'이라는 단어들은 그들의 종속물들로써 붉은 물건들과 네모난 물건들만을 가지게 된다.

그러므로 스크립은 언어적이거나 단언적이거나 표현적이라는 점, 혹은 특별한 이해를 요구한다는 점에서가 아니라, 모호하거나 의미론적 해체성 및 구별성이 결핍되어 있는 어떤 언어 내의 문자라는 점에 있어서 악보와 다르다.

6. 객관성, 동의어 연구, 분석

어떠한 언어를 배우고 사용하는 것은 객관화(projection)에 대한 문제점들을 해결하는 것이다. 어떤 문자의 샘플 명들을 기초로 하여, 우리는 다른 부호들이 눈에 보이는 것과 마찬가지로 그 문자에 속해 있는지의 여부를 결정할 수 있어야 한다. 그리고 한 문자의 샘플 종속물들을 기초로, 우리는 다른 물체들이 그것을 따르고 있는지의 여부를 결정해야 한다. 기호 언어들과 광범위한 언어들은 이러한 관점에서 유사하다고 할 수 있다.

그 다음으로 그 이상의 주요한 객관화된 결정들이 광범위한 언어들과 함께 행해져야 한다. 어떤 부호들이 어떤 문자들에 속하고, 어떤 물체들이 어떤 추종-부류들에 속하는지에 관한 모든 질문들이 해결 된 후에도, 어떤 물체는 종종 여러 가지 문자들을 따르게 된다. 예를 들어, 영어에서 목적어는 어떠한 대상이나 대상들의 세트가 단 한 가지 서술부만을 따르지는 않는다. 현재까지 조사된 모든 초록색 물체들은 '초록색 물체'라는 문자를 따르지만, 모든 것은 '현재까지 조사된 초록색 물체들이나 캥거루'를 똑같이 따르고, 많은 다른 술부들을 무한정 따르고 있다.

실제로 현재까지 조사된 모든 초록색 물체들을 포함하고 있는 어떤 종류는 이 언어 내의 어떤 표현에 대한 종속-부류이다. 보다 일반적으로, 어느 주어진 선택 안에서 물체들은 다른 주어진 물체들을 종속물들로써 가지고 있는 몇몇 영어식 표현을 따른다. 그러므로 주어진 경우들에서 나온 객관화는 셀 수 없이 많은 경우 택일들 중에서 한 가지 선택을 요구하게 한다. 그리고 그러한 선택들을 하는 것은 모든 학습에까지 침투하게 된다. 우리가 어떠한 기호 체계를 사용하는 한, 우리는 객관화

능력에 대한 주요 문제점들로부터 벗어날 수 있다.

물론, 어떤 물체의 일부분이 그 나머지를 결정해 주지 못하는 것과 마찬가지로, 어떠한 연주의 일부분도 그 나머지를 결정할 수 없다. 어떤 물체의 일부분만을 보고서 보지 못한 부분을 맞출 수 없듯이, 어떠한 작곡의 처음 음들을 듣고서 다음에 이어질 음들을 알지는 못한다. 그 차이점은 어떠한 기호 체계 하에서 하나의 완벽한 연주(어떤 곡 중 기본 한 악장의 연주이든, 어떠한 교향곡의 전체 악보에 대한 연주이든 간에)가 문자와 종속-부류를 유일하게 결정할 수 있는 반면에, 광범위한 언어 하에서는 어떤 문자를 따르고 있는 하나의 완벽한 물체나 이벤트가 문자나 종속-부류를 유일하게 결정하지 못한다는 점이다.

게다가 광범위한 언어와는 달리, 기호 체계는 어떠한 물체를 분류하는 방식들 중에서 기동성의 차이점에 의해서 곤란을 겪지는 않는다. 어떠한 물체는 그 체계의 한 문자에 의해서 본래의 종류에 할당 될 수 없는 경우도 있고, 또 다른 문자에 의해서 무작위 수집이나 인위적인 수집에 배당되는 경우도 거의 없다. 실제로 어떠한 물체에 대한 모든 명칭들은 동연 추종-부류를 가진다.

예를 들어, 표준 음악 기호에서는 어떤 음이 음조에 상관없이 4분의 1음인지, 혹은 그것이 지속성에 상관없이 중간 C인지를 단순하게 설명할 수 없다. 우리는 모든 4분의 1음들이나 모든 중간 C들에 대한 어떠한 명칭도 가지고 있지 않다. 분리된 음표들과 이름 없는 보포(譜表)들은 기호법 성질이 유지되기 위해서는 무의미 문자들로써 간주되어야 한다. 그러므로 주어진 기호 체계에서 일일이 열거되는 모든 표현적 특성들은 동일하다.

실제 정의와 명목상의 정의 간의 차이점이 여전히 존재하는데, 그것은 연주로써 이미 존재하고 있는 어떤 작품에 대한 악보를 쓰는 것과 어떤 새로운 작품을 작곡하는 것 간의 차이점에 의해서 설명된다. 일단 음악적 언어가 주어지면, 어떠한 악보나 동연 악보들의 종류는 첫 번째 경우에서는 하나의 연주에 의해서 유일하게 결정되며, 연주들이 두 번째 이뤄지는 경우에서도 똑같이 하나의 악보에 의해서 유일하게 결정된다. 그러나 양쪽 모두의 경우들에 있어서, 어떤 연주를 위한 모든 악보들은 그것을 동연 추종-부류로 지정한다. 그러나 막상 어떤 것도 한 작품에 대한 모든 면에서 동일한 연주가 아니다. 두 작품들이 연속적으로 연주되는 곳에서 생겨나는 결과는, 비록 그것이 두 개의 작품에 대한 각각의 연주들을 포함하고 있긴 하지만, 그것이 둘 중 어떤 것에 대한 연주가 아니라 통합적인 악보에 대한 연주라는 사실이다.

어떠한 연주를 위한 모든 악보들이 동일하다는 것은 모든 것이 동의어적(synonymous)이라는 것을 뜻하지는 않는다. 두 개의 동연한 문자들인 c1과 c2는 그것들에 대한 모든 두 개의 유사 복합어들 역시 동일하지 않는 한 동의어가 될 수 없다. 즉, 어떤 복합 문자인 k1에 있는 다른 것을 가지고서 c1이나 c2를 대치시키는 것이 k1과는 다른 외연을 지니고 있는 문자 k2를 산출해 낸다고 하면, 그 때에는 c1과 c2가 의미상 다르다고 말할 수 있는 타당한 근거들을 갖게 될지도 모른다. 게다가 그로 인해서, 두 가지 용어들이 의미상 서로 다른 곳에서는 그것들에 대한 동연한 유사 복합어들조차도 의미상 서로 다른 것으로써 간주될 수 있다.

우리는 c-sharp 음과 d-flat 음들이 피아노 악보들에서는 음정들에 있어 동연 추종-부류를 가지고 있지만, 이러한 문자들에 원래 음을 첨가시키는 결과가 sharp 음표와 flat 음표를 똑같이 부인하는 것이기 때문에 c-sharp 원래 음에 대한 종속-부류는 c-사운드를 구성하고 있으며, d-flat 원래 음에 대해 d-사운드들을 구성하고 있는 종속-부류와는 구별되어 있다는 사실에 이미 주목한 바 있다. 그러므로 c-sharp 음과 d-flat 음은 비록 그것들이 동일하다 할지라도 동의어가 아니다. 그리고 설사 동일하다 할지라도, 그 둘 중 어느 것도 이러한 문자들의 유사 복합어들인 두 개의 보표들이라 할 수 없다.

동연한 비동의어적 문자들이 있는 곳에는 어디서나 어떤 주어진 문맥에서의 그것들에 대한 우선권 원리들에 대한 질문이 생겨날 수 있게 될 것이다. 비록 '이성적 동물'과 '깃털 없는 두 발 동물'이 동연(동일한 외연)이라 하더라도, "모든 인간은 이성적 동물이다"라는 것은 다소 모호한 근거이긴 하지만 분석적이라 말할 수 있고, "모든 인간은 깃털 없는 두 발 동물들이다"라는 표현은 구문론적이라 할 수 있다.

명제의 본질들이 어떤 동연 문자들을 포함하는 것을 제외하고는 기호적이라 할 수 있는 어떤 체계 안에서 어떻게 존재하고 있는가? 음악가들은 전통적인 피아노 악보에서 작곡의 일상적인 규칙들이 c-sharp 음이나 d-flat 음이 존재해야 하는지의 여부를 분명히 결정해 주고 있다고 우리에게 말한다. 비록 연주에서는 어떠한 차이점도 생기지 않지만, 그릇된 선택은 영어의 접두사들에서 'un'과 'in'의 사용법을 지배하고 있는 규칙과 마찬가지라고 할 수 있는 문법적 규칙을 위반하는 것처럼 보인다. 실제로, d-flat 음이 속하는 곳에서 c-sharp을 사용하는 것은 그러한 선택이 참을 수 없는 것이라고 말하는 것과 같다고 할 수 있을는지도 모른다.

보다 실질적인 고찰은 다른 악기들과 함께 공동 구성되어 있는 어떤 작품의 관계 안에서 발견될 수 있다. 우리가 살펴보았듯이, 악기의 열거는 표준 음악 기호법에서의 어느 진짜 악보에 대한 필수적 부분이다. 그리고 예를 들어, 피아노 작품과 그것에 대한 바이올린 버전(version)은 엄밀히 말해서 다른 작품들로써 간주된다. 그럼에도 불구하고 다른 것들이 아닌 어떤 바이올린 연주들은 그 피아노 작품의 바이올린 버전에 대한 연주들로써 간주된다.

주어진 피아노 작품의 경우에 바이올린 연주들이 주어진 장소에 d-flat이 아니라 c-sharp을 가지고 있는 것으로 인식하고 있다고 가정해 보자. 그 때 피아노 작품의 바이올린 버전을 위한 악보는 그 장소에 d-flat 음이 아닌 c-sharp 음을 가지게 된다. 이것은 피아노 악보 그 자체에서 c-sharp 음을 선택해야만 하는 이유들을 제공해 줄 것이다. 그 피아노 작품은 다른 악기들(c-sharp 음과 d-flat 음이 동일하지 않은)을 위한 작품 버전들에서 c-sharp이 필수적이라는 점 때문에 c-sharp을 분석적으로 가지게 된다고 말할 수 있다.

그러한 기준이 분석론의 일상적인 개념과 얼마나 가까운지는 말하기 어렵다. 왜냐하면 그 개념은 너무나 혼란스러운 것이기 때문이다. 그러나 어떤 철학자들이 글 쓰는 것을 멈추고 작곡을 시작하는 것이 더 낫다는 혼란스러운 분석에 대해서는 음악 기호법보다는 구문론적 언어가 더 많은 기회를 제공하는 것처럼 보인다는 것이 타당하겠다.

7. 문학 작품들(literary arts)

시나 소설 그리고 전기의 원문장들은 기호 체계에 있어서의 동일한 문자이다. 그것은 같은 발성 음들을 가지고 있는 하나의 음성 문자로써, 대체적으로 한 기호 체계에 속하게 된다. 종속물들로써 기호 체계가 있는 것은 하나의 문자로써, 그것은 광범위한 언어에 속하게 된다.

후자의 경우에 추종-부류들은 해체되거나 구별되어 있지 않기 때문에, 원문들은 스코어 같은 악보나 보표들이 아니라 스크립들이다. 만약 원문들의 추종-부류들이 작품들을 구성하고 있다면, 그 때에는 몇몇 경우들에 있어서 어떤 물체가 주어진 작품에 속하는지의 여부가 이론적으로 불확실해지게 될 것이고, 어떤 경우에서는 한 물체가 여러 작품들에 대한 하나의 실증이 될 것이다. 그러나 분명히 문학 작품들은 원문들에 대한 종속-부류들이 아니다. '남북 전쟁'은 문학작품이 아니다. 그것에 대한 두 가지 역사들은 어떠한 면에서 볼 때 각기 다른 작품들로 간주될 수 있다.

또한, 문학 작품은 음성 문자로써 인식되는 원문을 따르는 발성들의 종류로써 인정될 수도 없다. 왜냐하면 설사 그 원문이 참된 스코어라 할지라도 어떠한 발성은 완전히 해체되고 구별된 추종-부류나 그 원문의 명을 갖고 있지 않는 것과 마찬가지로, 작품의 실증으로써 간주되는 제목 또한 갖고 있지 않기 때문이다. 발성들은 음악 연주들과 마찬가지로 최종-산물들이 아니다. 게다가 발성들 자체는 그 원문의 명들과 동연한 것으로 간주되거나, 어떠한 대화적 음성 언어들에 속하고 그 명들을 종속물들로써 가지고 있는 것으로써 간주되는 것이 당연할지도 모른다.

그렇지 않으면, 종속어가 항상 비대칭적인 것이 아니기 때문에 발성들과 명들이 그들의 종속물들로써 서로를 가지고 있다고 간주될 수도 있다. 또한, 우리는 작문영어와 회화영어를 독립 언어들과 유사 언어들로써 간주할 수도 있다. 작문영어의 문자는 명들로 이루어져 있고, 회화영어의 문자는 발성들로 이루어져 있는 반면에, '영어의 문자'는 그 문맥상 어떠한 제한점들도 가해지지 않는다면 어느 방식으로든 이해될 수 있다.

그러나 아마도 가장 간단한 방침은 영어 문자가 그 구성원들로써 발성들과 명들을 똑같이 가지고 있다고 간주하는 것이 될 것이다. 이것은 광범위하고 다양한 부호들을 단일 문자의 구성원들로써 간주하는 방식을 편의상 적절하고 단순하게 확장시킨 것이다. 구문론적 해체성은 -기호 체계뿐만 아니라 기호 기구와 어느 언어에 대해서도 요구되는- 어떠한 발성이 두 가지 다른 문자들에 속하는 것이라고 받아들이길 거부함으로써 유지되어야만 할 것이다. 어느 조화된 글자나 명들 사이에서 어떤 것은 알파벳의 첫 번째 글자(a)에 속하는 반면에 어떤 것은 네 번째 글자(d)에 속하는 것과 마찬가지로, 예를 들어 경음 g사운드 뒤에 장음 a사운드가 오고 그 뒤에 t사운드가 오는 것으로 구성되어 있는 발성들 중에서 어떤 것은 'gate'의 명들과 동일한 문자에 속하게 되지만, 어떤 것은 'gait'의 명들과 동일한 문자에 속하게 될 것이다.

그러므로 문학 작품은 어떤 원문의 종속-부류가 아니라 그 원문이나 스크립 그 자체인 것이다. 그 원문의 모든 명들과 발성들은 그 작품에 대한 실증들이다. 그리고 실증에서부터 실증에 이르는 그 작품에 대한 주체성은 그 원문이 기호군에서의 한 문자이고, 구문론적으로 해체되고 구별되는 상징들의 어휘 안에 있는 하나의 문자라는 사실에 의해서 확인된다. 그러나 그 작품은 고립된 종류의 부호들과 발성들로써가 아닌 어떤 언어 안에 있는 하나의 문자로써의 원문이다. 또 다른 언어 안에서 하나의 문자와 동일한 뜻을 엮어낸 종류는 또 다른 작품이고, 한 작품에 대한 번역은 그 작품에 대한 실증이 아니다. 언어의 동일성과 그 언어 내의 구문론적 동일성은 모두 문학 작품의 주체성을 위한 필요조건들이다.

우리는 음악 악보 스코어가 어떤 기호법 안에 있고 하나의 작품을 정의한다는 사실, 어떠한 스케치나 그림이 어떠한 기호법 안에 있는 것이 아니라 그 자체가 작품이라는 사실, 그리고 문학적 스크립이 기호법 안에 있는 동시에 그 자체가 하나의 작품이라는 사실에 대해서 살펴보았다. 그러므로 다른 예술들에 있어서 하나의 작품은 다르게 정의된다. 회화에 있어서, 작품은 하나의 개별적 물체이다. 그리고 에칭에 있어서는 그 작품이 물체들의 한 종류인 것이다. 음악에 있어서, 작품은 악보 그 자체이다. 그리고 서예에 있어서, 우리는 작품이 개개의 명이라는 사실을 덧붙일 수도 있다.

음악에서와 마찬가지로, 희곡에서는 작품이 연기들에 대한 종속-부류이다. 그러나 어떤 연극의 원문은 악보와 스크립의 합성물이다. 실제 기호 체계에서 대화는 그 종속물들로써 발성들을 지니고 있다. 원문에 대한 이 부분은 악보이다. 그리고 그것을 따르는 연기(혹은 연주)들은 그 작품을 구성한다. 무대 감독들, 장면 묘사 등등은 기호법성에 대한 의미론적 필요조건들 중 어느 것도 충족시키지는 못하는, 어떤 언어 내의 스크립들이다. 그리고 어떤 연기는 그러한 스크립이나 동연 스크립들의 종류를 단 하나로 결정하지 못한다. 어떤 연기가 주어졌을 때, 그 대사는 단일한 뜻으로 고쳐서 씌어질 수 있다. 그것을 쓰는 다른 적당한 방법들은 종속물들과 정확히 똑같은 연기들이 나오게 될 것이다.

그러나 이것은 원문의 나머지 부분에 대해서는 사실이 아니다. 예를 들어, 주어진 세팅은 외연적으로 분리되는 묘사들을 따르고 있을 수도 있다. 대사 이외의 다른 원문 부분들은 필수 부분들로써가 아니라 보충 명령들로써 간주된다. 부분적이든 전체적이든 간에 대사로 구성되어 있는 소설의 경우에도, 그 원문은 바로 그 작품인 것이다. 그러나 연극을 위한 각본으로써 간주되는 동일한 원문은 어떤 작품에 대한 스코어를 포함하고 있다. 무성 영화를 위한 스크립은 영화 작품이나 그것을 위한 스코어가 아니지만, 그것은 영화를 제작하는 데에 사용되어짐에도 불구하고 어떤 회화에 대한 구두 설명이 그 회화 자체와 연관이 있는 것처럼 그 작품과 미흡하게나마 연관을 가지고 있는 것을 볼 수 있다.

8. 무용(dance)

무용을 위한 기호법의 가능성은 기호 체계들에 대한 우리의 연구로 이끌어 주었던 초기 질문들 중의 하나였다. 무용분야는 어떤 기호법도 가지고 있지 않은 회화와 마찬가지로 시각적이지만, 아주 발전된 표준 기호법을 지니고 있는 음악과 같이 일시적이고 임시적이기 때문에 그 대답은 전체적으로 보아 분명치 않다. 그리고 근거가 빈약한 부정적 대답들과 무책임한 긍정적 대답들이 똑같이 종종 제시되어 왔다.

근거가 부족한 부정적 대답들은 미묘하고 다양한 수많은 표현들과 함께 고도로 복잡한 유기체들의 3차원적 동작들이 자유롭게 움직이는 시각적 예술로써의 무용이 어느 개념에 의해서 포착되기에는 너무나 복잡하다는 논증에 의거하고 있다.

그러나 물론, 어떤 스코어가 한 연주의 모든 미묘함과 복잡함을 다 포착할 필요는 없다. 그것은 음악이라는 비교적 더 단순한 예술에서 조차 가망 없는 일이며, 언제나 무의미한 일이 될 것이다. 어떤 악보의 기능은 한 공연이 그 작품에 속해 있어야 하는 필연적 특성들을 상술하는 것이다. 그 규정들은 어떤 측면들과 어떤 정도들 내에서 유일하다. 실제 연주시에는 다른 모든 변주들도 허용된다. 그리고 심지어 음악에서도 동일한 작품의 연주들 간에 존재하는 차이점들은 무궁무진하다.

무책임하고 긍정적인 대답들은 기호법이 거의 어떤 것을 위해서라도 고안될 수 있다는 지적으로 구성되어 있다. 물론, 이 같은 표현은 무용에 있어서는 부적절하다. 중요한 이슈는 우리가 기호적 언어에 의하여 어느 특정한 제작 연도에 의존하지 않고서 그 여러 가지 공연들 내의 춤사위를 확인시켜 줄 실제 정의들을 제공할 수 있는지의 여부이다.

우리가 살펴보았듯이, 그러한 실제 정의들이 가능해지기 위해서는 제작 연도에 의존하지 않는 작품들의 공연들에 대한 이전 분류가 있어야만 한다. 이러한 분류가 말쑥하거나 완벽할 필요는 없지만, 완전하고 체계적인 분류를 향상시켜주는 발판이나 뜀판으로써의 역할을 해야만 한다. 그 필수 선행 분류가 무용을 위해서 존재한다는 사실은 명백한 것처럼 보인다. 어떠한 기호법 이전에, 우리는 다른 사람들에 의한 공연들이 동일한 무용에 대한 실증들이 될 수 있는지의 여부에 관하여 합리적이고도 일관된 판단들을 내려야 한다. 적절한 기호 체계를 발전시키는 방법에 있어서는 어떠한 이론적 장애도 놓여져 있지 않다.

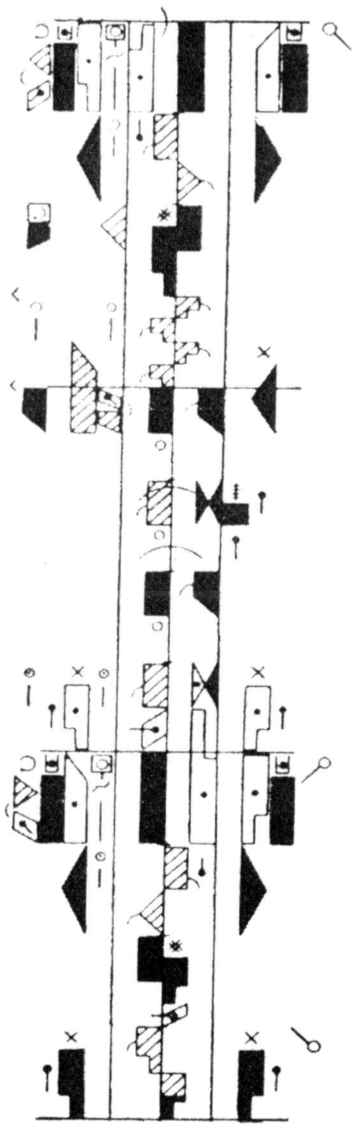

라바노테이션의 예

자료: Sample of Labanotation. Reproduced with permission of the Dance Notation Bureau, Inc., New York.

실제적 실행 가능성은 여기서의 질문에 직접적으로 제시되지 않은 또 다른 문제이다. 선행 분류가 너무 서투르고 시험적이기 때문에, 행해져야 하는 결정들이 많고 난해하며 중대하다. 그리고 구문론적 필요조건들이나 의미론적 필요조건들 중 어느 하나에 대한 부주의한 위반은 비기호적 언어나 전혀 언어가 아닌 어떤 체계로 쉽게 귀착될 수 있다. 거기에는 대담하고 재치 있는 체계화가 상당한 주의와 함께 요구된다.

무용을 위해서 추천되었던 기호법들 중에서는 Rudolf von Laban (1879~1958)이 발명한 이후에 라반 기호법(labanotation)이라고 불리워졌던 기호법이 그 동안 가장 많은 인지도를 얻어 온 것으로 보인다. 분석과 기술에 대한 표현 기구인 라반 기호법(labanotation)은 지속적이고도 복잡한 춤동작이 기호 표현법을 너무 고집 센 소재라는 통상적인 믿음을 반박하고 있으며, 성공적으로 체계적 묘사가 표현되는 것 내의 어떤 본연적인 구조에 –어떤 선천적인 깔끔함– 일반적으로 의존한다는 믿음을 처음에는 그다지 신봉하지는 않았다. 사실, 라반 언어의 개발은 '개념 구조'라고 불리어지게 되었던 과정에 대한 정교하고 흥미로운 예를 우리에게 제공해 준다.

그렇지만 그 체계는 어떤 기호 언어를 위한 이론적 필요조건들에 얼마나 많이 부합하고 있는가? 이 글에서는 그 체계에 대한 불충분한 지식을 가지고서 시험적으로만 대답할 수 있다. 실제로 그 문자(기호)들이 구문론적으로 해체되어 있다는 것은 명백하게 보이며, 제한적인 구별성에 대한 필요조건들을 충분히 만족시키는 것은 아니다. 그러나 Laban은 여기서 상당한 함정들을 피하고 있다. 예를 들어, 어떤 직선의 모든 다양한 각도가 각기 다른 방향을 나타내지 않는다면 구별성에 대한 구문론적 필요조건이나 의미론적 필요조건이 충족될 수 없기 때문에, 누군가는 그 방향 지시들에 있어서 어떠한 위반을 당연히 기대하게 된다.

그러나 라반 기호법(labanotation)에서, 완전히 평평한 원주 주변에 동일한 간격들로 배치되어 있는 8개의 포지션들 중 어느 것에 있어서도 외장의 방향은 '방향 핀(direction pin)'에 의해서 나타나고 있다([그림 7-2] 참조). 그리고 이러한 8개 중에서 어느 2개의 가장 가까운 방향들 사이에 있는 중간 방향은 그 2개를 위한 기호(사인)들을 결합시킴으로써 표시된다([그림 7-3] 참조).

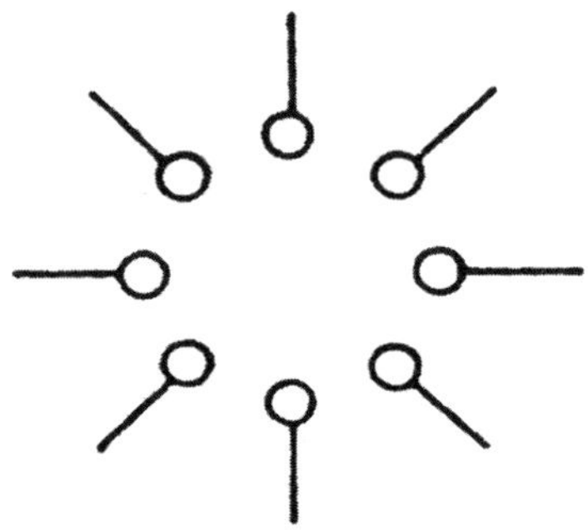

[그림 7-2]

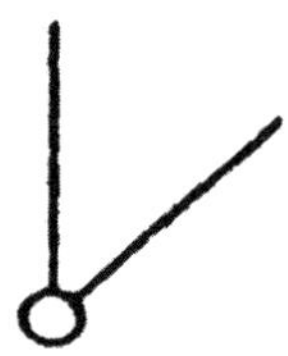

[그림 7-3]

이러한 고안은 16개 중에서 2개의 가장 가까운 방향들 사이에 있는 방향들을 지시해 주는 되풀이를 더 이상 허용하지 않는다. 그 체계에서는 어디에서든지, 구별성이 여기서와 마찬가지로 종종 결정적으로 성취되기도 한다. 누군가는 다음과 같이 말을 함으로써 트러블을 경계하고 있다.

"방향 상징의 상대적 길이는 그것의 시간적 가치를 보여주고 있다."

그러나 음악에서와 마찬가지로 여기서의 시간은 박자들로 구분되고, 그 언어 안에 제공된 지속성 내의 최소 차이점은 표준 음악 기호법에서와 똑같을 것이다.

표준 음악 기호법과 같이, 라반 기호법(labanotation)은 다소 특수한 악보 작성(scoring)을 제공하고 있기 때문에 의미론적 해체성의 조건을 위반하게 된다. 동작들에 대한 어떤 측면들을 상세히 묘사하거나, 공개적으로 남겨두기 위한 애드리브(ad lib)라는 신호들과 명백한 허가증은 음악에서의 자유 즉 카덴자와 통주저음(figured-bass) 기호법들과 아주 똑같은 효과를 가지고 있다. 그 결과는 어떤 작품에 대한 주체성이 악보들과 공연들 간의 단계들을 변경시키는 모든 사슬 안에서 항상 정확히 유지될 수는 없다는 것이다.

제공된 융통성은 안무가나 작곡가에 의해서 환영받을지도 모르며, 악보와 공연의 단계들에서는 크게 영향을 미치지는 않는다. 그러나 그것은 악보작성의 특성이 규정될 때까지 공연을 위해 제공된 악보와 같은 단계들을 부적당한 채로 남겨 두게 된다. 전체로써의 라반 기호법(labanotation)은 여러 가지 기호적 하부체제들을 포함하고 있는 광범위한 언어이다. 그리고 몇몇 경우들에서, 어떤 종류의 공연들은 이러한 기호 체계들 중의 다른 것이 아닌 어떤 것과 관계가 있는 하나의 작품이 될지도 모른다.

이제까지는 기본적인 어휘에 관해서만 살펴보았다. 상징적으로 소개된 중 어떤 것은 다른 어느 기호 체계에도 포함될 수 없다. 중요한 예는 무용과 관련된 신체 대상들을 나타내기 위한 단어들이나 그림들의 사용이다. 일반적으로 대상 단어들이 허용된다면, 그 때에는 의미론적 해체성과 구별이 없게 되고, 우리는 하나의 광범위한 언어를 가지게 될 것이다. 만약 대상에 대한 스케치들이 대체적으로 허용된다면, 그 때에는 구문론적 구별성 또한 무시되고, 우리는 어떠한 언어적 표현도 필요치 않을 수 있다.

그러나 이것의 적합 여부는 최신 드레스를 입고 그 시대의 배경이나 액세서리들을 배제시킨 햄릿의 공연이 그 동일한 연극에 대한 실증인 것처럼, 다른 대상들을 사용하거나 어떠한 것도 사용하고 있지 않은 하나의 공연이 그 원작과 동일한 무용에 대한 실증인지의 여부에 달려 있다.

대체로, 라반 기호법(labanotation)은 일상적인 음악기호법이 그런 것처럼 이론적 테스트들을 아주 잘 통과하고, 실용성과도 모순되지 않는다. 여기서 우리가 무용을 위한 훌륭하고 효과적인 기호 체계를 가지고 있으며, 그 안에서 구체화된 결정들이 건전하다거나 적절하다거나 일관성이 있다는 것을 말하고 있는 것이 아니다. 어떤 속인에 의한 그러한 평가는 주제넘거나 아무런 가치가 없을 것이다. 그 언어는 외연을 사용함으로써 불충분한 것으로 생각될지도 모르고, 혹은 권위를 얻을 수 있을 만큼 충분히 전통적인 것이 될 수도 있을 것이다. 만약 이 언어나 다른 언어가 충분히 표준적이라면, 동작을 요소들과 미립자들로 해석하는 기본적인 분석이 만연하게 될 것이다. 제멋대로의 결정들은 절대적인 진리로 발전하게 될 것이고, 이야기를 위한 편리한 단위들은 변혁을 기다리고 있는 현실에 대한 궁극적인 구성 요소들로 무르익게 될 것이다.

Laban은 무용뿐만 아니라 일반적인 인간 동작을 위한 어떤 기호법으로써 체계를 고안했으며, 인간의 모든 신체 활동들을 분석하고 분류하는 수단으로써 그 체계를 계속 발전시키고 보충시켜 나갔다. 그러한 어떤 체계에 대한 필요성은 산업 기술과 심리 실험에 있어서 특히 분명했다. 실험자나 주체가 두 번째 경우에 있어서 자기의 행동을 반복하는지의 여부는 적용되는 행동의 본질에 대한 기준에 의존한다. 그리고 그러한 기준을 형성하는 것에 대한 문제점은 어떤 기호 체계를 발전시키는 것에 관한 문제이다. 더 나아가 인간이외의 동작에 관해서는 어떤 동물학자가 말들의 다양한 걸음걸이들을 성문화시킬 수 있는, 즐겁고도 계몽적인 방법을 흥미롭게도 최근에 제안해 오고 있다.

Chapter 8

예술과 이해

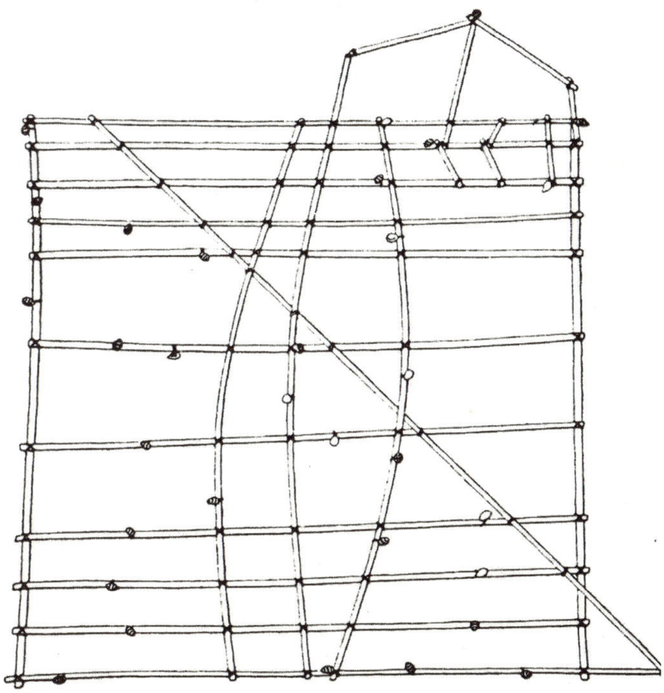

조개들로써 섬들을 나타냈으며, 대나무 막대기로 주된 바람풍과 그 흐름을 표시했다.

자료: Marshall Islander 作

Courtesy of the Peabody Museum, Harvard University. Drawing by Symme Burstein.

1. 그림들과 단락들(pictures and paragraphs)

우리는 묘사(representation)가 모방(imitation)이 아니며, 어떠한 일반적인 방식들로도 정의될 수 없다는 것을 알게 되었다. 그리고 묘사를 회화적 특성들에 의존하는 표현으로써 규정짓는 것을 받아들이기에는 너무나 '임시 변통적'이었다. 그러나 앨러그래픽 예술의 아주 다른 문제점에 응답하여 착수된 상징체계들에 대한 분석은 이제 묘사의 본질을 명백하게 설명해 줄 수단을 제공해 주었다.

우리가 알다시피, 기호 체계는 5가지 필요조건들을 충족시켜 준다. 기호적이든 그렇지 않든 간에, 어떠한 언어는 최소한 그 처음 2가지의 조건들, 즉 해체성과 구별성에 대한 구문론적 필요조건들은 반드시 충족시켜 준다. 일상 언어들은 대체적으로 나머지의 의미론적 필요조건들을 위반하게 된다. 그러나 비언어적 체계들은 언어들과 다르며, 묘사는 서술과 다르고, 묘사적이라는 것은 구두적이라는 것과, 또한 회화들은 시들과 다른데, 이것은 주로 상징체계에 대한 구별이 어렵기 때문이다. 어떤 것도 실질적으로는 하나의 묘사가 아니다. 묘사와 같은 상태는 상징체계와 관련이 있다. 어느 체계 내의 한 그림은 또 다른 곳에서는 하나의 서술이 될 수도 있다.

그리고 표시하고 있는 하나의 상징이 묘사적인지의 여부는 그것이 표시하고 있는 것과 유사한지의 여부에 달려 있는 것이 아니라, 어느 주어진 체계 안에서 다른 상징들에 대해 가지게 되는 그 자체의 관계들에 의해서이다. 어떠한 체계는 그것이 조밀할 때에만 묘사적이 된다. 그리고 어떠한 상징은 그것이 시종일관 조밀한 체계에 속해 있거나, 부분적으로 조밀한 체계의 조밀한 파트에 속해 있을 때에만 하나의 묘사가 된다. 그러한 상징은 설사 그것이 어떤 것도 표시하지 않는다 할지라도 하나의 묘사가 될 수 있을지도 모른다.

예를 들어, 묘사에 대한 전통적인 서양화에 속한 몇 가지 그림들을 살펴보자. 첫 번째 것은 주어진 거리에서 한 남자가 꼿꼿이 서 있는 그림이다. 두 번째 이미지는 첫 번째 것보다 더 짧아지게 될 것이다. 이러한 연속들 안에서 세 번째 이미지는 그 중간 높이가 될지도 모른다. 그러면 네 번째 이미지는 두 번째와 세 번째의 중간 높이가 될 것이고, 이와 같은 상태로 계속 이어질 수 있다. 묘사적 체계에 따라서, 이러한 이미지들 사이의 신장에 있어서의 어떠한 차이점은 묘사되는 남자의 신장에 있어서의 어떤 차이점을 나타내게 된다. 어떻게 실제 사람들이 묘사되고 있는지의 여부는 중요하지 않다.

여기서 문제가 되고 있는 것은 여러 가지 이미지들이 어떻게 해서 유형(character)들로 분류되며, 그 중에서 어떤 이미지들을 부호들로 나타낼 것인지에 관한 것이다. 그리고 그 분류는 우리의 구별들이 아무리 섬세하다고 할지라도, 실제로 어느 주어진 유형에 속하는 각각의 그림의 경우에 우리가 그 그림이 어떤 다른 유형에 속하지 않는다는 것을 판정할 수 없는 그러한 것이다. 그것은 다시 말해서 구문론적 구별성이 시종일관 결핍되어 있다는 데 기인한다. 게다가 단순성을 위해 이 같은 실례에서 1차원적인 것만을 고찰해 왔던 반면에, 모든 회화적 관점들 내의 모든 차이점들은 묘사에 대한 우리의 익숙한 체계 하에서 또다시 어떠한 차이점을 만들어 내고 있다.

그 기호체계가 문자들의 조밀한 체계를 제공해 주는 한, 우리는 가치가 있고 없음을 구분하기 어려운 어느 그림들이나 이미지들을 실제로 논해야 할 필요는 없다. 어떤 묘사적 기호에 대해서 여기서 요구되는 모든 것은 그것이 유형들을 위한 조밀한 규칙을 지시해야 한다는 것이다. 즉, 그 유형의 세부 내역들은 조밀한 규칙이 있어야 한다. 그러면 우리는, 설사 단지 두 가지 이미지들만이 존재하고 그것들의 가치가 현저하게 다르다 할지라도, 아니면 실제로 단 한 가지 이미지만이 있다 할지라도, 구문론적 조밀성을 가지게 되는 것이다.

이와 마찬가지로, 우리의 실례에서 나온 그 그림들은 물론 켄타우루스 그림들과 마찬가지였을 수도 있다. 그리고 표시가 있는 곳에서 조차도, 그것들은 조밀한 내역의 인용을 필히 가져올 필요가 없다. 구문론적 요구 사항이 조밀한 문자체계를 요구하지 않는 것과 마찬가지로 어떤 묘사적 체계에 대한 의미 있는 필요조건이 실제로 조밀한 기호군의 추종을 요구하지는 않지만, 조밀한 규칙의 세부 내역들만은 또다시 요구하게 된다.

그러므로 묘사가 상징과 표시간의 유사성과 같은 관계에 의존하기 보다는 상징들 간의 어떠한 구문론적, 의미론적 관계들에 의존하고 있지만, 또한 표시적 상징들로써 그들의 외형에도 의존하고 있다. 조밀한 기호군의 요소들은 표면상 표시들이 제공될 때에만 묘사적이 된다. 표시들과 상징들을 상호 결합시키는 규칙은 실제 표시들을 어떤 상징에 해당되지 않도록 만든다면, 그 인용의 영역은 존재하지 않게 된다. 그러나 요소들은 그러한 몇몇 상호 연관성과의 실제적인 결합이나 법칙 안에서만 묘사들이 된다. 고로 서술을 묘사와 구분시켜 주는 것은 그들의 내적 구조의 문제가 아니라고 주장해야만 한다.

몇몇 저자들은 하나의 서술이 단어들이나 글자들과 같은 미립자들로 유일하게 분해될 수 있는 반면에, 그림은 분해할 수 없는 전체라는 점에서, 언어적(혹은 '광범위한') 상징이 묘사적(혹은 '표상적') 상징과는 다르다는 주장을 고수해 왔다. 실제로, 그룹 초상화와 같은 복합적인 그림이 여전히 하나의 묘사인 반면에, 하나의 글자 단어와 같은 그러한 원자 문자는 여전히 하나의 서술이다. 중요한 차이점은 표시 체계 안에서의 상징은 다른 것들과 어떠한 관계에 있다는 점이다.

이러한 방식으로 묘사를 서술과 구별시키는 것은 회화 묘사에 대한 우리의 일상적인 체계를 지진계의 상징체계나 눈금이 없는 온도계들과 함께 분류시키는 결과를 가져 온다. 분명히, 그 이상의 어떤 구분들이 필요하다. 우리는 구문론적으로 조밀한 체계들 간의 차이점들이 아니라 구문론적인 분절 체계들 중에서 가장 중요한 차이점들을 -특히, 광범위한 언어들과 기호 언어들 간의 차이점들- 이미 상세히 연구해 왔다. 도표, 지도, 그리고 모델들에 대한 우리의 간단한 고찰에서는 그래픽 도표가 화가의 그림과 달랐으며, 우리의 지도는 항공 사진과, 그리고 배 모델은 조각과 다르다는 사실을 알 수 있었다.

순간적인 심전도를 후지산에 대한 Hokusai 데생과 비교해 보자. 하얀 배경들 위에 있는 검게 흔들리는 선들은 그 두 가지 경우들에 있어서 정확히 똑같을지도 모른다. 그러나 전자는 도표이고, 후자는 그림이다. 무엇이 그 차이점을 만들어 내는가? 분명히, 그것은 제각기 다른 기호적 특징을 가진 두 가지 부호들이 상징들로써의 기능을 하는 것이다.

그러나 두 가지 표시들 모두가 조밀하기 때문에(그리고 해체성이 있다고 가정함), 어떠한 특징이 있다는 것일까? 그러나 그 대답은 상징화되는 것 안에 있지 않다. 산들은 도표화될 수도 있고, 그림으로 그려진 정서일 수도 있다. 그 차이점은 구문론적이다. 회화적 문자와 비교되는 도표 문자의 구성적 측면들은 명백하고 엄밀하게 제한된다. 도표의 유일한 특징들은 그 선의 중심이 통과하는 각 점들의 세로좌표와 가로좌표이다. 그 선의 두께, 그 색깔과 강도, 도표의 순수한 크기 등등은 중요하지 않다.

스케치의 경우에, 이것은 달라진다. 그 선의 두꺼움이나 얇음, 그 색깔, 배경과의 대조, 그 크기, 종이의 질들, 이 중 어떤 것도 배제되지 않고, 어떤 것도 무시될 수 없다. 비록 회화 기호들과 도표 기구들이 분절적이지 않다는 점에서 유사하긴 하지만, 회화 기호에서 구성요소가 되는 몇 가지 특징들이 도표 기구에서는 우발적인 것으로써 남게 된다. 회화 기호에서의 상징적인 것들은 비교적 충분하다.

조밀한 기구들과 분절적인 기구들 간에는 최소한 이론적으로 날카로운 대립이 있는 반면에, 조밀한 기구들 사이에서는 묘사적 선들과 도표적 선들 간의 차이점이 '정도'의 문제로 남는다. 우리는 묘사적 회화의 어떠한 측면들도 우발적인 것이 아니라고 말할 수 없다. 어느 날 보스턴에서부터 뉴욕에 이르기까지 통과한다거나, 10파운드의 무게가 나가는 것과 같은 그런 특성들은 묘사적 기구 안에 있는 회화의 상태에 좀처럼 영향을 미치지 못한다. 오히려, 하나의 조밀한 기호는 만약 첫 번째 안에 있는 문자가 –구성 요소적 측면에서 두 번째 안에 있는 문자– 구성 요소적 측면들 사이에 적절하게 포함된다면 두 번째 것보다 더 도표적이라 할 수 있다.

잘 알려져 있는 그래픽 기호들의 공통적인 특성 중 한 가지는 만약 그 구성적 측면들이 모든 다른 기호들의 측면들을 포함하고 있다면, 완전히 묘사적인 것으로 간주될지도 모른다. 그 때 이러한 묘사적 기구의 몇몇 구성적 측면들을 우발적인 것으로써 배제시킨 기호들은 도표로써 간주된다. 물론, 이러한 정의 하에서도 위의 것은 비정상적인 기호들과 관련하여 그 자체가 도표적인 것이 될 것이다.

그러나 이것 모두는 결국 공공연한 이설이 된다. 어떤 때 단어들은 관례적으로 인위성보다 구별성에 의해서 해석되기만 한다면, 그림들보다 더 전통적인 것이 된다. 위와 같은 어떤 것도 어떠한 상징의 내부 구조에 의존하지 않는다. 왜냐하면 몇몇 체계들 안에서의 서술이 다른 것들 안에서는 묘사가 될지도 모르기 때문이다. 결국 유사성은 묘사의 기준으로써의 역할을 상실하게 되었고, 구조적 유사성은 기호 언어들이나 어느 다른 언어들에 대한 필요조건으로써의 기능을 잃어버리게 되었다. 게다가 인습적인 신호들과 다른 신호들 간에 종종 강조된 구별은 일시적이고 하찮은 것이 되어버렸다.

결과적으로 철저한 개혁은 아주 필수적이었다. 그것은 그림들이 아닌 것들에 의해서 묘사의 상대성과 묘사를 허용해 준다. 시각적이고 비시각적인 대상들과 이벤트들은 시각적인 상징들이나 비시각적인 상징들에 의해서 표현될 수 있다. 그림들은 우리가 정상이라고 우연히 간주하게 되는 것과 아주 다른 체계들 내에서 묘사들로써의 기능을 하게 될지도 모른다. 색깔들은 그것들의 보충물들이나 크기들을 대표할지도 모르고, 원근화법은 거꾸로 되거나 변형될 수도 있다.

반면에, 전략적 관점에서 단순한 이정표들로써 간주되거나 어느 다른 분절 기구에서 상징들로써 사용될 때, 그림들은 묘사들로써의 기능을 하지 못한다. 앞에서 살펴보았듯이, 묘사적 체계들 중에서 '자연주의(naturalism)'는 습관의 문제지만, 습관(habituation)이 우리를 서술과 묘사 간의 경계선으로 데려다 주지는 못한다. 아무리 많이 다듬는다 할지라도 어떤 사진이 그림으로 변화되지는 않는다. 반대로 어떠한 정도의 신기한 기술도 그림을 사진으로 만들지는 못한다. 단순한 그래픽 도표와 무르익은 초상화는 정도에 있어서 서로 다르지만 서술과는 뚜렷이 대조를 이루며, 완전히 접속적인 도표와도 대조를 이룬다.

그러므로 상징 기호군들과 체계들이 유형들에 대한 분석은 우리로 하여금 묘사와 서술에 관한 몇 가지 다루기 어려운 문제점들을 취급할 수 있게 해준다. 동시에, 그것은 한편으로는 눈금이 없는 다이얼들 위의 지진 기록들과 포인터 위치들, 그리고 그림들 간의 몇 가지 예상치 못한 유사성들을 발굴해 주고, 다른 한편으로는 그림 문자들과 순환 계획들과 단어들 사이의 유사성들을 찾게 해 준다. 결국 몇 가지 낡고 모호한 경계선들은 한계를 넘게 되고, 몇 가지 중요한 새로운 협력들과 불협화음들이 생겨나게 된다.

한 가지 아주 부수적인 결과는 음악에서의 묘사와 관계가 있다. 여기서는 회화에서와 마찬가지로 묘사가 모방을 요구하지는 않는다. 만약 어떤 표준 악보에 의해서 정의된 작품의 연주가 어쨌든 간에 어떠한 메시지를 나타내고 있다면, 그것은 여전히 묘사하고 있는 것이 아니라고 할 수 있다. 왜냐하면 그것이 그러한 작품의 연주로써 하나의 분리체계에 속하게 되기 때문이다. 조밀한 체계의 청각적 상징들에 속한다고 간주되는 동일한 음악공연에는 무엇인가를 묘사하고 있을지도 모른다. 그러므로 어떠한 기호나 언어가 없는 전자 음악은 묘사적이라고 마땅히

일컬어질 수 있는 반면에, 표준 기보법 하의 음악은 만약 그것이 표시적이라면 서술적이라고 할 수 있다. 표시는 음악에서 너무나 미약한 역할을 하고 있기 때문에 이것은 어찌 보면 그냥 사소한 호기심일 뿐이다.

2. 탐구와 전시(searching and showing)

잘 알려져 있는 완전한 회화적 기호는 우리가 그림이라고 받아들이는 것은 무엇이든지 포함하고 있으며, 조각들과 몇몇 자연 대상들을 포함할 만큼 확대될 수도 있다. 그 기호의 몇몇 특징들은 실제의 본체들을 묘사하고 있으며, 어떤 것은 상상으로 묘사하고 있으며, 어떤 것은 전혀 묘사적이지 않다. 묘사적인 것들과 그렇지 못한 것들 중에서, 대부분의 작품에는 표현이 풍부하게 나타나 있다. 그러한 특징은 묘사적이거나 표현적일 수 있고, 아니면 둘 다이거나 둘 다가 아닐 수도 있다.

우리가 살펴보았듯이 묘사와 서술은 표시적인 반면에, 예시(examplification)와 표현(expression)은 표시(denotation)로부터 반대 방향이다. 회화적 특징들이 묘사나 표현들 안에서 동일한 것으로 남아 있기 때문에, 회화적 묘사뿐만 아니라 회화적 표현도 상징적으로써 조밀한 기구로부터 나오게 되는 것이다. 그러나 조밀성이 묘사를 위해 필요하긴 하지만, 그것은 표현을 위해서는 반드시 필요하지는 않다(표현적 언어의 경우와 마찬가지임).

위에서 보았듯이 일상적으로 현실적 묘사는 조밀하고도 비교적 풍부한 표시 체계의 종류들 안에서 상세하게 잘 알려진 체계로써 인정되었다. 그러나 일상적인 회화적 표현은 암시하듯이 상세하게 은유적인 부분으로써 우리 눈에 먼저 다가온다.

예술에서의 표현과 예시는 우리가 표시적 체계에서 분류하는 데에 사용했던 것과 같은 구문론적 특징들과 의미론적 특징들의 다양한 결합들을 나타내 준다. 물론, 명백성, 해체성, 구별성, 조밀성, 그리고 단절이라는 의미론적 특성들은 이제 추종(혹은 표시)과 추종–부류(혹은 외연들)들보다는 인용(reference)과 인용–부류(reference–class)들에 의하여 보다 일반적으로 정의되어야만 할 것이다. 그러나 이렇게 하는 방법은 분명하다고 본다.

회화와 조각에 있어서, 예시는 구문론적, 의미론적으로 조밀하다. 또한 회화적 특징들이나 예시된 특성들은 구별되어 있지 않다. 그리고 예시된 술부들은 광범위하게 지속되는 자연스런 언어에서 비롯된다. 눈금이 없는 온도계의 경우와 비교하는 것은 묘사의 경우에서와 마찬가지로 여기서도 딱 들어맞는다. 그러나 이제 그 그림들은 헤르메스의 기둥 높이들과 비교되기보다는 온도의 경우들과 비교되어야만 할 것이다. 왜냐하면, 온도의 경우들과 마찬가지로 그림들은 특징 체계들 하에서 표시하고 있기보다는 그냥 표시되어지기 때문이다.

묘사들과 마찬가지로 회화적 예시는 훨씬 제한이 덜하다는 점에 있어서 온도계라는 동등한 상징체계와는 다르다. 그림들은 색깔, 모양, 사운드, 느낌 등등에 대한 실례가 될지도 모른다. 그리고 다방면의 복잡한 평가나 그것들에 대한 종합 검사를 가지고 보다 면밀한 비교를 할 수도 있을 것이다. 색깔들의 예시로 국한시켜보면 완전히 한정된 도표 체계들과 묘사적 관계에 있어서 다소 비슷하다.

그러나 묘사에서 도표에 이르기까지 빚어지는 마찰이 제약에 의해서 상징들을 구성하는 구문론적 요소들에 대한 것인 반면에, 완전한 회화적 예시에서부터 보다 제한된 회화적 예시사이에 빚어지는 마찰은 구성적 측면들에 대한 제약인 것이다. 이때 예시되고 있는 상징들은 지속적으로 남아 있다. 어떤 그림의 회화적 측면은 예를 들어서 소리의 표현이나 색깔의 예시에 속하게 될지도 모른다. 그러므로 도표 체계들과는 달리, 예시의 이러한 한정된 체계들은 그 상징들이 완전한 회화적 예시와 묘사에 있어서 충분하다는 의미에서 마지막까지 회화적인 상태로 남아 있게 된다.

어떤 그림이 무슨 특징들을 예시하고 표현하는지를 아는 것이 눈금 없는 계량기를 활용하는 것과 유사하다면, 그림이 무엇을 예시하고 있는지를 '말하는 것'은 구문론적으로 제한되고, 의미론적으로 조밀한 언어에서 나온 올바른 단어들을 조달하는 문제라 할 수 있다. 우리가 사용하는 어떤 용어가 아무리 정확하다 할지라도, 그 둘 중에서 어느 것이 문제의 그림에 의해서 실제로 보여지는 것인지를 우리가 결정할 수 없는 상황은 항상 존재하는 법이다.

어떤 대상의 평가 과정을 비교해 보자. 앞에서 살펴보았듯이, 정밀성은 향상되지만, 정확함을 입증하기 위한 우리의 능력은 점점 더 많은 통계치의 해석에 의존하게 되므로 우리의 대답을 유보시키게 된다. 어떤 그림이 무엇을 예시하고 있는지를 말하는 것은 어떠한 아량도 지니지 않은 채 평가하는 것과 유사하다.

그러므로 회화적 예시는 사실상 측정이나 평가에 대한 반전된 체계이다. 그리고 회화적 표현은 은유적 예시의 특정한 체계이다. 조밀한 상징기호와 조밀하거나 무한한 체계적 인용-부류들을 지니고 있는 그러한 체계 안에서, 상징과 상징화된 것 간의 적절한 조정을 모색하는 것은 최고 한도의 감수성을 요구하며, 끝도 없는 과정이다. 게다가 어떤 회화적 성격이 예시하거나 표현하는 것은 그것이 어떤 특성들을 지니고 있는가에 의존할 뿐만 아니라 그것이 이러한 것들 중 어느 것을 상징화하는지에 의존하고 있으며, 그 샘플로써의 기능을 하고 있다. 그리고 이것은 종종 재봉사의 견본 조각의 경우에서 보다 훨씬 덜 명확하다.

예시는 회화적 체계들의 견본 추출이나 측정이나 평가라는 차원에서 볼 때 늘상 우리에게 공감을 주게끔 정당화되지는 않는다. 그러나 어떤 그림이 어떠한 특성을 예시하거나 주어진 감정을 표현하는지의 여부를 결정하는 데에 있어서는 별로 도움을 주지 못했지만, 그것들이 어디에서 얻어진 것이든 간에 회화적 예시와 표현의 상징적 관계들에 대한 분석에 도움을 준다.

음악 작품의 공연은 보통 작품집이나 악보에 속하거나, 그것을 따르고 있을 뿐만 아니라 그것을 예시해 주기도 한다. 그리고 그 작품들과 악보들이 어느 기호 체계에 속하고 있기 때문에, 우리는 여기서 분절적이고, 해체성이 있고, 한정된 것에 대한 예시를 -회화적 예시와는 대조적으로- 가지게 된다.

보통으로, 음악 연주 또한 그 작품이나 악보를 떠나서 많은 것을 예시하고 표현한다. 어떠한 특성이 그 작품의 모든 연주들에 의해서 예시된다면, 그 작품은 이러이러한 특징이 있다 라고 궁극적으로 말해질 수도 있다. 그러나 이러한 경우는 좀처럼 발생하지 않는다. 왜냐하면 악보에 의해서 지시되어 있지 않은 예시적 특징들은 비구성적 요소이고, 그것들은 그 작품의 참된 실증적 연주에 영향을 미치지 않은 채 한 연주에서 또 다른 연주에 이르기까지 자유롭게 변주될 수도 있기 때문이다.

우리가 웅대한 작품에 대한 맥 빠진 연주를 듣게 될지도 모른다는 사실은 너무나도 명백하다. 그렇지만 그 작품이 웅대하다는 것을 말함으로써 여기서 의미할 수 있는 것은 무엇인가? 만약 그 작품이 웅대하다고 말하는 것이 그 모든 연주들이 '진정하다(proper)'라고 생략해서 말하는 것이라고 우리가 대답한다면, '진정하다'라는 것이 단순히 '그 악보를 따르는 것'을 의미할 수는 없다. 문제의 특징은 구두적이든 그렇지 않든 간에 보충 지시들, 즉 다시 말해서 악보와 함께 인쇄된 것이나 전통, 구전 등등에 의해서 암묵적으로 제시된 것을 따른다는 것이다.

우리는 어느 경우에 있어서도 이러한 지시들이 그 악보의 필수적 부분들로써 받아들여질 수 없다는 것을 살펴보았다. 그 이유는 그것들이 기호 언어에 속해 있지 않고, 구문론적으로 제한되어 있지 않으며, 의미론적으로 조밀한 체계에 속해 있기 때문이었다. 그리고 작품들의 실증들이 아니라 실제 음악공연들로써 받아들여지는 연주들이 완전히 구별되어 있지 않기 때문에, 악보에 의해서 지시되지 않은 것에 대한 예시는 회화적 예시와 마찬가지로 반전된 측정이나 평가의 문제이다. 그것은 무용과 희곡에 있어서도 마찬가지이다. 이러한 모든 경우들에 있어서, 악보에 의한 것은 작품 속에 나와 있는 것뿐만이 아니라 어떤 연주에서 악보를 초월한 어느 것에 대한 예시나 표현이 이루어졌다면, 그것은 의미론적으로 조밀한 체계에서의 인용이고, 몹시 훌륭한 기획이나 지휘 감독의 역할이다.

문자로 씌여진 문학에 있어서, 예시되고 표현된 다른 특징들과 감정들 역시 조밀한 체계에 속하고 있긴 하지만, 그 예시하고 표현하는 상징들은 분절적이다. 어느 시가 무엇을 표현하고 있는지를 결정하는 데에 있어서, 우리는 우리 앞에 구문론적으로 구별이 되는 상징을 가지고 있으며, 그 상징이 표시되고 언급하는 어떤 조밀한 체계에서부터 그 특징들을 정확하게 탐구하게 되는데, 이것은 측정이나 평가와는 대조적이다. 왜냐하면 측정되거나 평가되는 것은 결코 분절적이지 않기 때문이다.

악절에 의해서 예시되는 특징들은 그 악절 자체에서 구성되는 단어들과 같은 어휘에서 나온 명칭들로 종종 제공된다. 그리고 우리는 그것이 예시하는 특징들의 명칭들을 예시하기 위하여 회화를 고찰했던 것과 마찬가지로, 어떤 악절이나 시를 고찰할 수도 있다. 그러므로 그러한 술부들이나 서술들에 대한 문학적 예시는 어휘들이나, 다른 영역에서 쓰이는 동등한 어휘와 관련이 있다. 이럴 때 쓰이는 상징 기구와 인용 영역 모두는 분절적이고 무제한적이다.

여기서 설정된 상호 연관성의 본질은 다소 놀랄 만한 결과를 가지고 있다. 표시하고 있거나 예시된 용어들에서부터 표시되거나 예시하고 있는 작품에 이르기까지 종지에서 이해되는 체계는 물론, 구문론적으로 분절적이지만 의미론적으로는 조밀하다. 따라서 예시하고 있는 악절이나 작품에서부터 예시된 용어들에 이르기까지 반대 방향으로 판독된 체계의 경우에, 구문론적 특징들과 의미론적 특징들이 서로 교환될 것이라고 누군가는 예상할지도 모른다. 실제로 이 체계 역시 구문론적으로 분절적이며, 의미론적으로 조밀하다.

문학에서도 우리는 2개의 구문론적으로 분절적인 어휘들을 가지고 있으며, 각각의 용어들은 다른 것의 용어들을 지시 대상물들로써 취하고 있다. 그리고 그 두 가지 모두의 합성적 체계들은 -그 하나는 표시의 체계이고, 다른 하나는 예시의 체계임- 구문론적으로 분절적이고, 의미론적으로 조밀하다. 그러므로 어떤 문학 작품이 분절적이며 분절적인 것을 예시하거나 표현한다고 할지라도, 예시되거나 표현되는 것을 정확하게 결정하기 위한 끊임없는 탐구가 다른 예술들에서처럼 여기에서도 요구된다.

만약 우리가 문학 작품의 구두 독서들을 어떤 악보의 연주들이라고 간주한다면, 음악 연주들에 관해서 위에서 이야기했던 것이 적용될 것이다. 그러나 우리는 이러한 해석에 반발하는 이유들과 구성원들이라기보다는 발성들과 명들로써 받아들이는 것이 타당하다는 것을 발견했다. 분명히, 동일한 문자의 다른 발성들과 명들은 각기 다른 특성들을 예시하고 표현할지도 모른다. 어느 작품의 모든 발성들과 명들에 의해서 예시되거나 표현된 특성들은 바로 그 작품에 의해서 표현되는 것이라고 생략해서 말해질 수 있으며, 그 작품에 대한 설정 기준에 의해 '진정한' 발성들과 명들로써의 자격을 갖추고 있는 모든 사건들에 의해서 예시되거나 표현되는 다른 특징들의 경우에도 이는 마찬가지이다. 앞서 살펴보았듯이, 예시되거나 표현되는 발성들과 명들 간의 변화는 모호한 용어나 지시어의 실증들 중에서 나타나는 변화와 유사하다.

이러한 모든 전문적인 분석은 미학적 경험과는 동떨어진 것처럼 보이지만, 차츰 미학의 본질과 예술의 본질에 대한 어떤 개념이 나타나기 시작한다고 할 수 있다.

3. 활동과 태도(action and attitude)

전통적으로 미학적인 태도는 과거의 모든 메아리들, 미래의 모든 위협과 약속들로부터 고립되고, 모든 모험심들이 결여되어 있으며, 어떤 개념화에 의해서도 더렵혀지지 않은, 표현된 것에 대한 직접적인 이해와 관조로써 묘사하고 있다. 해방과 비연출의 정화 의식들에 의해서 우리는 본연의 더렵혀지지 않은 세계의 비전을 찾을 수 있게 된다. 어느 때인가 누군가가 어떤 시에 대한 미학적 태도는 그것을 읽지 않은 채로 인쇄된 페이지를 응시하는 것이라고 심각하게 주장했을 때, 비로소 그러한 견해의 철학적 과실들과 미학적 부조리들을 자세히 열거할 필요성을 느끼게 되었다.

이에 반하여, 우리는 시뿐만 아니라 회화도 읽혀져야만 하며, 그동안 미학적 경험은 정적이기보다는 오히려 역동적이라고 주장해 왔다. 그러기 위해서는 예술미학적 안목에 입각한 섬세한 구별력, 다양한 기호 체계들 안에서 상징체계들과 문자들을 인식하고 이러한 문자들이 과연 무엇을 표시하고 예시하는지를 확인하는 것, 또한 작품들을 해석하는 것, 그리고 작품들의 견지에서 본 세계와 일상세계의 견지에서 본 작품들을 재편성하는 것을 수반한다. 우리의 많은 경험들과 기술들은 계속 유지될 수도 있고, 우연한 만남에 의해서 변형될 수도 있다.

미학적 '태도'는 끊임없는 탐구와 시험이라 할 수 있지만, 창조와 재창조라는 활동보다는 더 소극적인 태도이다.

그럼에도 불구하고 그러한 미학적 활동과 다른 지적인 활동을 –예를 들어 지각력, 일상적 행동, 그리고 과학적 탐구– 구별시켜 주는 것은 무엇인가? 한 가지 즉각적인 대답은 미학은 어떤 실용적인 목적을 향한 것이 아니며, 자기 방어나 정복, 필수품들이나 사치품들의 획득, 자연에 대한 예측과 통제와는 아무런 관계가 없다는 것이다.

그러나 만약 미학적 태도가 실용적인 목적들을 굳이 외면한다면, 이러한 태도는 더욱 더 충분치 못하다. 미학적 태도를 얻고 싶어 하는 욕구와 자기 보존적인 태도는 대조적인 것으로써 강한 호기심을 수반하는 것인데 반하여, 모든 비실용적인 탐구가 다 미학적인 것과 연관되는 것은 아니다. 과학이 실용적인 목표들에 의해서 궁극적으로 동기 부여를 받는 것, 그리고 다리들과 폭탄들, 자연의 통제에 의해서 판단되거나 정당화되는 것으로써 간주하는 것은 과학과 테크놀로지(과학 기술)를 혼동하는 것이다. 과학은 실용적인 결과들을 생각하지 않은 채로 지식을 탐구하는 것이며, 행동을 위한 가이드로써가 아닌 진리의 검증으로써의 예언과 관계가 있다. 그러므로 공평한 탐구는 과학적 경험과 미학적 경험 모두를 포함한다.

직접적인 즐거움에 의해서 미학을 구별하려는 시도들이 종종 행해진다. 그러나 여기서 문제들이 생겨나고 증폭된다. 분명히, 즐거움에 대한 만족도의 양이나 강도는 올바른 판단 기준이 될 수 없다. 어떤 그림이나 시가 어떠한 것보다 더 많은 즐거움을 제공해 주는지의 여부는 결코 분명하지 않다. 그리고 이러한 것들 중 어느 것과도 관계가 없는 어떤 인간 활동들은 다양한 유형들의 탐구 중에서 양이나 정도에 있어서 약소한 차이를 드러냄으로써 충분히 더 많은 즐거움을 제공해 준다. 미학적 즐거움이 다른 '특질'보다 우세한 '특질'에 관한 것이라는 주장은 지금쯤 이미 너무나 뻔한 속임수가 되어 있기 때문에 진지하게 다루어질 수 없다.

미학적 경험이 즐거움이 아니라 특수한 미학적 감정에 의해서 구별되는 것이라는 판에 박힌 다음의 제안은 '첨가되어진 효력'에 관한 설명들이라는 그리 대수롭지 않은 의견으로 이어질 수 있다.

여기서 중요한 것은 산출된 즐거움이 아니라 '객관화되는' 즐거움이며, 그것에 관한 특징으로써의 대상으로 해석되는 즐거움이라는 궤변적 이론에 대한 것을 명백하게 해준다. 주입(transfusion)이라는 어떤 터무니

없는 과정의 이미지들은 별도로 하고, 이것이 무엇을 의미할 수 있는가? 대상에 의해서 생겨나는 것이라기보다는 대상에 의해서 소유되는 것으로써 즐거움을 느끼게 되는 것은 -다시 말해서, 실제로 그 대상이 만족시켜 주는 것- 그 대상이 즐거움을 표현해 준다고 말하는 것과 똑같을지도 모른다. 그러나 어떤 미학적 대상들은 슬프기 때문에 다시 말하여 즐거움보다는 슬픔을 표현해 주기 때문에 이것은 어디에서도 미학적 대상들이나 경험, 그리고 비미학적 대상들이나 경험 간의 차이점들을 일반적으로 구분해 주지 못한다.

만약 우리가 즐거움보다는 충족감에 대해서 이야기를 한다면, 이러한 어려움들 중 어떤 것은 제거될 수 있고, 다른 난관들 또한 모호해지게 될 것이다. '충족감(satisfaction)'은 '즐거움'이라는 단어가 우습게 여겨지는 문맥들 안에서도 통과될 수 있을 정도로 중립적인 표현이고, 정반대의 실증들을 흐리게 할 정도로 모호하며, 해석상의 편리한 우유부단성을 용인시켜 줄 만큼 충분히 융통성이 있는 표현이다. 그러므로 우리는 객관화에 대한 무의미한 말 안에서 헤어나지 못하거나, 특수한 특징이나 특별한 감정을 만들어 내려는 유혹을 줄일 수 있을 것으로 낙관하고 있다.

그럼에도 불구하고 충족감은 비미학적 대상들과 경험으로부터 미학을 아주 명백히 구분시켜 줄 수는 없다. 어떤 과학적 탐구는 많은 충족감을 산출해 낼 뿐만 아니라 어떤 미학적 대상들과 경험들은 어떤 충족감도 산출해 내지 못한다. 음악과 우리의 청취, 그림들과 우리의 관람은 연주하는 것이나 그림 그리는 것에 비하여 기쁨을 주는 것과 고통스러운 것에 이르기까지 다양하기 때문에, 미학적인 것과 비미학적인 것 사이를 오르내리지 못한다. 미학적인 것은 불만족스러운 것이나 미학적으로 나쁜 것을 배제할 수 없다.

누군가는 구별력 있는 특징을 갖게 되는 것은 충족감이 아니라 찾고자 하는 충족감이라고 말한다. 과학에 있어서, 충족감은 탐구의 단순한 부산물에 지나지 않는다. 예술에 있어서, 탐구는 충족감을 얻으려는 단순한 수단에 지나지 않는다. 그 차이점은 수행되는 과정이나 향유되는 충족감 안에 있는 것이 아니라 지속되는 태도 안에 있는 것이라고 할 수 있다. 이러한 견해에서 '과학적 목표'는 지식이고, '미학적 목표'는 충족감이라 할 수 있다.

그러나 이러한 목표들이 얼마나 완전하게 분리될 수 있을까? 학자는 지식이나 아는 것에 대한 충족감을 구하고 있는가? 다른 것을 하려고 애쓰지도 않은 채 어느 것인지를 하려고 애쓰는 것이 확실히 불안정한 균형을 요구하고 있는 것과 마찬가지로, 지식을 얻고 호기심을 충족시키는 것도 역시 그러하다. 그리고 지식을 탐구하지 않은 채로 충족감을 구하고자 애쓰는 누군가는 틀림없이 어떤 것도 얻지 못할 것인 반면에, 충족감에 대한 모든 예상을 자제하는 것 또한 이방면의 연구를 격려해 주지 못하는 경향이 있다.

어떤 사람은 실제로 어떤 문제점에 대한 작업에 너무나 몰두해 있기 때문에 그것을 해결함으로써 가지게 될 충족감에 대해서는 결코 생각해 보지 못했을 수도 있다. 혹은, 누군가는 어떤 해결책을 찾는 즐거움에 너무나 깊이 빠져 있기 때문에 그 해결책에 도달하기 위한 어떠한 단계도 취하지 않고 있을 수도 있다. 그러나 만약 후자의 자세가 미학적이라면, 어떤 것에 대한 미학적 이해는 미리 운명이 정해지게 된다. 그리고 이렇게 미미하며 덧없고 특수한 정신 상태들이 미학적인 것과 과학적인 것 간의 어떤 중요한 차이점을 규정하고 있다는 사실을 이해하는 것은 그리 쉬운 일이 아니다.

4. 감정의 기능(the function of feeling)

그것이 '산출된 것'이든, '객관화된 것'이든, 아니면 '예상된 것'이든 간에, 즐거움이나 충족감의 견지에서 받아들일 수 있는 공식화들의 성취에 대한 이 모든 성패들은 과학적인 것과 미학적인 것 간의 차이점이 인지적인 것과 감정적인 것 간의 차이점, 그리고 알고 있는 것과 느끼는 것 간의 차이점에 어떻게 해서든지 뿌리를 두고 있다는 확신을 좀처럼 없애지 못할 것이다. 2분법으로 깊숙이 둘러싸인 이 후자의 것은 많은 근거들에 있어서 본질적으로 모호하기 때문에, 여기서의 그 적용력은 미학적인 경험과 과학적인 경험 모두가 문자적 인식력이 있는 것으로써 나타나게 될 때에는 특히 놀라운 것이 된다. 그러나 우리는 어느 방식으로든지 예술이 과학보다 더 감정적이라는 생각을 쉽게 떼어놓지 못한다.

즐거움이나 충족감에서부터 일반적인 감정에 이르기까지의 변화는 쾌락주의적 공식들에 대한 어떤 생경스러움들을 약화시켜 주지만, 결국 우리에게 많은 문제를 남겨 둔다. 회화들과 콘서트들, 그리고 그것들에 대한 관람과 청취는 충족감을 제공해 줄 필요가 있긴 하지만, 반드시 미학적이라는 감정을 불러일으킬 필요는 없다. 그리고 예상되는 감정은 예상되는 충족감보다 더 나은 기준이 될 수 없다. 만약 미학이 어느 방식에 있어서 독특하게 감정적이라면, 우리는 어떻게든지 말을 해야 할 것이다.

어떤 종류의 감정적인 모욕이나 유홍으로써의 미학적 경험에 대한 어느 그림의 감상은 분명히 터무니없는 것이다. 예를 들어, 관련된 감정들은 실제의 전투나 사별이나 패배나 승리에서 야기되는 두려움이나 슬픔, 저기압이나 환희와 비교되었을 때, 무언의 간접적인 영향이 있으며, 과학적 탐험과 발견을 따르는 흥분이나 절망, 혹은 의기양양함보다 일반적으로 더 격렬하다. 둔한 관객이 느끼는 것은 무대 위에서 묘사되는 등장인물들이 느끼는 것에 훨씬 미치지 못하고, 그 자신이 실생활의 사건들을 목격함으로써 직접 느끼게 되는 것에는 더 더욱 미치지 못한다.

그리고 만약 그가 참여하기 위해서 무대 위로 뛰어 올라간다면, 그의 반응은 더 이상 미학적인 것으로 불리워질 수 없다. 묘사의 모방 이론과 마찬가지로, 그러한 예술이 가장된 감정들과 관계가 있다는 것은 예술이 현실에 대한 열등한 대체물이고, 예술은 모방이며, 미학적 경험은 '현실'과의 접촉과 직접적인 지식의 결핍을 부분적으로만 보상해 주는 조정자의 역할에 지나지 않는다는 것을 시사해 주고 있다.

미학적 경험과 관계있는 감정들은 양극점에 있어서 다소 뒤섞여 있을 뿐만 아니라 뒤집혀 있는 경우도 종종 있다. 우리는 우리가 보통 기피하는 감정들을 야기시키는 몇몇 작품들을 환영한다. 두려움, 증오, 혐오감이라는 부정적인 감정들은 연극이나 회화에 의해서 야기되었을 때에는 긍정적인 것이 될지도 모른다. 비극의 문제점과 추악함의 패러독스는 고대와 현대의 프로이트 학파들을 위해 주문해서 맞춘 것이며, 그 기회는 무시되지 않아 왔다. 비극은 억제되고 숨겨진 부정적 감정들을 정화시키는 효과가 있거나, 처방 의학적으로 죽은 바이러스의 처방에 알맞은 치료약의 효과가 있기 때문에 실제 공격에 대한 피해들을 방지하거나 완화시켜 준다고 말해지고 있다. 예술은 좋은 현실에 대한 대체물과 나쁜 현실에 대한 보호물 모두를 제공해 주는 완화제가 될 뿐만 아니라 치료제가 된다. 고로 극장들과 박물관들은 공공보건 기구에 대한 부속물들로써의 역할을 떠맡기도 한다.

명백한 우수성을 지닌 예술 작품들과 미학적 경험들 중에서, 감정적인 구성물은 작고한 렘브란트(Rembrandt)에서 몬드리안(Mondrian)에 이르기까지, 브람스(Brahms)에서 베베른(Webern) 4중주에 이르기까지 폭 넓게 바뀌어진다. 몬드리안과 베베른은 뉴턴이나 아이스타인의 법칙들보다 분명히 더 감정적이지는 않다. 그리고 감정적인 것과 인지적인 것 간의 경계선은 어떤 미학적 대상들과 경험들을 다른 것들과 구별시켜 주는 것만큼 미학을 과학과 깔끔하게 구별시켜 주지 못하는 경향이 있다.

이러한 모든 문제들은 미학적 경험에서 발생하는 다른 감정들에 어떤 특수한 미학적 감정이나 느낌, 혹은 특수한 성격을 부여하려는 유혹을 되살려 준다. 이러한 특수한 감정이나 성격은 다른 감정들이 약할 때 격렬해질 수 있으며, 다른 감정들이 부정적일 때 긍정적이 될 수도 있으며, 가장 지적인 예술의 경험 안에서는 생겨날 수 있을지도 모르지만, 가장 활동적인 과학 연구에서는 결핍되어 있을 수 있다. 모든 어려움들은 먼저 그 질문을 요청함으로써 해결된다. 의심할 여지없이 미학적 감정들은 그것들을 미학적으로 만들어 주는 특성을 지니고 있다. 분명히, 태워지는 물체들은 연소성이 있는 물체들인 것이다. 미학적 연소에 대한 이론은 모든 것을 설명해 주는 동시에 어떤 것도 설명해 주지 않는다.

그러므로 다음과 같은 2가지의 다루기 어려운 문제점들이 여전히 우리 앞에 직면해 있다. 첫째, 미학적 경험이 인지적이라기보다는 다소 감정적이라는 우리의 확신에도 불구하고, 산출되거나 예상된 감정들에 의한 공식화의 실패는 '어떻게'라고 말할 수 있는 어떠한 여지도 남겨 두지 않았다. 둘째, 미학적 경험 안에서의 감정이 변질되고 종종 반전되는 경향이 있다는 인식에도 불구하고, 미학적 선들의 특수한 분할비율에 의하여 설명하는 것이 분명히 무익하다는 사실은 우리에게 '왜'라고 질문할 수 있는 어떠한 여지도 남겨 두지 않았다. 아마도 두 번째 질문에 대한 대답은 첫 번째 질문 안에서 발견될 것이다. 아마도 미학적 경험 안에서의 감정은 그것이 수행하는 역할 때문에 그것이 행동하는 대로 처신하게 될 것이다.

우리를 괴롭혀 왔던 대부분의 문제들이 인지적인 것과 감정적인 것 간의 2분법에 책임이 있을지도 모른다는 것을 이 글에서 시사해 왔다. 한편으로, 우리는 감각, 지각, 추론, 추측, 모든 냉정한 검사와 조사인 사실과 진리를 설명했고, 다른 한편으로는 즐거움, 고통, 흥미, 충족감, 실망, 그리고 모든 지력 없는 감정적 반응인 좋아함과 싫어함을 설명했다. 이것은 미학적인 경험 안에서 '감정들이 인지적인 기능을 한다'는 사실을 우리가 알지 못하도록 꽤 효과적으로 방해한다. 예술 작품은 감각을 통해서뿐만 아니라 감정을 통해서도 이해된다. 감정적 둔감은 장님이나 귀머거리와 같이 철저하게는 아니라 할지라도 제한적으로 무력하게 만들 수 있다. 감정들은 작품의 감정적 내용을 탐구하기 위해서 독점적으로 사용되는 것이라고는 할 수 없다.

우리는 그것이 어떻게 느껴지는지를 어느 정도까지 알 수 있는 것과 마찬가지로, 어떤 회화가 어떻게 보여지는지를 어느 정도 느낄 수 있을지도 모른다. 연기자나 무용수는 -혹은 관객- 동작과 그 유형에 대한 느낌이 어쨌든 간에 구별될 수 있는 한, 그 유형보다는 어떤 동작에 대한 감정에 주목하고 그것을 기억한다. 미학적 경험 안에서의 감정은 한 작품이 어떠한 특성을 가지고 있으며, 그것을 어떻게 표현하는지를 인식하는 수단이다.

이것에 대해 말하는 것은 냉혹하고도 과잉된 지적 분석에 대한 뜨거운 비난을 초래하는 것이다. 그러나 여기서는 미학적 경험이 감정들을 박탈당하고 있다기보다는 그것에 대한 이해가 제공되고 있다고 할 수 있다. 시각이 우리로 하여금 사물들에 대한 특성들을 발견할 수 있도록 도와준다는 사실이 색채에 대한 감각들과는 무관한 것과 마찬가지로, 감정들이 인지력에 참여하고 있다는 사실은 감정들이 느껴지지 않는다는 사실을 의미하지 않는다.

실제로, 감정들은 만약 그것들이 인지적으로 사용되어야 한다면, 감각들이 그래야 하는 것과 마찬가지로 느껴져야 한다. 인지적 사용은 그 작품을 평가하고 이해하며 그것을 우리의 나머지 경험과 현실의 세계와 통합시키기 위해서, 그것들을 구분하고 합치시키는 것을 수반한다. 만약 이것이 감각들과 감정들 안에서 활발하지 못한 흡수나 정반대의 것이라면, 그것은 결코 그것들을 없애는 것과 똑같지 않을 것이다. 그러나 그것은 감정들이 미학적 경험 안에서 겪게 될지도 모르는 변형들을 설명해 준다.

우선, 탐닉이나 자극이 아닌 탐구의 정황은 감정의 특징적인 전이를 가져올지도 모른다. 심리적 환경, 생리학적 환경, 물리적 환경은 서로 다르다. 벌어들인 1달러, 저축한 1달러, 소비한 1달러는 여전히 1달러인 것이다. 노예 상태에서 생겨나는 감정, 좌절에서 생겨나는 감정, 조명에서 생겨난 감정은 여전히 감정이다. 그러나 그 어느 경우에 있어서도 그 세 가지 모두가 동일하지는 않다. 감정들은 늘 완비되어 있는 것이 아니기 때문에 그것들의 환경에 의해서 손상될 수는 없지만, 인지적 사용은 새로운 감정이 생기지 않을 뿐만 아니라 일상적인 감정들에 어떤 불가사의한 첨가물을 덧붙여 주지도 않는다.

게다가 느껴지는 감정과 그 대상에서 발견되는 감정적 내용물 간의 상습적인 불균형은 이제 손쉽게 이해된다. 무대 위에서의 연민은 관객들에게 연민을 유발할지도 모른다. 그러나 탐욕은 혐오를 일으키고, 용기는 감탄을 자아낸다. 따라서 하얀 집은 정오에 하얗게 보일지 모르지만, 해질녘에는 붉게 보일 수 있는 것이다. 그리고 공은 어느 각도에서도 둥글게 보인다. 감각적인 경험들과 감정적 경험들은 복잡한 방식들로 대상들의 특성들과 차곡차곡 연관을 맺는다.

또한 감정들은 독립적인 아이템들로써 작용하는 것이 아니라, 서로와 결합하고 지식에 대한 다른 수단들을 가진 채 인지적으로 작용한다. 지각력, 개념 형성, 그리고 감정은 혼합되어 서로에게 영향을 미친다. 그리고 어떠한 합성은 종종 감정적 구성 성분들과 비감정적 구성 성분들에 대한 분석에 저항을 한다. 동일한 고통인 얼음이나 불에 대해 이야기해보자. '화'와 '분'은 다른 감정들인가, 아니면 다른 상황들 하의 동일한 감정인가? 그리고 전체 차이점에 대한 자각은 상황들에서의 차이점에 대한 지각에서 발생하는 것인가, 아니면 그러한 지각으로 이끄는 것인가?

그 대답들은 여기서 그다지 중요하지 않다. 왜냐하면 지금 어떤 것이 감정과 지식에서의 다른 요소들 간의 차이점에 의존하고 있다고 주장하는 것이 아니라 감정이 그것들에 속해 있다고 주장하고 있기 때문이다. 중요한 것은 인지적 과정에서 수반되는 비교, 대조, 그리고 조직이 관련되는 감정들에 종종 영향을 미친다는 점이다. 어떤 것은 색채들이 보색

바탕에 대비되거나 미묘한 운율에 의해서 강조되는 것처럼 강렬하게 될 수도 있다. 또한 다른 것들은 보다 소란스러운 배경 내의 사운드들과 마찬가지로 약화될 수 있다. 그리고 어떤 감정들은 전체 오케스트라의 특성들로써 나타나서, 달걀껍질의 형태와 마찬가지로 보다 작은 부분들 중 어느 것에도 속하지 않을지도 모른다.

또다시 부정적인 감정들은 긍정적인 감정들과 마찬가지로 인지적으로 기능을 하고 있음이 분명하다. 우리가 '맥베드'에서 느낄 수 있는 공포와 불쾌감은 우리가 '피그말리온'에서 발견할지도 모르는 즐거움과 기쁨보다 더 이해하기 쉬운 수단이다. 우리는 그 불쾌감이 카타르시스에 의해서 그럭저럭 기쁨으로 변형될 수 있다고 가정하거나, 왜 가장 기분 나쁜 초상화가 가장 매력적인 것만큼이나 정당하게 미학적일 수 있는지를 설명하라는 요구를 받지는 않았다. 왜냐하면 색채 감각에 있어서의 붉음이 그렇지 않은 것과 마찬가지로, 어떤 감정 안에서의 즐거움은 인지적인 기능을 위한 조건이 아니기 때문이다. 미학적 경험 안에서, 긍정적이거나 부정적인 감정은 어떤 작품에 대한 감수성의 한 양식이다. 비극의 문제점과 추악함의 패러독스는 똑같이 사라져 없어진다.

똑같이 분명하게, 감정의 양이나 강도는 그 인지적 효력에 대한 측정 방법이 될 수 없다. 희미한 감정은 압도적인 것만큼이나 유익한 것일 수 있다. 그리고 어떤 작품이 거의 표현을 하지 않는다거나, 어떠한 감정도 그것을 많이 표현하는 것만큼 미학적으로 중요할 수는 없다는 것을 발견하는 것도 도움이 될 것이다. 이것은 감정의 양이나 정도에 의하여 미학을 구분하려는 모든 시도들이 간과하고 있는 어떤 것이다.

많은 퍼즐들이 그로 인해서 해결되고 미학적 경험 안에서 감정의 역할이 명확해지긴 했지만, 우리는 여전히 모든 다른 경험으로부터 미학적인 경험을 구분시켜주는 어떤 방법을 채택하지 못한 채로 남겨져 있다. 감정들에 대한 인지적 도입은 모든 미학적 경험 안에 존재해 있지도 않고, 모든 비미학적 경험에 부재되어 있지도 않다. 이미 우리는 어떤 예술 작품들은 감정적인 내용물을 거의 담고 있지 않거나 전혀 담고 있지 않으며, 감정적 내용물이 느껴질 수 있는 곳에서 조차 그것이 때때로 비감정적인 수단들에 의해서 이해될 수 있다는 사실에 주목해 왔다.

동물학자, 심리학자, 사회학자들은 자신의 목표들이 순전히 이론적일 때조차도 자신의 연구들에 감정을 정당하게 도입시킨다. 실제로, 어떤 과학에 있어서도 필수적인 객관화가 희망찬 생각, 증거에 대한 불리한 해석, 원하지 않은 결과들에 대한 거부 반응, 불길한 노선들의 탐구에 대한 회피 등을 금지하는 반면에, 그것은 탐험과 발견에 있어서의 감정의 사용, 영감과 호기심이라는 힘, 혹은 흥미를 자아내는 문제점들과 유망한 가설들에 대한 자극이 제시해 준 실마리들을 제거하지 않는다. 그리고 우리가 이러한 문제점들에 대해서 더 많이 토의할수록, 우리는 그 구분이 어떠한 예상되는 질문들에 대답할 수 있는 확고한 근본 원리를 제공해 줄 수 있을 정도로 감정들이 아주 명확하게 구분되어 있거나, 인식에서의 다른 요소들과 아주 뚜렷하게 분리되어 있지 않다는 사실을 더 많이 깨달을 수 있게 된다.

5. 미학의 징후들(symptoms of the aesthetic)

서투른 사용법을 내포한 서투른 일치 안에서, 미학적 경험과 비미학적 경험으로 분류해 줄 수 있는 매끈한 공식을 찾는 데에 있어서의 반복된 실패는 오히려 신중한 접근법이 필요하다는 사실을 제시해 준다. 우리는 아마도 경험에 수반되는 여러 가지 상징 과정들의 주요 특징들에 대해 미학적 타당성을 조사함으로써 시작해야만 할 것이고, 미학의 활발한 기준이 아니라 미학의 측면들이나 징후들에 대해서도 살펴보아야 할 것이다. 징후는 필요조건도 아니고 충분조건도 아니지만, 미학적 경험 안에서 표현되는 다른 징후들과 함께 결합하는 경향이 있다.

미학의 3가지 징후들은 구문론적 조밀성, 의미론적 조밀성, 그리고 구문론적 충분성이 될지도 모른다. 우리가 살펴보았듯이, 구문론적 조밀성은 비언어적 체계들의 특징이고, 스케치들을 악보들이나 스크립들과 구별시켜 주는 한 가지 특징이었다. 의미론적 조밀성은 예술에서의 묘사, 서술, 그리고 표현의 특징이고, 악보들을 스케치들이나 스크립들과 구분시켜주는 한 가지 특징이었다. 그리고 상대적인 구문론적 충분성(repletness)은 의미론적으로 조밀한 체계들 중에서 보다 묘사적인 것을 보다 도표적인 것과 구별시켜 주고, 덜 묘사적인 것을 보다 '도해적(schematic)'인 것과 구별시켜 준다.

이 3가지 모든 특징들은 구별성에 대하여 최대한도의 감수성을 요구한다. 덧붙여 구문론적 조밀성과 의미론적 조밀성은 그 체계의 어느 부호를 제시한 채, 문자와 지시 대상물을 결정하는 데에 있어서 끊임없는 주의를 기울일 것을 요구한다. 그리고 말하자면, 구문론적으로 조밀한 체계에서의 상대적인 구문론적 충분성은 더 큰 규모로써 구별에 대해 진지한 노력을 요구한다. 제한된 측정에 대한 불가능성은 종종 미학을 요구하거나, 미학에 대해 책임을 지우는 형언할 수 없는 어떤 제안을 가져다줄지도 모른다. 그러나 신비하고도 모호한 것과는 거리가 먼 조밀성은 명백하게 한정되어 있다. 그리고 그것은 절대적인 정확성을 위한 충족되지 않은 요구로부터 생겨나고, 그것을 유지시킨다.

미학의 4번째 마지막 징후는 예시와 표시 체계들을 구별시켜 주는 특징이며, 보여주는 것과 말하는 것을 구별시켜 주기 위해 조밀성과 결합하는 특징이다. 어느 경험은 상징이 표시하는 단순한 사물들이 아니라 어떤 상징에 의해서 표현되거나 예시되는 특성들과 -예를 들어, 소유되고 명시되는 특징들- 관련이 있는 한, 예시적이라 할 수 있다. 예시적인 것을 미학적인 것으로써 간주하는 것은 미학을 직접적이고도 명료하지 않은 것과 연합시키는 전통, 그리고 미학이 어느 다른 것을 나타내는 것이라기보다는 있는 그대로의 것으로써 받아들여져야 한다고 주장하는 전통에 대한 양보로 보여질지도 모른다.

그러나 표시와 마찬가지로, 예시는 어떤 상징을 지시 대상물과 관련시키고 있으며, 어떤 상징으로부터 그것이 적용하고 있는 것이나 그것에 의해서 예시되는 것까지의 거리는 그것이 적용하거나 표시하는 것까지의 거리와 똑같다. 분석에 대한 '형언할 수 없음(ineffability)'이 불가사의라기보다는 조밀성으로 변하게 될 때, '직접성(immediacy)'은 정교함이라기보다는 예시의 문제가 되며, 거리라기보다는 방향의 기능이 된다. 덧붙여 어떤 것도 묘사가 예시와는 대조적으로 비미학적이라는 것을 암시하고 있지는 않다. 예시는 묘사와 대조적이라기보다는 표시와 대조를 이룬다. 우리는 허구적 묘사와 '……로써', 묘사가 예시의 문제들이라는 것을 살펴보았다. 그리고 예술에서의 묘사는 좀처럼 명백하게 사실적이지 못하고, 그렇지 않으면 순전히 표시적이었다. 게다가 미학적 경험이 꼭 4가지 모든 징후들을 나타낼 필요는 없다.

아마도 4가지 징후들은 부재하기보다는 존재하는 경향이 있으며, 미학적 경험 안에서 두드러지는 경향이 있다. 그러나 그것들 중 어느 것은 비미학적 경험 안에서 존재하거나, 미학적 경험 내에 부재할지도 모른다. 예를 들어, 문학예술의 상징적 매개물은 구문론적으로 조밀하지 않는 반면에, 무게들이나 체온들을 측정하는 것은 구문론적으로나 의미론적으로 모두 조밀할 수 있다. 어떤 미학적 징후의 부재나 어떤 비미학적 징후의 존재가 미학적으로 덜 순수한 전체에 이익이 되지도 않을뿐더러, 보다 미학적인 경험이 보다 높은 정도의 미학적 징후들인 것도 아니다.

그러나 만약 열거된 4가지 징후들이 '제각기' 미학적 경험에 충분하지도 않고 필요하지도 않다면, 그것들은 '결합적으로' 충분하며 '분리적으로' 필요할지도 모른다. 즉, 어떤 경험은 아마도 그것이 이 모든 속성들을 지니고 있다면, 그리고 그것이 그들 중 최소한 한 가지를 지니고 있을 때에만 미학적이라 할 수 있을 것이다.

이러한 제안이 꼭 일상적인 사용법을 정확하게 따르고 있다고 주장하는 것은 아니다. 대부분의 용어들의 경우에서보다 '미학적'인 것과 '비미학적'인 것에 대한 체계적인 사용법이 실행에 의하여 덜 명확하게 설정되기도 하고, 어리석은 이론화에 더 진지하게 물들기도 한다. 오히려, 여기서 우리가 심하게 악용된 한 쌍의 용어들에 대한 적절한 사용법을 가져야 한다고 제안하고 있다. 그래야 비로소 조밀성, 충분성, 그리고 예시가 미학의 특징들이 될 수 있다. 분절성, 희박성, 그리고 표시는 비미학적 특징들이 된다.

모호하지만 여전히 귀에 거슬리는 경험의 2분법은 특징들, 요소들, 그리고 과정들에 대한 분류로 바뀌어진다. 어떤 전체성을 미학적이거나 비미학적인 것으로 분류하는 것은 그 미학적인 측면들과 비미학적 측면들에 대한 신원 확인보다는 덜 중요하다. 확실히 미학적인 복합어의 국면들은 완전히 비미학적일 수도 있다. 예를 들어, 어떤 악보와 그 단순한 해석은 모든 미학적인 측면들을 전혀 가지고 있지 않다. 반면에, 미학적인 특징들은 몇몇 과학적 가설들을 실험하는 데에 있어서 요구되는 미묘한 계량적 구별과 질적 구별 안에서 지배적으로 나타날지도 모른다. 그러므로 예술과 과학은 전체적으로 볼 때 서로 상반되지 않는다.

여기서 미학적인 것과 비미학적인 것 사이에서 도출되는 차이점은 미학적 가치는 모든 고려 사항들에 의존하지 않는다는 것이다. 그것은 그것이 그래야만 하는 그자체이다. '런던 심포니'의 지겨운 연주는 굉장한 연주와 마찬가지로 미학적이다. 미학의 징후들은 가치(merit)의 표시들이 아니다. 그리고 미학의 특징은 미학적 우수성의 선명도를 요구하지 않을 뿐만 아니라 그것을 제공해 주지도 않는다.

6. 가치의 문제(the question of merit)

민속학에서는 훌륭한 그림이 예쁘다고 전하고 있다. 다음의 한 차원보다 높은 수준에서, '예쁜(pretty)'이라는 말은 '아름다운(beautiful)'이라는 표현으로 대치된다. 왜냐하면 가장 훌륭한 그림들은 분명히 종종 예쁘지 않기 때문이다. 그러나 다시 한 번, 그들 중 많은 것은 가장 분명한 개념 안에서 추하다. 만약 아름답다는 표현이 추함을 배제하고 있다면, 아름다움은 미학적 가치에 대한 측정이 될 수 없을 것이다. 그러나 만약 아름다운 것이 추함이 될 수도 있다면, 그 때 '아름다움'은 미학적 가치에 대한 유일한 양자택일적 단어와 현혹적 단어가 될 것이다.

과학은 그 진실성에 의해서 판단되는 반면에, 예술은 그것이 주는 충족감에 의해서 판단된다는 격언은 어떠한 실마리도 던져주지 못한다. 산출되거나 예상되는, 미학의 구별되는 특징으로써의 충족감에 대한 이전의 많은 반대 주장들은 미학의 가치에 대한 기준으로써의 충족감을 비교 검토해 준다. 충족감은 즐거움과 동일시될 수 없고, 어떤 특수한 미학적 감정을 가정하는 것은 그 질문을 구걸하는 것이다. 우리는 미학적으로 훌륭한 것이 미학적으로 만족스러운 것이라는 건전하지 못한 공식과 함께 남겨져 있다. 그 질문은 "어떤 작품을 훌륭하거나 만족스러운 것으로 만드는 것은 무엇인가?"라는 것이 될 것이다.

만족스럽다는 것은 일반적으로 기능과 목표와 연관이 있다. 좋은 화덕은 고르고 경제적이며, 조용하고 안전하게 적정 온도까지 집을 데워준다. 좋은 과학 이론은 관련된 사실들을 명확하고 단순하게 고려한다. 우리는 예술 작품들이나 그 실증들이 어떤 관련 있는 기능들 -묘사, 서술, 예시, 표현- 중에서 하나 이상을 수행한다는 사실을 살펴보았다. 이러한 종류들 중 어느 것에 대해 효과적인 상징화를 구성하는 것이 무엇인지에 대한 질문은 이번에는 그러한 상징화가 제공해 주는 목표가 무엇인지에 대한 질문은 제기하게 될 것이다.

때때로 제시되는 대답은 직접적인 필요성을 초월한 상징 기능들의 실천이 미래의 우발적인 사고들에 대처하기 위한 우리의 능력들과 기술들을 개발시키기 위한 것이라는 실제적인 목표와 더 멀리 동떨어져 있다. 미학적 경험은 어떤 체육관에서의 연습 시합이 되며, 그림들과 심포니들은 우리의 지적 근육들을 신장시키는 데에 있어서 우리가 사용하는 바벨들과 펀칭 백들이라 할 수 있다.

예술은 우리로 하여금 살아남을 수 있는 정복력과 이익을 갖추도록 해준다. 그리고 그것은 나머지 에너지를 파괴적인 배출구들로부터 다른 곳으로 돌려준다. 그것은 과학자를 보다 빈틈없이 만들어 주고, 상인을 보다 기민하게 만들어 주며, 나태한 젊은이들 거리들을 깨끗이 청소해준다. 떳떳하지 못한 부류들의 여가를 위한 게으른 오락거리로써 오랫동안 조롱되어져 왔던 예술은 인류의 보편적인 공복으로써 갈채를 받게 되었다. 이것은 모든 가치가 실제적인 효용성으로 낮추어졌다는 어떤 확신과 미학적인 경향들을 융화시켜야만 하는 사람들에게는 위안이 되는 견해일 것이다.

아마 보다 쾌활하고 단순한 대답은 다음과 같은 것의 정반대의 대답일 것이다. 상징화는 인간의 억제할 수 없는 경향이고, 인간은 상징화의 즐거움 때문에, 혹은 자신이 그것을 그만둘 수 없기 때문에 직접적인 필요성을 초월하여 계속 상징화시키고 있다는 것이다. 아니면 미학적인 경험 안에서, 그는 뛰어다니는 한 마리 강아지거나, 아니면 충분한 물을 발견한 후에도 고집스럽게 우물을 파는 사람일지도 모른다.

예술은 실용적인 것이 아니라 장난스러운 것이거나 강박관념적인 것이다. 개들은 그들이 개과에 속하기 때문에 짓는 것이고, 의미는 다르지만 사람들은 그들이 인간이기 때문에 상징화 한다. 그리고 개들은 계속해서 짖을 것이고, 사람들은 어떤 실용적인 필요성이 없을 때에도 그들이 단지 그만둘 수 없고, 그것이 그만큼 재미있기 때문에 계속 상징화를 할 것이다.

실용성 대 재미에 대한 문제를 무시하면서, 세 번째 대답은 상징화에 대한 목표로써의 커뮤니케이션에 대해 지적한다. 인간은 사회적 동물이고, 커뮤니케이션은 사회적 교제에 필수적이며, 또한 상징들은 커뮤니케이션의 매개물들이다. 예술 작품들은 사실들, 사상들, 그리고 감정들을 전달해 주는 메시지들이다. 그리고 그들의 연구는 '커뮤니케이션 이론'이라고 불리워지는 잡식성의 새로운 산물에 속한다. 예술은 사회에 의존하고 있으며, 사회를 유지시키도록 도와준다. 예술은 어떤 인간도 하나의 고립된 섬이 아니라는 사실을 보증하는 데에 도움을 주고, 그 때문에 존재하게 된다.

체조, 놀이나 대화에 의한 이러한 각각의 설명들은 불완전한 진리를 부풀리고 왜곡시킨다. 상징화 기술들의 훈련은 실제적 숙달로 어느 정도 향상시켜 줄지도 모른다. 상징 발명과 해석이라는 암호 문자는 그것들에 대한 게임의 묘미를 제공해 준다. 그리고 상징들은 커뮤니케이션에 없어서는 안 될 존재이다. 그러나 법률가들, 박물관에서 시간을 보내며 자신의 전문능력을 향상시키는 해군대장, 뛰어 다니는 강아지, 노이로제에 걸린 우물 파는 사람, 그리고 전화를 받고 있는 여성은 따로따로든 아니면 공동으로든 간에 전체 그림을 나타내지는 않는다. 세 가지 모두가 놓치고 있는 것은 그 추진력이 호기심이고 그 목표가 계몽이라는 점이다.

직접적이고 필요성을 초월하여 사용하는 상징들은 실용성이 아니라 이해를 위한 것이다. 상징에 대한 설명으로써 강요되는 것은 알고자 하는 충동이고, 즐겁게 해주는 것의 발견이며, 커뮤니케이션은 전달되는 것에 대한 이해와 공식화에 대해 부차적으로 생겨나게 되는 것이다. 주요 목적은 이 때 저절로 이루어지는 인식이다. 실용성, 즐거움, 강박관념, 그리고 의사전달의 효용성 모두는 이것에 의존한다.

그러므로 상징화는 그것이 인지적 목적을 얼마나 잘 보조해 주는지에 의해서, 그 구별의 정교함과 그 암시의 적합성에 의해서, 세계를 이해하고 탐구하고 분별하는 데에 있어서 그것이 작용하는 방식에 의해서, 그것이 어떻게 분석하고 분류하고 정돈하고 조직화하는지에 의해서, 그것이 지식의 제조, 조작, 보유, 그리고 변형에 어떻게 참여하는지에 의해서 근본적으로 판단되어야 한다. 단순성과 미묘성, 능력과 정확성, 범위와 선택성, 친밀성과 신선미에 대한 고찰들은 모두 서로와 관련되어 있으며, 종종 서로와 상충되기도 한다. 그것들의 비중은 우리의 관심사, 우리의 정보, 우리의 탐구와 연관이 있다.

일반적으로 상징의 인지적 효과는 그 정도이지만, 특히 미학적 우수성의 경우에는 어떠한가? 미학적인 것과 가치 있는 것을 구별하는 것은 양쪽 방법 모두를 절단하는 것이 된다. 만약 우수성이 미학에 대해 요구되지 않는다면, 우수성은 그것들에 국한된 미학적 대상들에도 적합하지 않을 것이다. 오히려, 막 스케치가 끝난 상태의 일반적인 우수성은 미학적 대상들에 의해서 나타나게 될 때 미학적인 것이 된다. 즉, 미학적 가치는 속성들의 특정한 배치에 의해 미학적인 것으로서 자격을 갖추게 되는 어느 상징적 기능 안에서 그러한 우수성을 가지게 되는 것이다.

인지적 우수성 하에서의 미학에 대한 이러한 포용은 인지적인 것이 실용적인 것과 수동적인 것 모두와 대조를 이루면서 감각적인 것이나 감정적인 것을 배제하지 않고 있으며, 우리가 예술을 통해서 알게 되는 것이 우리의 마음에 의해서 포착되는 것과 똑같이 우리의 온몸 전체로 느껴지게 되며, 유기체의 모든 감수성과 반응성이 상징들의 발명과 해석에도 참여한다는 하나 이상의 신호를 요구하고 있다.

예술에 있어서 추악함은 그다지 문제가 되지 않는다. 왜냐하면 즐거움과 예쁘장함은 미학적인 경험이나 예술 작품을 정의하거나 평가하지 않기 때문이다. 어떤 상징에 대한 유쾌함이나 불유쾌함은 그 일반적인 인지적 효력이나 그 특수한 미학적 가치를 결정해 주지 못한다. 피그말리온과 보티첼리의 비너스가 변명을 하지 않는 것처럼, 멕베드와 고야의 마녀들의 안식일도 별다른 해명을 요구하지 않는다.

더 나아가 불변의 우수성에 대한 확고한 기준들을 구하는 사람들을 종종 당혹하게 만들고 있는 취향의 변천도 역시 쉽게 이해된다. 시간이 흐른 뒤, 가장 훌륭한 회화는 질리게 될지도 모르고, 가장 위대한 음악은 사람을 미치게 만들지도 모른다. 어떤 작품은 계속해서 불쾌하거나, 매혹적이며, 기분이 좋게 만들거나, 지루할 수도 있다. 이것들은 매개물질들의 변화들이고, 지식의 도구들이다. 우리는 경계선들에 포커스를 맞춘다. 어떤 상징에 대한 관심의 최고 정점은 모호한 것에서부터 뚜렷한 것에 이르기까지의 논쟁 중간쯤에서, 폭로의 시간에 일어나는 경향이 있다. 그러나 인내심과 재생 역시 존재한다.

어떠한 것에 대한 발견들은 접근할 수 있는 형식 안에서 유지될 때에만 이용 가능한 지식이 된다. 상징이 강력하고 충분할 때 그것이 친숙하게 될 경우에는 무가치한 것이 되지 않지만, 그 이상의 탐구를 위한 출발점 안에서 통합된다. 그리고 상징체계 안에 조밀성이 존재하는 곳에서, 친밀성은 결코 완전하거나 궁극적인 것이 되지 못한다. 또 다른 모양은 항상 중요한 새로운 미묘함들을 나타낼지도 모른다. 게다가, 우리가 상징으로부터 해석하고 배우는 것은 우리가 그것에 무엇을 부여하고 찾느냐에 따라서 달라지게 된다. 우리는 우리의 상징들을 통해서 세계를 발견하게 될 뿐만 아니라, 우리의 성장 경험에 비추어 우리의 상징들을 점진적으로 이해하고 재평가한다. 미학적 가치의 원동력과 지속력 모두는 그 인지적 문자에 대한 자연적인 산물들이다.

위의 고찰들과 마찬가지로, 작품과 관계가 먼 경험의 미학적 가치에 관련된 것을 설명해 보자. 마네나 모네 그리고 세잔느, 그들의 작품 세계가 주는 관점은 현재 우리의 시점에서도 여전히 생생하게 감동적이며 마찬가지로 시공을 초월한 지금시대의 평가에 있어서도 유효적절하다. 일반적인 그림 관람이나 음악 청취들은 우리가 나중에 어디선가 직면하게 될 것을 미리 알려주는 것으로써 미학적 경험의 취득에는 필수적이다. 또한, 이러한 것을 통해 미학적 경험의 편협함에 대한 모순되고 서투른 신화는 없어질 수 있다.

음악에서와 마찬가지로, 건축과 다른 예술에서도 보편적인 테마와 미학적 가치 변화의 역할 또한 이해될 수 있다. 모티브의 설정과 변경, 패턴의 추상화와 마무리, 변형 양식의 구별과 상호관계, 이 모든 것들은 건설적인 탐구의 과정들이다. 그리고 적용할 수 있는 평가들은 수동적인 즐거움에 대한 것들이 아니라 인지적인 효력에 관한 것들이며, 인식과 발견 간의 미묘한 구별성, 통합의 힘, 그리고 비율의 타당성에 대한 것들이다.

실제로, 어떤 전형적인 방식의 진보하는 지식은 어떤 테마에 대한 점진적인 변화에 의한 것이다. 현대 작곡가들 사이에서 모든 인식 가능한 패턴과 함께 테마와 변주는 때때로 조롱을 받기도 했으며, 최고 한도의 예측불허는 공공연한 목표가 되기도 했다. 그러나 C. I. Lewis가 지적했듯이, 만약 주어진 작곡에서 어떠한 연속도 결코 반복되지 않는다면 그 사실 자체가 주목할 만한 규칙성을 구성하는 것이라 할 수 있으므로, 완전한 불규칙이라는 것은 상상도 할 수 없는 것이다.

그러나 미학적 가치는 이 책의 주요 관심사가 아니었으며, 종종 '아름다움'이라고 혼동되어 불리워진 것에 대한 초기의 정의에 대해서 다소 불편함을 갖게 된다. 우수성에 대한 과다한 집중은 한편으로 생각하기에 그 동안 이뤄져 왔던 미학적 탐구의 압축과 왜곡 때문이었던 것 같다. 어떤 예술 작품이 훌륭하다고 말하거나 그것이 얼마나 훌륭한지를 이야기 하는 것은 결국 많은 정보를 제공해 주지 못하며, 그 작품이 기억을 환기시켜주는 것인지, 확고한 것인지, 혹은 정교하게 디자인된 것인지의 여부를 우리에게 이야기해 주지 못할 뿐만 아니라 그 색상, 형태, 사운드의 현저한 특징들이 무엇인지에 대해서도 구체적으로 이야기해 주지는 못한다.

게다가, 예술 작품들은 경주마들이 아니고, 승자를 뽑는 것이 그 주요 목표도 아니다. 특수한 특징들에 대한 판단들이 궁극적인 평가를 위한 단순한 수단이라기보다는, 미학적 가치에 대한 판단들이 종종 그러한 특징들을 발견하기 위한 수단이 된다. 우수성에 대한 평가들은 통찰력에 대한 사소한 부산물들 중의 하나이다. 예술 작품들의 우수성이나 사람들의 선함을 판단하는 것이 그것들을 이해하는 가장 좋은 방법은 아니다. 그리고 미덕에 대한 판단 기준이 심리학의 주요 목표가 아닌 것과 마찬가지로, 미학적 가치의 기준은 미학의 중요 목표가 아니다.

짧게 말해서, 이해의 형식으로써 미학적 경험을 표현하는 것은 미학적 가치라는 질문을 해결 짓는 결과와 평가 절하시키는 결과 모두를 가져온다.

7. 예술과 그 이해

미학적 경험은 인지적 효과 기준들에 의해서 판단되고 어떤 상징적 특징들의 우세성에 의해서 구별되는 인지적 경험이라고 말한다. 예술과는 달리 과학에 있어서 궁극적인 테스트가 진실성(truth)이 있는지의 여부에 관한 가장 극렬한 대조를 간과해 왔다. 그 두 가지 영역들은 전자에 있어서는 진실성이 전부를 의미하지만, 후자에 있어서는 어떤 것도 의미하지 않는다는 점에 있어서 가장 극심한 차이를 보이고 있지 않은가?

최신 발표된 학설에도 불구하고, 과학에 있어서 진실성은 거의 중요하지 않다. 우리는 그 중요성에 관심을 가지지 않는 한 신뢰할 수 있는 진리의 양을 마음대로 산출해낼 수 있다. 예를 들어 곱셈표들은 끝이 없으며, 경험적 진리들은 무한하다. 과학적 가설들은 그것이 아무리 참되다 할지라도, 만약 그것들이 우리의 탐구에 의해서 부과된 영역이나 특수성의 최소 요구에 부응하지 못하거나, 그것들이 몇몇 효과적인 분석이나 합성에 영향을 미치지 못한다면, 그리고 그것들이 중요한 질문들을 제기하거나 그것들에 대답하지 못한다면, 결국 무가치하다.

이토록 진실성은 아무리 해도 충분하지 않다. 그것은 기껏해야 필요조건일 뿐이다. 그러나 이것은 너무 많이 양보하는 것일 수도 있다. 가장 숭고한 과학 법칙들은 아주 참된 것이 거의 없다. 사소한 모순들은 그 폭에 있어서나 힘이나 단순성을 위하여 무시될 수 있다. 과학은 정치가들이 그의 선거구민들을 부인하는 것과 마찬가지로, 분별력의 한계들 내에서 그 데이터를 부인한다.

그러나 진실성은 과학적 가설의 등급 안에 수반된 경쟁 기준 중의 하나가 아니다. 증거에 대한 어느 정의가 제시된다면, 끊임없는 양자택일적 가설들이 그것을 따르게 될 것이다. 우리는 진실성의 기반들 위에서 그들 중의 하나를 선택할 수 없다. 왜냐하면 우리가 그것들의 진실성에 직접적으로 접근하지 못하기 때문이다. 오히려, 우리는 그것들의 단순성과 힘이라는 그러한 특징들에 의해서 그것들을 판단한다. 이러한 기준들은 진실성에 보충되어 있는 것이 아니라, 우리의 다른 관심사들과 조화를 이루는 진실성에 가장 가까이 도달하기 위한 수단으로써 적용된다.

이것은 그럼에도 불구하고 진실성이 –비록 가설들 중에 선택을 하는 것에 있어서 충분하지도 않고, 필요하지도 않으며, 표준이 되지 못하지만– 예술로서가 아닌 과학적 관점에서 하나의 고찰이라는 자세히 설명되지 않은 기본적인 차이점을 우리 앞에 제시하고 있는 것이 아닐까? 너무나 겸손한 공식화조차도 너무도 강력한 대비를 제안한다. 어떤 가설의 진실성은 결국 적합성의 문제이다. 즉, 어떤 형태의 이론에 적합한지, 그리고 준비되어 있는 데이터와 우연히 접하게 된 사실들에 대해서 가설과 이론이 적합한지에 관한 문제인 것이다.

그리고 물리학자이며 철학자인 Philipp Frank(1884~1966)가 우리에게 상기시켰듯이, 적합성의 미덕은 편안함과 새로운 모습이라는 이중 목적을 지닌 두 가지 방식의 즉 사실들에 대한 이론과 이론에 대한 사실들 사이에서 균형 있게 조정을 한다. 그러나 우리가 지식 세계에 순응을 하고 또한 그것을 개혁시키는 데에 있어서, 그러한 적합성과 경향은 미학적 상징에도 똑같이 관련되어 있다. 진실성과 그것에 대한 미학적 대응물은 다른 명칭들 하에서 적절히 같아진다. 만약 우리가 진실한 예술 작품들에 대해서가 아니라 가설들에 대해서 이야기를 한다면, 그것은 우리가 상징들에 대한 '참된' 용어들과 '거짓된' 용어들을 격언 형태로 유보하고 있기 때문일 것이다. 이러한 차이점이 결코 하찮은 것은 아니다. 그러나 그것은 일반적인 것이라기보다는 특수한 것이며, 일정한 형식에서라기보다는 적용 영역에 있어서의 차이점이며, 이로써 과학과 미학 간의 어떠한 차이나 격차도 나타내지 않는다.

또한, 이것 중 어떤 것도 예술과 과학 간의 차이점을 제거하기 위한 것이 아니다. 영속적인 일관성은 –그것이 과학에 관한 것이든, 예술에 관한 것이든, 아니면 예술과 과학 모두에 관한 것이든, 인류에 관한 것이든 간에– 어쨌든 그 차이점들에 주의를 기울이는 경향이 있다. 여기서 강조하고자 하는 바는 여기서의 유사성들이 더 깊어진다는 것이고, 중요한 차이점은 종종 예상되는 것과는 다른 것이라는 사실이다. 예술과 과학 간의 차이점은 감정과 사실, 직관과 추리, 즐거움과 신중, 합성과 분석, 감각과 사고, 구체성과 추상, 열정과 행동, 매개와 직접성, 혹은 진실성과 아름다움 간의 차이점이 아니라, 상징들이 지닌 어떤 특수한 특징들이 잠재되어 있다는 것의 차이점이다.

이러한 재개념의 함축은 철학을 초월할지도 모른다. 우리는 예술들과 과학들에 필요한 재능과 훈련이 서로 얼마나 대조를 이루며, 심지어 얼마나 모순이 되는지에 대해서 상당히 많이 들었다. 미학적 능력들을 발견하고 배양하는 수단을 고안하고, 테스트하기 위한 성실하고 공들인 노력들은 항상 시작과 함께 지속되고 있다. 그러나 이러한 이야기나 시도들 중 어떤 것도 결정적인 실험들을 고안하고 그 결과들을 해석하기에 적절한 개념적 틀 없이는 아무런 진전도 거둘 수 없다. 일단 예술들과 과학들이 어떤 특수한 방식들로 일치하고 상반되는 상징체계들과의 작업에 -발명하고, 적용하고, 판독하고, 변형시키고, 조작하는 작업들- 관계하고 있는 것처럼 보인다면, 우리는 그 적절한 기술들이 서로를 어떻게 금지시키고 어떻게 강화시키는지에 대한 강도 높은 심리학적 조사를 착수할 수 있을 것이다.

예를 들어, 우리의 예비 연구는 과학에 필수적인 어떤 과정들이 예술에 필수적인 어떤 것보다 서로에 대해 유사점이 덜하다는 사실을 시사해 주고 있다. 그러나 처음부터 알고 있는 결론들로 다시 한 번 가보자. 확고히 사용가능한 결과들은 그 필요성으로부터 아주 동떨어져 있다. 그리고 이 영역 안에서 그릇된 이치나 울려 퍼지는 평범한 이야기가 기본적인 실험과 주춤거리는 가설들에 그 자리를 내어 주어야 할 시간이 왔다.

심리학이나 교육을 위해서 실제적으로 어떤 결과들이 나타난다 할지라도, 그것은 어느 경우에서든 여기서 시작된 이론적 탐구의 부산물들로써 간주될 것이다. 결론적으로 이 글의 목표는 상징들과 상징체계들에 대해서, 그리고 그것들이 우리의 지각력들, 행동들, 예술들, 과학들, 그리고 우리 세계에 대한 기준과 이해 안에서 작용하는 방식들에 대해서 체계적인 연구를 하기 위해 몇 가지 제대로 된 조치를 취하는 것이었다.

제4부

예술 · 음악교육 연구와 평가

Chapter 9

예술 · 음악교육 연구 유형 - 질적연구 사례 -

예술은 예로부터 인간의 정신과 감정, 심령에 영향을 미치고, 그 자체로서 그것은 희망과 사랑을 또는 반대로 슬픔과 고뇌에 찬 분노를 마주하게끔 증폭시키거나 혹은 도덕적 위안이 되는 메시지를 전달하기도 한다.

그런가 하면 예술은 과거와 현재를 이어주는 대화의 통로이자 미래에 새롭게 탄생할 조직체의 이상과 신념을 전달할 수도 있다. 그러므로 예술은 바로 이러한 효과 때문에 강한 힘을 지니고 있어, 그것의 양산과 교육을 연구하고 펼치는 데는 심오한 경지에 이르지 않으면, 자칫 위험할 수도 있다고 본다. J. 바아전은 "예술은 마력이다"라는 말 그자체가 품고 있는 많은 가능성에 대해 그의 저서 《예술의 효용과 남용》에서 우리에게 일찍이 경고의 말을 암시하였다. 즉, 예술에서의 기존요소인 색채와 선, 그리고 낱말과 음이 주어졌다 할지라도 우리는 예술적 체험을 통해서 이들의 솜씨 있는 배합들 모두가 우리를 감동하게 하는 것은 아니며, 아주 특정한 경우만이 그러하다는 것을 말이다. 그러므로 예술을 신비로운 마력에 비유하고 그 가치를 최고의 우위에 두고 예술가의 지위를 최상의 창조자로 일컫는 그의 과찬에 가까울 만한 주장에 우리는 짐짓 어깨를 으쓱일 정도의 만족한 미소를 짓게도 된다.

그러나 정작 미술, 음악, 무용 등의 장르에서의 활동을 생동감 있게 정확히 문서화하거나 지도계획안을 짜기에는 그리 쉬운 일이 아님을 토로하게 된다. 비록 각각의 부문에서 지도경력이 적게는 몇 년에서 십년 이상씩 경험해 왔다 하더라도 자신의 교수법이나 지도상황을 연구하여 검증 평가를 받아 논문을 써내야 하는 일을 당면한다면, 어디서부터 무엇을 어떻게 시작하고 계획해서 단계별로 진행하여 완성해 가야 할지 크나큰 걱정에 시달리게 됨이 사실이다. 이러한 현상은 지극히 정상적인 상황이며 누구나 겪는 트라우마로써 시작부터 완성지어 심사를 거쳐 통과의 소식을 듣기까지의 과정은 마치 아이를 잉태하여 열 달 정도의 심려와 숙고기간을 거쳐 귀여운 아기의 탄생을 기다리고 맞이하는 숭고하고 엄숙한 과정이나 어떠한 관례 의식과도 같다. 논문연구에 있어서 질적 연구를 추구한다면 철학 속에서 연구 문제를 제기하고 질문을 설정하고 그 질문에 대한 해결안을 구해야 한다고 학자들은 조언한다. 이때 해답을 어떻게 찾아야 하는지에 대한 내용은 바로 연구의 방법이 되기도 한다. 이때 어떠한 검증의 방법으로써 연구자가 처음 자신의 철학적 질문에 대한 결과를 낼지에 대해 처음 디자인 발표 때 가, 부를 평가 심사해서 알게 되는 것은 그리 당황스러운 장면은 아니다. 왜냐하면 완성된 논문제출 후 2차 심사 때에 자신의 서론에서 주장한 철학적 배경과 결론이 어긋남을 지적받고 부당한 처사에 비애를 느끼는 시점보다는 훨씬 나은 상황으로 여겨지기 때문이다.

이러한 근거로 볼 때 예술분야의 연구자가 처음 논제에 대한 결정을 할 때에 무엇보다 선행되어야 할 일은 철학적 가정에 대한 생각을 먼저 해야 한다는 것이다. 다분히 자신의 경험과 현실에 비추어 가장 절실하고 우선적인 문제가 어디에 있는지를 생각해보고, 적어도 십년 후까지 쓰이고 필요할만한 가치를 지닐 수 있는 논문의 완성에 대한 집념으로써 지속적인 탐구를 해나가도록 해야 한다. 미국의 교육심리학자인 John W. Creswell 박사는 질적인 연구방법을 위한 다섯 가지 접근법을 다음과 같이 정의하였다. 즉, 내러티브식, 현상학, 근거이론, 문화기술지, 사례연구 등이 그것이며, 그중 어느 것을 정하든지 연구자들의 사전지식과 다양한 정보에 따른 자료의 선택과 접근으로써 연구에 대한 탐구 전략을 진행하게 된다.

다음에 제시될 다섯 가지 연구 논문의 예는 위와 같은 접근법으로 각기 연구를 진행한 내용으로써 관심을 촉구해 볼 여지가 있다.

첫 번째, '내러티브식' 스토리텔링을 활용한 피아노지도 방안 연구는 이경라에 의해서 만 5세부터 만 7세 아동을 중심으로 2015년 진행된 연구논문 방안이다.

두 번째는 '현상학적인 주제'로써 김으뜸의 2019년 음악학원 교사들에 대한 직무 만족도에 대한 연구이다. 특별히 연구방법으로 인터넷 설문조사 및 통계 분석을 사용한 예로 소개한다.

세 번째로는 '근거이론연구'는 2014년 정은욱의 중학교 미술교과에서의 평가수업 방법인 Art Propel을 소개한다.

네 번째로 '문화기술지'방면은 이성희에 의해서 2017년 진행된 한국 유아 뮤지컬의 특징 연구를 소개한다.

마지막 다섯 번째로는 '사례연구'로써는 문수나에 의해 2015년 진행된 피아노테크닉의 이미지화 지도 연구안을 브람스의 「Klavierstücke op.119」을 통하여 어떻게 이를 어린 학생들에 가르치는가를 소개한다.

본서의 제2부 연구논문의 종류와 방법에서와 특히 제4장 3절에서는 이미 과학적 연구와 질적인 연구에 관하여 살펴보았다. 그중 사회현상 연구는 오늘날 우리 연구자들이 치중하고자 하는 질적연구의 방법에 대하여 John W. Creswell이 그의 저서 <질적연구 방법론: 다섯 가지 접근(Qualitative Inguiry & Research Design: Choosing Among Five Approaches)> 제 3판(2013)에서 그의 입장을 다음과 같이 밝혔음에 주목해야 한다. 즉, 질적 탐구가 양적 연구에 양해를 구하거나 비교함이 없이 그 자체로 사회적이며 합법적인 인문과학적 탐구의 방식을 제시한다는 주장이다.

그러기 위해서는 질적연구의 밑바탕을 이루는 철학적 가정으로부터 문제를 이해하고 연구 발표하는 것이 마당하다는 견지이다. Creswell이 정설한 질적연구의 다섯 가지 타입은 바로 존재론적, 인식론적, 가치론적, 방법론적인 철학적 가정에 대한 질문과 그에 대한 실천에 놓여짐을 의미한다. 이러한 철학적 가정들을 중심에 두고 그 질문과 해답을 추구하는 것은 어찌 보면 연구자의 연구의 향방을 정하는 길잡이 노릇을 하게 되며, 한 발 더 나아가 연구방법이나 절차를 계획하는 기초를 마련하는 것이라고 본다. 이로써 질적연구의 다섯 가지 연구 타입과 근접한 내용으로써 예술 · 음악교육분야의 국내 대학원 석사학위논문 중 2014년부터 2019년에 진행된 논문연구물을 다루고자 한다. 구성 내용은 숙명여자대학교 사회교육대학원과 문화예술대학원의 피아노 교수학 전공의 졸업생 4명과 홍익대학교 교육대학원 미술교육과의 졸업생 1명의 연구사례를 통하여 그 내용을 부분적으로 발췌하거나 요약하였다.

사례연구1: 내러티브식, 스토리텔링을 활용한 피아노지도 방안 연구
- 만 5~7세를 중심으로 -

숙명여자대학교 사회교육대학원 피아노 페다고지전공
이경라(2014)

질적인 연구의 방법에 있어서 첫 번째로 내러티브 연구를 진행하고자 한다면 제일 먼저 연구를 어떻게 해야 하며 그 절차는 어떠한 방식으로 해야 할지를 결정해야 한다.

1) 내러티브 형식을 구성하는 6가지 요소들은 다음과 같다.
   (1) 요약이나 혹은 이야기의 핵심이다.
   (2) 방향 (시간, 장소, 개인적 특성, 상황)
   (3) 복잡한 행위 (사건의 연속, 위기나 전환점에 의한 통상적 줄거리)
   (4) 평가 (어디에서 화자가 의미나 감정에 대해 진술하는지)
   (5) 해결 (줄거리의 결과)
   (6) 종결 (이야기를 끝내고 그것을 현재로 가져오는 것)

이와 같은 내러티브 글쓰기를 위한 전략은 크게 나눠볼 때 다음의 두 가지로 볼 수 있다.

첫째, 내러티브 글쓰기는 어떤 목소리를 침묵하게 하는 것이 아니라, 다른 것보다 특정한 목소리에 대해 더 많은 공간을 제공하는 것이다.

둘째로 대화의 사용 -연구자와 참여자 사이에서의 대화 같은- 을 포함한다. 이때 대화는 연구에서도 종종 나열대고 어떤 경우에는 내러이터의 언어나 기타 다른 언어로도 제시된다(음악이나 효과음들 포함).

다음은 이경라의 스토리텔링을 활용한 피아노지도 방안 연구의 사례 내용을 요약하였다.

3. 유아 및 아동의 피아노 지도 시 스토리텔링의 활용(이경라 논문 pp.22~32)

1) 피아노 지도 시 스토리텔링 활용방법

유아 및 아동에게 피아노 지도 시 주입식 레슨 방법을 제한하고 스토리텔링을 통해 학습자의 흥미와 집중력을 높여 학습내용 이해도를 향상시킬 수 있는 방안을 모색하고자 한다. 바로 피아노 연주에 들어가기에 앞서 악곡에 관련된 다양한 내용을 흥미로운 이야기로 재구성하여 들려준다. 이 방식은 어린 학습자에게 수업 내용을 단순히 주입시킨다는 의미보다는 이야기를 통해 자연스럽게 학습내용을 이해하게 하고 적극적인 수업 참여를 유도하게 한다. 피아노 지도에 궤적인 스토리텔링 활용방법은 아래와 같다.

첫째, 피아노 연주에 필요한 개념 이해를 위해 활용할 수 있다.

유아는 음악적 표현능력에 비해 음 개념 형성 시기가 먼저 이루어지며 형성된 개념이 자연스레 표현되기까지는 상당한 시간이 필요하다. 따라서 개념 형성을 돕고 효과적으로 이해시키기 위해서는 스토리텔링의 활용이 필요하다. 지도하고자 하는 제재 곡과 관련 된 학습 내용을 소재로 스토리를 만든 후 동화, 그림, 인쇄물, 음원 등의 수단을 통해 스토리텔링 한다. 특히 유아 및 아동에게 친숙한 동화의 활용은 학습자의 흥미와 호기심을 유발하고 상상력을 자극할 수 있다. 또한 스토리텔링은 감상 과정에서 음악의 내용을 자연스럽게 이해할 수 있어 작곡가의 의도를 더욱 잘 파악하게 하고 음악에 쉽게 다가가 반응할 수 있게 도와준다. 유아 및 아동이 다가가기 힘든 작품의 시대적 배경과 주제, 작곡가의 의도, 음악 지시어를 흥미로운 이야기로 풀어 설명하면 보다 쉽게 이해하고 선율로 표현하기 한결 편해질 것이다. 음악 지시어 중 셈여림 지도에 스토리텔링을 활용한 예는 <표 4>와 같다.

〈표 4〉 셈여림의 스토리텔링 활용

지식/정보	pp(피아니시모 - 매우 여리게), p(피아노 - 여리게) mp(메조피아노 - 조금 여리게), mf(메조포르테 - 조금 세게) f(포르테 - 세게), ff(포르티시모 - 매우 세게)
스토리텔링1	코끼리는 몸집이 아주 큰 동물이에요. '쿵!쾅!쿵!쾅' 생쥐는 코끼리가 걸어오는 소리에 깜짝 놀라 들고 있던 치즈를 놓쳐 버렸어요. 데굴데굴 땅에 떨어진 치즈는 코끼리의 발에 밟혀 버리고 말았습니다. "코끼리야, 발 좀 들어 주겠니?"하고 생쥐가 소리쳤지만 목소리가 너무 작았기 때문에 코끼리는 들을 수 없었답니다. (포르테(f)는 코끼리, 피아노(p)는 생쥐로 비유한다.
스토리텔링2	신이 난 아기 다람쥐는 데굴데굴 도토리를 굴리며 놀고 있어요. 잠시 후, 도토리를 굴리던 아기 다람쥐는 깜짝 놀랐어요! 아기 다람쥐: "이상하다, 어떻게 된 일이지?" 아기 다람쥐가 굴리며 놀던 도토리는 감쪽같이 사라지고 큰 공 하나가 나타났어요. 교사: "사실 이 큰 공은 아기 다람쥐가 굴리던 도토리에 흙과 낙엽이 뭉쳐져 커다랗게 된 것이에요. 작은 눈덩이를 굴려 큰 눈사람을 만들어본 적 있나요?" pp < p < mp < mf < f < ff - 1 < 2 < 3 < 4 < 5 < 6 (점점 커지는 눈덩이를 점진적 셈여림에 비유한다.)

둘째, 감상을 통해 정서교육에 활용할 수 있다.

정서는 사람의 마음에 일어나는 여러 가지 감정을 일컫는다. 감정은 음악의 이해와 표현력에 밀접한 관련이 있으며 중요한 요소이다. 스토리텔링은 감정을 불러일으키는 효과적인 도구로 활용할 수 있는데 이때 스토리를 통해 가지게 되는 감정의 정도는 얼마만큼 스토리가 정교하게 잘 만들어져 있는지에 달려 있다. 음악은 그 자체만으로 무한한 스토리텔링의 요소를 내제하고 있으며, 듣는 이로 하여금 시간과 공간의 한계를 극복하게 하고 정서 작용을 활발하게 하여 삶에 여유로운 이완작용을 한다. 이때 학습자는 제재곡과 관련된 이야기의 감상을 통해 작품에 관련된 심미적 체험을 하게 되며 텍스트를 가지고 있는 스토리를 요약하고 재구성하여 행동으로서 그 변화를 표현시키는 과정을 겪는다.

셋째, 곡의 느낌과 감정의 표현을 유발하는데 활용할 수 있다.

스토리텔링은 이야기 감상 과정을 통해 주인공의 경험이야기를 듣는 것을 통해 학습자의 경험에 감정이입이 되는 동일화 작용을 할 수 있게 된다. 이로써 연주에 필요한 음악적 환경조성을 스토리텔링 활용 지도로써 악곡에 유사한 간접경험을 통한 감정이입과, 동기화시키는 과정에서 정작 연주 시 적절한 감정표현을 이끌어 낼 수 있다.

넷째, 신체 활동인 피아노 테크닉 향상에 활용할 수 있다. 음악감상 활동을 유익하고 흥미로운 스토리텔링 지도법을 활용하면 아직 음악적 개념 확립이 어려운 유아 및 아동에게는 연주에 필요한 테크닉적 이미지를 먼저 상상하게 한 후에 손으로 표현할 수 있도록 유도하면 테크닉의 향상에 도움이 된다는 견지이다.

스토리텔링 활용 피아노 지도 시 교사가 유의할 점들은 다음과 같다.

첫째, 수업 시작 전 학습자들의 의견을 반영해 배역을 정하고 사전 대사 연습을 실시한다. 동화 구연 시 교사와 학습자의 역할 분담으로 스토리텔링이 이루어지는데 이때 비록 짧은 대사일지라도 충분한 설명과 연습을 통해 적극적인 참여를 유도한다.

둘째, 음악 감상 시 되도록 지시나 제약을 배제하여 자유로운 상태로 듣게 한다. 감상은 학습자 스스로 재미를 느끼는 것에서 시작되어야 하기 때문이다.

셋째, 음악을 자연스럽고 편안하게 느낄 수 있게 만들어야 한다. 어린 학습자들에게는 음악이 어렵고 표현하기 힘든 것으로 받아들여질 수 있다. 스토리텔링을 통해 학습자의 주의를 집중시키고 대화를 나누며 다양한 방법으로 이야기를 진행한다면 학습자의 능동적인 수업 참여와 음악에 대한 바른 이해를 유도할 수 있다.

넷째, 학습의 효율을 더욱 높이기 위해 학부모와 학습내용을 교류하여 협조를 적극 요청한다. 수업 후 부족한 점이 있다면 가정에서 피아노 연습을 하거나 동화를 읽는 등 보충학습이 이루어질 수 있도록 연습 방법과 유의사항을 전달한다.

4. 스토리텔링을 위한 피아노 교수-학습지도안

1) 음악동화 스토리텔링 학습지도안

본 학습지도안은 기초수준의 만 5~7세 학습자를 대상으로 총 6차시, 40분 그룹수업으로 계획하였으며, 기존에 출판되어 있는 음악동화를 활용하여 작곡가의 배경과 작품 내용을 흥미로운 이야기로 구성한다. 음악동화 스토리텔링을 통해 어린 학습자들의 제재 곡 이해를 돕고, 감상 활동 후에 주제 선율을 연주하여 심미적 체험을 할 수 있도록 유도하는 것이 목표이다.

제제 곡은 1,2차시 하이든(F. J. Haydn 1732-1809)의 《놀람 교향곡》2악장 그리고 3,4차시 베토벤(A. v. Beethoven 1770-1827)의 《합창 교향곡》 4악장 그리고 5,6차시 비발디(A. Vivaldi 1678-1741)의 《사계》중 '봄' 1악장, '가을' 1악장이며 스토리텔링 후 피아노 지도에는 각 주제를 초급 수준에 맞추어 편곡된 악보를 사용하였다. 교사와 학습자가 효율적으로 소통하기 위해 스토리텔러의 역할 분담으로 함께 이야기를 전달할 수 있도록 구성하였으며, 교사는 수업 전 제재 곡에 대한 충분한 이해를 하고 주입식 활동의 진행은 피해야 한다. 감상 곡의 길이가 너무 길면 학습자가 지루 할 수 있으므로 감상하기 적합한 부분을 편집, 요약하여 들려준다. 또한 지도 후 미흡한 부분에 대해서는 숙제를 제시하여 연습이 보충될 수 있도록 하며 학부모와 공조체제로써 수업내용을 알림과 동시에 스토리 읽기와 음악 감상 등 사전 예행연습을 요청한다면 지도 효과를 더욱 향상시킬 수 있을 것이다.

(1) 하이든의 《놀람 교향곡》 2악장 지도안

〈표 8〉 음악동화 스토리텔링 1차시 지도안

<table>
<tr><td>제재곡</td><td colspan="7">하이든의 ‘놀람 교향곡’ No.94 사장조 2악장.</td></tr>
<tr><td>목표</td><td colspan="7">・하이든의 생애를 듣고 ‘놀람 교향곡’ 2악장을 감상한다.
・작품의 배경과 주선율의 특징을 이해한다.</td></tr>
<tr><td>대상</td><td>만 5세-7세</td><td>급수</td><td>초급</td><td>준비물</td><td>감상기기, 음반교재, 동화책.</td><td>차시</td><td>1/6</td></tr>
<tr><td rowspan="2">과정</td><td colspan="5">교수 - 학습 활동</td><td rowspan="2">비고</td><td rowspan="2">시간</td></tr>
<tr><td colspan="2">교사</td><td colspan="3">학습자</td></tr>
<tr><td>도입</td><td colspan="2">・하이든을 간단히 소개한다.
・ ‘놀람 교향곡’ 2악장을 감상한다.</td><td colspan="3">・작곡가 소개를 듣는다.

・음악을 들으며 감상소감을 이야기한다.</td><td>자유롭게 발표하도록 유도한다.</td><td>10</td></tr>
<tr><td>전개</td><td colspan="2">・<표 8-1>을 활용하여 하이든의 생애, 배경, ‘놀람 교향곡’을 스토리텔링한다.
・감상을 통해 작품의 주제와 선율, 특징을 느껴본다(‘놀람 교향곡’이라는 별명을 얻게 된 결정적인 악곡 부분을 찾을 수 있게 한다).</td><td colspan="3">・동화 구연에 참여하며 동화 내용을 이해한다.
・곡을 들으며 주요 선율을 찾아본다.
(‘놀람 교향곡’이라는 별명을 얻게 된 부분을 생각하며 2악장을 감상한다.)</td><td>각자의 느낌이 존중될 수 있도록 지도한다.</td><td>25’</td></tr>
<tr><td>정리 및 차시 예고</td><td colspan="2">・오늘 배운 내용 정리.
・다음 시간에 연주할 악보 소개.</td><td colspan="3">숙제: 다음 시간에 연주할 악보의 계이름을 읽어 온다.</td><td>가정용 동화 구연 자료를 전달한다.</td><td rowspan="2">5’</td></tr>
<tr><td>평가</td><td colspan="6">- ‘놀람 교향곡’의 일화를 설명할 수 있는가?
- ‘놀람 교향곡’ 2악장의 선율을 구분할 수 있는가?</td></tr>
</table>

〈표 8-1〉 음악 동화 스토리텔링 1차시 중 동화구연 (이경라 논문중 p.34)

역할	교사: 해설, 하이든	학습자: 귀부인1, 2, 3, 관객1
(가정지도시)	(학부모: 교사, 해설을 포함한 나머지)	(학습자: 1 - 2개의 역할 선택)

교 사: "이 사람이 누구일까요?" (책에 그려진 하이든을 보여준다)
학습자: (예; "하이든이요", "옛날 사람이요" 혹은 "작곡가요")

교 사: 우리 친구들의 대답도 멋진 생각이지만 그림 속에 있는 사람은 '하이든'이라고 해요. 지금부터 하이든의 이야기를 들려줄게요.
우리 친구들도 동화 속의 주인공으로 멋지게 참여할 수 있나요?
학습자: (예; "네!")

해 설: 아주 먼 옛날, 오스트리아의 작은 마을에서 하이든이 태어났어요. 아버지는 음악을 좋아하는 목수셨고, 어머니는 노래하기를 즐기는 요리사였어요. 하이든은 음악을 사랑하는 부모님 덕분에 어려서부터 늘 음악과 가까이 지낼 수 있었습니다.

교 사: "하이든은 삼촌에게 노래와 여러 가지 악기를 배웠어요. 과연 몇 살 때부터 음악 공부를 시작했을까요?"
학습자: (예; "6살이요", "7살 때 시작했어요.", "저는 5살이요")
교 사: "정답은 5살이에요. OO이가 맞췄네요? 박수!"
그리고 하이든은 교향곡을 아주 많이 작곡해서 교향곡의 아버지라는 별명이 있어요. 몇 곡이나 만들었을까요?
학습자: (예; "10개요", "50개요", "100개요", "1000개요")
교 사: 무려 106곡이나 작곡했어요. 뿐만 아니라 피아노, 바이올린 곡 등 여러 종류의 작품을 만들었습니다. 정말 대단하지요?

해 설: 수많은 하이든의 곡 중 오늘 우리가 감상할 곡은 놀람 교향곡이에요. 장난기가 많은 하이든은 언제나 재미있는 공연을 준비했다고 합니다. 덕분에 하이든의 공연에는 늘 많은 귀부인들이 찾아왔어요.

귀부인1: <u>"나 같은 사람에겐 음악 감상이 딱이지"</u>
귀부인2: <u>"짜잔! 이번에 새로 산 다이아 목걸이에요. 예쁘죠?"</u>
귀부인3: <u>"저는 이 반짝이는 보석 드레스를 새로 샀어요."</u>
관 객1: <u>"거참, 연주가 시작했는데 조용히 좀 합시다."</u>

사례연구2: 현상학, 피아노학원 규모가 교사의 직무 소진이나 직무 만족에 미치는 이중매개 효과 연구

숙명여자대학교 문화예술대학원 예술교육과 피아노 페다고지전공
김으뜸(2019)

현상학에 대한 연구는 Moustakas(1994)에 의하면 구성 및 절차에 있어서 명확히 구분되도록 분석단계들을 제공한다. 즉, 그 단계들을 살펴보면 먼저 구체적 진술을 확인하고 의미 단위를 만들어 내며, 주제를 군집으로 나누며, 텍스트에 기초한 기술과 구조적 기술을 발전시키고 나서는, 경험의 불변하는 본질적 구조로써 철저히 기술하는 것으로 끝맺는 것을 제시한다. 다음은 김으뜸의 인터넷 활용 설문조사 결과를 바탕으로 한 연구 내용을 요약 게재하였다.

Ⅲ. 연구방법

1. 연구대상 및 자료수집 절차

본 연구는 서울 소재 피아노 교사를 대상으로 2019년 3월 9일부터 3월 31일까지 구글(Google) 설문지를 통해 진행하였다. 설문에는 성별과 연령, 학력, 교습경력을 포함한 인구통계학적 정보와 근무 학원의 규모, 직무 소진 질문지, 사회적 유대감 질문지, 직무 만족 설문지가 포함되어

있었다. 구글 설문지 링크는 총 110명에게 전송하였으며, 이 중 102명이 설문에 응답하였다(회수율: 92.7%). 그 데이터를 분석에 사용하였다.

2. 측정 도구

1) 직무 소진

직무 소진을 측정하기 위해 신강현[1)]이 타당화한 직무 소진 척도(MBI-GS) 문항을 사용하였다. 직무소진 척도는 '직장을 마치고 퇴근 시에 완전히 지쳐 있음을 느낀다', '내가 맡은 일을 하는데 있어서 소극적이다' 등과 같은 문항으로 구성되어 있다. 조사 대상자들은 각 진술문에 대하여 얼마나 동의하는지를 리커트(Likert) 7점 척도(1 = 전혀 그렇지 않다, 7 = 매우 그렇다)로 응답하였다. 이는 직무 소진 척도의 점수가 높을수록 자신의 직무에 있어 직무 소진 정도가 높은 것을 의미한다. 본 연구에서 직무 소진의 내적 일치 신뢰도 계수(Cronbach's α)는 .902이었다.

2) 사회적 유대감

사회적 유대감을 측정하기 위해 Lee와 Robbins(1995)가 개발한 사회적 유대감 척도(The Social Connectedness and the Social Assurance Scale)를 Lee, Draper 그리고 Lee(2001)가 사회적 유대감을 다시 개념화하여 개정하였으며 이를 전명임, 이희경[2)]이 번안한 한국판 사회적 유대감 척도를 사용하였다. 사회적 유대감 척도는 '나는 사람들과 친밀하다고 느낀다', '나는 내가 알고 있는 사람들로부터 이해받는다고 느낀다'와 같

---

1) 신강현. 일반직 종사자를 위한 직무 소진 척도 (MBI-GS)에 대한 타당화 연구. 「한국심리학회지: 산업 및 조직」, 16(3), pp.1-3.
2) 전명임, 이희경, 「다차원적 완벽주의와 우울, 주관적 안녕감 간의 관계: 사회적 유대감의 매개 효과. 인간 이해」, 2011, pp. 67-68.

은 문항으로 구성되어 있다. 조사대상자들은 각 진술문에 얼마나 동의하는지를 Likert 7점 척도(1 = 전혀 그렇지 않다, 7 = 매우 그렇다)로 응답하였으며, 사회적 유대감 척도의 점수가 높을수록 사회적 유대감을 느끼는 정도가 높다는 것을 의미한다. 본 연구에서 사회적 유대감의 내적 일치 신뢰도 계수(Cronbach's α)는 .748이었다.

3) 직무 만족

직무 만족을 측정하기 위해 Brayfield와 Rothe의 직업 만족 지표(Job Satisfaction Index)를 토대로 Judge, Locke, Durham 그리고 Kluger가 개발하였으며 장진이가 번안한 직업 만족 척도를 사용하였다. 직업 만족 척도는 '나는 내가 하는 일에 꽤 만족하고 있다', '대부분의 경우 나는 내 업무에 열성적이다'와 같은 문항으로 구성되어 있다. 조사 대상자들은 각 진술문에 얼마나 동의하는지 Likert 7점 척도(1 = 전혀 그렇지 않다, 7 = 매우 그렇다)로 응답하였으며, 점수가 높을수록 직무 만족 수준이 높다는 것을 의미한다. 본 연구에서 직무 만족의 내적 일치 신뢰도 계수(Cronbach's α)는 .769이었다.

3. 분석 방법

본 연구의 가설을 검증하기 위해 다음의 분석 방법을 사용하였다.

첫째, SPSS 22.0을 사용하여 연구대상자들의 인구통계학적 특성을 파악하였으며, 연구에 사용된 각 변인의 측정 문항에서 내적 일치 신뢰도 계수(Cronbach's α)를 확인하기 위해 신뢰도 분석을 실시하였다.

둘째, 연구에 사용된 변인들 간 관계성을 파악하기 위해 SPSS 22.0을 사용하여 기술통계분석과 상관분석을 실시하였다.

셋째, 근무 학원의 규모와 직무 만족 간 관계에서 직무 소진, 사회적 유대감의 매개효과를 검증하기 위해 Hayes(2013)가 제안한 프로세스 매크로(PROCESS Macro)를 통한 부트스트랩(Bootstrap) 검증을 실시하였다.

Ⅳ. 연구결과

1. 연구대상의 인구통계학적 특성

연구대상자의 인구통계학적 특성을 <표 6>에 제시하였다. 연구대상자의 인구통계학적 특성을 살펴보면, 연구대상자 102명 중 여성이 100명(98%)으로 남성보다 여성이 압도적으로 많았다. 연령은 20대가 55명(53.9%)으로 가장 많았으며 30대는 37명(36.3%), 40대 이상은 10명(9.8%)이었다. 학력은 전문대학 졸업자 7명(6.9%), 4년제 대학 졸업자 72명(70.6%), 대학원 이상 졸업자 23명(22.5%)이었다. 교습경력은 1년 미만 경력자는 6명(5.9%)으로 가장 적었으며, 1~3년 경력자는 18명(17.6%), 3~5년 경력자는 18명(17.6%), 5~10년 경력자는 31명(30.4%)으로 가장 많았으며, 10년 이상 경력자는 29명(28.4%)로 두 번째로 많았다. 근무 학원의 수강생 규모는 30명 미만 규모가 38명(37.3%), 30~49명 규모는 25명(24.5%), 50~99명 규모는 27명(26.5%), 100명 이상 규모는 12명(11.8%)이었다.

〈표 6〉 연구 대상자의 인구통계학적 특성

인구통계변인	구분	빈도(명)	백분율(%)
성별	남성	2	2.0
	여성	100	98.0
연령	20대	55	53.9
	30대	37	36.3
	40대 이상	10	9.8
학력	전문대학 졸업	7	6.9
	4년제 대학 졸업	72	70.6
	대학원졸 이상	23	22.5
교습경력	1년 미만	6	5.9
	1~3년	18	17.6
	3~5년	18	17.6
	5~10년	31	30.4
	10년 이상	29	28.4
근무 학원 수강생 규모	30명 미만	38	37.3
	30~49명	25	24.5
	50~99명	27	26.5
	100명 이상	12	11.8
N=102 (연구대상자 102명)			

2. 측정 변인들의 기술 통계치 및 상호상관

가설 검증에 앞서 본 연구에 사용된 변인들 간의 관계성을 확인하기 위해 기술통계분석과 상관분석을 시행하였으며 <표 7>에 측정 변인들의 평균, 표준편차, 상호상관을 제시하였다.

분석 결과, 근무 학원의 학습자 수는 직무 소진($r=.256$, $p<.01$)과 통계

적으로 유의한 정적 상관[3)]이 있었다. 또한 직무 소진은 사회적 유대감(r=-.197, p<.05)과 부적 상관이 있었으며 직무 만족(r=-.420, p<.01)과도 상관이 없는 것으로 나타났다. 사회적 유대감과 직무 만족(r=.271, p<.01)은 서로 연계가 있는 것으로 나타났다.

〈표 7〉 측정 변인들의 기술 통계치 및 상호상관

변인	M	SD	1	2	3	4	5	6	7	8
1. 성별	-	-	-							
2. 연령	31.07	6.98	.001	-						
3. 학력	2.16	.52	-.093	-.049	-					
4. 교습경력	3.58	1.23	.066	.428**	-.019	-				
5. 근무학원 규모	2.13	1.05	.017	.015	.054	.148	-			
6. 직무 소진	3.83	1.11	-.122	-.112	-.037	-.011	.256**	(.902)		
7. 사회적 유대감	5.15	.91	-.093	.147	.069	.055	.193	-.197*	(.748)	
8. 직무 만족	4.95	1.06	.020	.078	.128	-.110	-.149	-.420**	.271**	(.769)

N=102, *p<.05, 두 변인 사이의 상관관계가 우연일 확률이 0.05% 미만이라는 의미이다.
**p<.01, 두 변인 사이의 상관관계가 우연일 확률이 0.01% 미만이라는 의미이다.

주 1. 괄호 안은 변인 측정도구의 내적 일치 신뢰도 계수를 나타냄

주 2. 1)성별: 남자=1, 여자=2; 2)학력: 전문대학 졸업=1, 4년제 대학 졸업=2, 대학원졸 이상=3;
3)교습경력: 1년 미만=1, 1~3년=2, 3~5년=3, 5~10년=4, 10년 이상=5;
4)근무학생규모: 30명 미만=1, 30~49명=2, 50~99명=3, 100명 이상=4로 코딩함.

3) 상관관계는 -1부터 +1 사이의 값으로 나타나며, relation의 앞 글자를 따서 r로 표기한다. 음악점수와 미술점수 사이의 상관관계가 0.3이라는 것의 의미는 음악점수가 1점 증가할 때 미술점수가 0.3점 증가한다는 의미이다. 이렇게 두 가지 변인의 관계가 양의 방향으로 나타나는 것을 정적 상관이라고 부른다.

근무 학원의 학습자 수와 직무 소진($r=.256$, $p<.01$)이 정적 상관이 있다는 것은 학습자 수가 커질수록 직무 소진이 증가한다는 의미이다. 직무 소진과 사회적 유대감($r=-.197$, $p<.05$)이 부적 상관을 가진다는 것은 직무 소진이 증가할수록 사회적 유대감은 감소한다는 의미이다.

3. 매개 효과 분석을 통한 가설 검증

근무 학원의 규모와 직무 만족 간 관계에서 직무 소진, 사회적 유대감의 이중 매개 효과를 검증하기 위해 Hayes(2013)가 제안한 프로세스 매크로(PROCESS Macro)를 통한 부트스트랩(Bootstrap) 검증을 실시하였다. 부트스트랩 검증은 표본분포에 대하여 어떠한 가정을 하지 않으며, 때문에 Baron과 Kenny(1986)의 위계적 회귀분석이나 Sobel-test(1982)가 가지고 있는 약점을 극복해주는 대안적인 검증이다. 이 방법은 매개 변수가 2개 이상일 때, 또는 연구모형이 복잡할 때 하나의 모형에서 동시에 추정할 수 있게 해준다. 이는 검증을 위한 여러 절차를 한 번에 검증할 수 있다는 장점이 있다.

가. 근무 학원 규모와 직무 만족에서 직무 소진과 사회적 유대감의 이중 매개 효과 검증

우선 근무 학원의 규모와 직무 만족 사이의 직무 소진과 사회적 유대감의 매개 효과를 알아보기 위하여 이중 매개 모형 분석을 4단계의 위계적 회귀분석을 실시하였다. 인구통계학적 변인(성별, 연령, 학력)을 통제한 후 분석한 결과를 <표 8>에 제시하였다.

회귀 모형은 1단계($F=1.212$, $p>.05$)는 통계적으로 유의하지 않게 나타났다. 2단계($F=2.536$, $p<.01$), 3단계($F=2.941$, $p<.05$), 그리고 4단계($F=4.096$, $p<.001$)는 통계적으로 유의하게 나타났다. 회귀모형의 설명력

은 1단계에서 5.9%(수정된 R제곱은 1%), 2단계에서 11.7%(수정된 R제곱은 7.1%), 3단계에서 15.7%(수정된 R제곱은 10.3%), 4단계에서 23.4%(수정된 R제곱은 17.7%)로 나타났다. 한편 Durbin-Watson 통계량은 1.871로 1에서 3사이의 값을 보여 잔차[4]의 독립성 가정[5]에 큰 문제가 없는 것으로 평가되었고, 분산팽창지수(VIF; Variance Inflation Factor)[6]도 모두 10 미만으로 작게 나타나 다중공선성[7] 문제는 없는 것으로 판단되었다.

회귀계수의 유의성 검증 결과, 1단계에서는 근무 학원의 학습자 수(β =-.163, p>.05)의 영향이 통계적으로 유의하지 않았다. 이는 근무 학원의 학습자 수가 직무 만족에 직접적으로 영향을 미치지 않는 것을 의미한다. 2단계에서는 근무 학원의 학습자 수(β=.270, p<.01)가 1차 매개변수인 직무 소진에 긍정적인 영향을 미치는 것으로 나타났다. 3단계에서는 1차 매개변수인 직무 소진(β=-.242, p<.05)이 2차 매개변수인 사회적 유대감에 부정적인 영향을 미치는 것으로 나타났고, 독립 변수인 근무 학원의 학습자 수(β=.246, p<.05)가 2차 매개변수인 사회적 유대감에 긍정적인 영향을 미치는 것으로 나타나 독립 변수가 2차 매개변수인 사회적 유대감에 미치는 직접 효과도 유의미한 것으로 나타났다. 4단계로 독립변인인 근무 학원 규모(β=-.109, p>.05)가 종속 변인인 직무 만족에 미치는 직접 효과가 유의하지 않는 것으로 나타났으나, 직무 소진(β=-.341, p<.01)은 직무 만족에 부정적인 영향을 미치고 사회적 유대감(β=.212,

4) 잔차란 표본의 관측값과 회귀선과의 차이값을 의미한다.

5) 잔차의 독립성이란 표본의 관측값과 회귀선과의 차이값들 사이의 유의미한 상관관계가 없는 것을 의미한다.

6) 다중공선성을 판단하기 위한 지수로 10미만이어야 한다. 즉 본 연구에서는 학습자 규모 이외의 다른 요인이 직무소진이나 사회적 유대감과 강하게 연관되어 있는지 아닌지 확인하는 통계적 작업을 의미한다.

7) 다중공선성(multicollinearity)이란 독립 변수의 일부가 다른 독립 변수의 조합으로 표현될 수 있는 경우이다. 독립 변수들이 서로 독립이 아니라 상호상관관계가 강한 경우에 발생한다. 즉, 본 연구에서는 학습자 수 이외의 다른 요인이 직무 소진이나 사회적 유대감에 강하게 영향을 미치는지 아닌지를 의미한다.

p<.05)은 직무 만족에 정(+)적인 영향을 미치는 것으로 나타났다. 이러한 결과는 근무 학원 규모가 직무 만족에 미치는 영향 관계에서 직무 소진과 사회적 유대감이 이중 매개 및 완전 매개하고 있음을 보여준다.

〈표 8〉 근무 학원 규모와 직무 만족 사이에서
직무 소진과 사회적 유대감의 이중 매개 효과 검증

경로		B	S.E	β	t	F	R^2 ($adjR^2$)
1단계	근무 학원 규모 →직무 만족	-.165	.101	-.163	-1.641	1.212	.059 (.010)
2단계	근무 학원 규모 →직무 소진	.285	.102	.270	2.805**	2.536*	.117 (.071)
3단계	근무 학원 규모 →사회적 유대감	.213	.085	.246	2.503*	2.941*	.157 (.103)
	→직무 소진 사회적 유대감	-.199	.082	-.242	-2.417*		
4단계	근무 학원 규모 →직무 만족	-.111	.099	-.109	-1.123	4.096***	.234 (.177)
	직무 소진 →직무 만족	-.327	.095	-.341	-3.449**		
	사회적 유대감 → 직무 만족	.248	.115	.212	2.161*		
*p<.05, **p<.01, ***p<.001 두 변인 사이의 상관관계가 우연일 확률이 0.001% 미만이라는 의미이다.							

B	비표준화 회귀계수: 원래의 변수들의 측정값을 그대로 사용해서 추정한 회귀계수를 의미
S.E.	표준오차: 개별적인 값들이 회귀선에서 벗어나 있는 정도를 의미한다.
β	표준화된 회귀계수(standardized regression coefficient): 회귀계수의 상대적 중요도를 평가하는데 유용한 도구이다. 독립변수가 2개 이상이고 이 변수들이 상이한 척도로 측정되는 경우에 이러한 독립변수들 간의 상대적 중요성을 판단하기 위해 필요한 도구이다.
t	t-검증 값을 의미한다.
F	F검증 값을 의미한다.
R^2 $adjR^2$	설명량(%): 독립변인이 종속 변인을 설명하는 비율이다. 예를 들어, .30은 30%를 설명할 수 있다는 의미이다.

이는 학습자 수는 직무 만족이라는 변인을 6% 밖에 설명하지 못하지만, 학습자 수가 직무 소진을 거쳐 직무 만족을 설명하는 수준과 학습자 수가 사회적 유대감을 거쳐 직무 만족을 설명하는 수준은 23%나 됨을 보여준다.

〈표 9〉 SPSS 프로세스 매크로를 통한 매개효과 유의성 검증

변수경로	B	S.E.	LLCI	*ULCI*
근무 학원 규모 -> 직무소진 -> 직무만족	-.0917	.0435	-.2171	-.0266
근무 학원 규모 -> 직무소진 -> 사회적 유대감 -> 직무만족	-.0152	.0122	-.0566	-.0016
근무 학원 규모 -> 사회적 유대감 -> 직무만족	.0565	.0396	.0023	.1515

나. SPSS 프로세스 매크로를 통한 이중 매개 효과 검증

<표 9>은 분석 결과를 보여준다. 프로세스 매크로를 통한 간접효과 검증 결과, 모든 경로에서 신뢰구간 하한 값(LLCI; Lower Limit Confidence Interval)과 신뢰구간 상한 값(ULCI; Upper Limit Confidence Interval) 사이에 0을 포함하지 않으므로 직무 소진과 사회적 유대감의 매개 효과는 통계적으로 유의하다고 할 수 있다.

근무 학원 규모가 직무 소진에 영향을 미치고, 직무 만족에 영향을 미치는 매개 경로와 근무 학원 규모가 사회적 유대감에 영향을 미치고, 직무 만족에 영향을 미치는 매개모형이 통계적으로 유의하였다. 그리고 근무 학원 규모가 직무 소진과 사회적 유대감을 거쳐 직무 만족에 영향을 미치는 간접 효과 또한 통계적으로 유의하기 때문에 이중 매개 모형이 검증되었다. [그림 1]는 학원 규모가 피아노 교사의 직무 만족에 미치는 영향에 대한 직무 소진과 사회적 유대감의 이중 매개 효과를 보여준다.

사례연구3: 근거이론, Arts PROPEL을 적용한 중학교 미술과 교수-학습 및 평가방법에 대한 연구

홍익대학교 교육대학원 교육학과 미술교육전공
정은욱(2015)

근거이론의 연구자에게 가장 중요한 것은 이론을 제시하는 것이다. May(1986)에 의한 근거이론 연구절차는 다음과 같다.

첫째, 연구문제는 광범위하며, 자료수집과 분석기간 동안 여러 차례 바뀐다.

둘째, 문헌검토를 통해 "주요 개념을 제기하거나 가설을 제안하지도 않는다." 대신에 이러한 문헌검토는 현존 지식의 공백과 편견을 보여줌으로써 근거이론의 근거를 제시한다.

셋째, 방법론은 연구과정에서 서서히 전개되므로 초기에 이를 기록하기는 어렵다. 그러나 어디서나 시작하고, 표본과 자료수집 절차에 대한 언급은 할 수 있다.

넷째, 연구결과 부분에서는 이론적 구조를 제시하며 저자는 그 이론적 모형을 다른 연구에서도 지지함을 보여주기 위해 문헌을 참조하며 삽화나 인용 형식의 실제 자료의 단편들이 가치 있는 설명이 될 수 있다.

다섯째, 마지막 논의 부분에서 발견된 이론과 다른 지식의 관계나 후속 연구와 실천을 위한 이론의 함의를 논의한다.

다음은 정은욱의 Arts PROPEL을 적용한 중학교 미술과 교수-학습 및 평가방법에 대한 연구 내용의 요약을 살펴보고자 한다.

정은욱은 자신의 논문연구 '교육과정 선정에 있어서 "나"를 주제로 하였고 중학교 미술영역 중 미술사 및 미술비평의 중간 영역으로써 표현, 체험, 감상의 세 가지 면의 구성을 모색하면서 세부적으로는 4개의 소단원을 선정하여 재구성하였다.

<국문초록>

한국 공교육 미술교육 현장에서의 현재의 문제점에 대한 대안은, 해결방안으로서의 타당성을 가지기 위해 현 시대의 패러다임 내에서 설명 가능한 이론에 토대를 두어야 했다. 따라서 본 연구자는 연구의 이론적 토대를 미술교육에 대한 여러 관점들 가운데 포스트모더니즘의 패러다임과 맥을 함께하는 시각들에서 찾기로 했다. 이에 따라 본론에서 소개된 이론적 동향들은 인지혁명 이후의 미술교과에 대한 인지적 접근, 구성주의 이론, 미국의 미술교육학자 Arthur D/ Efland의 반 격자형 교육과정 모델(semi-lattice curriculum model) 및 미 하버드대 Howard Gardner 교수의 다중지능이론이다.

본론에서는 미국의 미술교과 수행평가의 성공적인 사례로 꼽히는 Arts PROPEL의 연구사례에 대해서도 자세히 다루었다. 다원성, 다양한 시각, 맥락과 배경을 포함한 대상의 이해가 강조되는 포스트모던 패러다임 시대의 평가는 모더니즘 패러다임 내의 평가와 같이 단편적이고 결과 중심적인 것이어서는 안 된다. 따라서 미술교과목이 가지고 있는 고유의 가치인 표현, 즉 창작(Production)을 존중하면서 그 과정에서 필연적으로 발생하는 인지(Perception)와 반성(Reflection), 배움(Learning)의 과정까지 평가의 대상으로 삼은 Arts PROPEL의 사례는 연구, 적용할 충분한 타당성을 가지고 있다. 게다가 한국 미술교육 현장에서는 새로운 평가 방법에 대한 연구가 절실한 상황이다. 미술교육 일부에서 제기되고 있는 평가무용론(評價無用論)은 학습자의 학습의욕을 저하시키고 중등교육을 대입준비를 위한 준비단계로 인식시키고 있다. 평가에 의해

교육의 내용이 좌지우지되는 한국의 교육현실을 감안할 때 과정을 중시하고 과정 속에서 일어나는 인지적이고 반성적인 활동까지 평가의 영역에 포함시킨 Arts PROPEL 평가방식의 도입은 교육과정 정상화를 위해서도 시급하다. 선정된 교육내용의 구성은 다음의 원칙을 따랐다.

첫째, 하나의 통일된 주제아래 중학교 미술 교육과정의 세 영역인 표현, 체험, 감상이 통합적으로 구성될 수 있도록 했다. 본 연구에서 중학교 미술수업의 교과서로 선정한 ㈜천재교과서의 2009년 개정 중학교 미술 교사용 지도서에도 "교과간 통합적 접근을 통하여 해당 영역(표현; 체험; 감상)을 확장할 수 있게 한다"[8] 라는 문구로 그 가능성을 열어 두었으나 구체적인 방법론이나 학습지 도안은 전혀 제시되어 있지 않다. 따라서 본 연구자는 미술교과 내의 통합적 교육과정 구성의 이론적 근거로 Ⅱ장 이론적 배경의 Arthur D. Efland의 반 격자형 교육과정 모델(semi-lattice curriculum model)을 제시하였다. 미술교과 내의 통합적 교육과정의 구성은 Gardner의 다중지능이론을 토대로 설계된 Arts PROPEL이 제시하는 교수-학습 및 평가방법의 "전제"이기도 하다. Efland가 미술교과 내의 통합적 교육과정을 추상적으로 제시했다면 Gardner는 미술교과 내의 통합적 교육과정을 "어떻게" 구성할 수 있는지에 대한 구체적인 방법론, 즉 교육과정의 틀을 제시한다. Gardner는 다중지능이론을 통하여 인간의 다양한 지능에 대해 연구한 바 있고, 예술적 역량에 대한 평가를 인지적인 영역을 통해 실시하는 것에 대해 부정적인 의견을 피력한 바 있다. Gardner는 "분명한 사실은 각각의 예술 분야마다 선호되는 교육방법이 있다는 것이다."[9] 라고 주장하였다.

즉, Gardner의 주장을 정리하면, 미술교과의 교수-학습은 미술 고유의

---

8) 연례경 외, <중학교 미술 교사용 지도서>(서울: 천재교과서, 2013), pp. 14-15.

9) H. Gardner, *Multiple Intelligences: New Horizons in Theory and Practice* (New York Basic Books, 2006)., 문용린·유경재 역, <다중지능>(서울: 웅진지식하우스, 2007), p.192.

언어인 상징체계를 학습자가 습득하는 과정이 되도록 하되, 교수-학습의 주요 산출문은 창작이 되도록 하며, 그 창작에 관련하여 미술사, 미학, 미술비평 등의 교과가 맥락에 맞게 소개되어야 한다는 것이다. 이러한 방식은 창작활동을 하는 예술가, 작품을 문화적인 맥락에서 분석하고 비평하고 연구하는 사람 등 예술에 몸담고 있는 사람들의 사고방식이며, Gardner는 그의 저작에서 밝혔듯이, 창작활동을 하는 예술가, 예술에 몸담고 있는 사람들의 사고방식을 학생들에게 소개해 주어야 한다고 생각했다.[10)]

둘째, 선정된 교육내용은 학습자의 입장에서는 Arts PROPEL에서 강조한 교육의 과정, 즉 창작, 지각, 반성의 과정으로 재구성하였다.

학습지도안에 구체적으로 이를 적용하기 위해서 본 연구자는 <표 8>에서 소개된 김정의의 <Arts PROPEL 프로그램에 기초한 미술 수업 절차>(김정희, 2003:174)를 참고하였다.

셋째, 학생평가를 위해서는 두 가지 방법이 제안되었다.

Arts PROPEL의 사례중 영역 프로젝트에서 적용한 속기법(shorthand)이 매 차시마다, 총 4차시의 교수-학습 과정을 담은 프로세스폴리오(processfolio) 평가방법이 2회(중간평가 및 최종평가) 제안되었다. 뛰어난 완성품만을 담은 전통적인 포트폴리오와 구분하기 위해서 프로펠 포트폴리오, 또는 프로세스폴리오라고 불리우는 이 평가방법은 학습자의 최종 작품뿐만 아니라, 스케치, 영감을 준 자료들, 노트 등을 모두 포함하여 학습자의 인지발달 과정을 유추해 볼 수 있다. 총 4차시의 교수-학습 과정은 프로세스폴리오에 모두 기록되고 중간 평가 및 최종평가를 통해 평가된다.

이론적 고찰을 바탕으로 설계된 교수-학습 및 평가방법은 전문가와 비구조화된 면담을 통해 그 기대효과가 달성되었는지 평가하였다. 평가는 총 4회에 걸쳐 진행되었으며 각 회마다 참여자는 2명씩, 총 8명과 면

10) 위의 책, p.193.

담을 진행하였다. 현직 중학교 미술교사로 구성된 전문가들의 자유로운 의견제시 과정을 녹취하여 전사하였다.

Arts PROPEL의 교수-학습 및 평가방법의 기대효과는 다음과 같다.

첫째, 학습자의 상호작용과 참여를 유도하는 수업내용이므로 학습자의 적극적인 참여와 발문에 긍정적인 영향을 미칠 수 있다.

둘째, 기존의 평가체제와는 달리 과정에 대한 평가가 포함되므로 하위 그룹 학생들에게도 동기부여가 가능하다. 따라서 수업분위기에 긍정적인 영향을 미치고 하위 성적 학생들의 참여와 집중을 유도할 수 있다.

셋째, 다중지능이론에 따르면 학습자가 9가지 영역[11] 중 한 가지 영역에 뛰어나다는 사실이 다른 영역에서의 성공을 보장하지 않는다. 미술 고유의 방법으로 평가하는 Arts PROPEL 교수-학습 및 평가 방법의 도입을 통해 지필고사에 뛰어나지 않은 학생도 자신의 자질을 발견하고 발전시킬 수 있다.

넷째, 본 연구의 Arts PROPEL 교수-학습 및 평가에서는 매 차시마다 속기법(shorthand)에 의한 평가가 이뤄지고 프로세스폴리오(processfolio)를 통해 자신의 학습과정을 돌아볼 수 있다. 따라서 학습자의 반성능력을 향상시킬 수 있다.

비구조화된 면담에 참여했던 전문가들은 Arts PROPEL의 평가방법을 응용한 교수-학습 및 평가 방법에 대해서는 대체적으로 긍정적인 반응을 보였다. 단 본 연구자가 제시한 기대효과에 대한 전문가들의 의견은 다음과 같았다.

하위 그룹학생들에게 동기부여를 할 수 있다는 점에 대해서는 긍정적인 반응을 보였으나 학생들의 적극적인 참여를 끌어내어야 하는 과정이

---

11) Gardner는 9번째 지능인 실존 지능이 자신이 제시한 8가지 준거를 모두 충족하지 못한다고 보고 반쪽 지능으로 간주한다. 따라서 엄밀히 말하면 8과 ½지능이라고 볼 수 있다. 본문에서는 편의상 9가지 지능이라고 표기하였다.

많다는 점에 대해서는 실제 수업환경에 적용하기가 용이하지 않을 것이라는 의견이 많았다. 특히 평가 범위를 학생들과의 토론을 통해 결정한다는 점에 대해 부정적인 의견이 많았는데 민주적인 의사결정 방식에 익숙하지 않은 학생들에게 토론문화가 너무 생소할 것이라는 의견이 지배적이었다. 평가방식에 대해서는 속기법의 적용에 대해서는 대체적으로 긍정적인 반응을 보였으나 프로세스폴리오 평가에 대해서는 학생들과 학부모들로부터 학습준비에 기대되는 시간과 비용에 따른 부정적인 반응이 예상된다는 의견이 많았다. 주입식 교육에 익숙한 학습자들의 참여도에 대해 우려하는 시각도 있었다.

Arts PROPEL 교육과정 구성내용 및 평가요소

Arts PROPEL에서의 능력	내용	구성내용 및 평가요소
지각	작품이나 재료요소들을 자세히 조사 관찰하는 과정	- 작품을 민감하게 관찰하고 구별하는 능력 - 경험의 감각적인 면을 인식하기 - 재료의 질과 물리적 속성을 인식하기 - 미술작품을 과거와 현재의 다양한 문화 전통의 관점이나 재료의 재질 등을 고려하여 관찰하는 것과 같은 지각 행위과정
창작	예술의 원리나 요소 또는 자료 등을 사용하여 작품을 창작하거나 연주하는 등의 적극적인 참여 과정	- 창의성(문제에 대해 다양하고 독특한 아이디어를 창안하는 능력) - 표현(자신의 느낌, 기분, 생각을 표현하는 능력) - 추구(다양한 상징을 사용하고 이를 변형하여 사용하는 능력) - 숙련(재료사용 및 표현기법이 세련된 정도)
반성	현재 진행 중이거나 완성된 작품의 창작과정과 반응에 대하여 질문을 통해 그 효과, 목적, 어려움 등을 이해하고자 하는 사고과정	- 자신의 작품을 평가하고 작품에 대해 장점과 단점 파악하기 - 다른 사람의 작품을 평가하고 작품의 미적 수준에 대한 감각 가지기 - 비평과 제안을 하는 능력 - 다른 예술가의 작품으로부터 아이디어를 얻고 배우기 - 예술적 목적을 구현하는 능력
작업에 접근하는 방법	아동들의 일지나 교실에서의 상호작용을 관찰함으로써 알 수 있는 과정	- 과제에 참여하고 몰두하는 능력 - 독립적으로 작업하는 능력 - 협동하여 작업하는 능력 - 문화자원을 사용하는 능력

Ⅳ. Arts PROPEL을 적용한 교수-학습 및 평가방법

1. 교육내용의 선정과 구성

1) 학습자의 분석: 중학생의 특성

로웬펠드는 “청소년을 위한 미술교육은 학생의 본성과 특성에 대한 이해에 기반을 두어야 하고, 학교현장에서는 청소년기의 특성을 완전히 이해하고 어린이 미술과 성인미술과는 관계가 분명한 미술교육을 진행해야 한다.”12)라고 하였다.

이 시기에는 “아동기에서 성인으로 진화해 가는 과도기적 상태”이기 때문에 아동과 성인의 특성을 동시에 갖는다. 신체의 성장이 눈에 띄게 달라지지만 신체적 발달과 사회성 발달에 비하여 아직도 심리적으로는 아동기의 특성이 남아 있다. 사춘기가 막 시작되는 단계로 생리적, 인지적, 사회적, 감정적인 변화가 빠르게 나타나며 이러한 복잡 다양한 변화는 개개인의 특성과 상황에 따라 각기 다양하게 나타나게 된다.

중학생들은 새로운 세계에 눈을 뜨게 되며 다른 새로운 인식에 호기심을 갖는다. 지식을 얻고, 감추어진 의미를 찾기 위하여 실험하고 탐색하기를 좋아하고, 자신이 몰두했던 새로운 시각적 인식에 대한 능력을 검증받고자 한다. 가끔 중학생은 어린아이 시절로 돌아가기도 하며, 어떻게 행동해야 할지 자신의 행동이 적합한지 확신이 서지 않는다. 어린아이 세계와 어른의 세계 그 사이에 존재하며 교차하는 시기로 생각, 감정 그리고 신체 성장은 중학에 맞는 독창적인 아이디어를 생각할 수 있

12) Viktor, Lowenfeld & W. Lambert Brittain, *Creative and Mental Growth*(Upper Saddle River, New Jersey: Prentice Hall, 1987)., 서울교육대학교 미술교육연구회 역, ≪인간을 위한 미술교육≫(서울: 미진사, 2002), p.294., 이슬희, <아트프로펠(Arts PROPEL)을 이용한 중학교 미술수업 연구 -입체표현 중심으로->, 전남대학교 교육대학원 석사학위논문, 2013, p. 27에서 재인용.

다.

학습지도안은 "나"라는 주제 아래 미술교과서의 체험, 표현, 감상의 세 영역에서 4개의 소단원을 선정하여 수업을 구성하였다. 아래 <표 4>에서 자세히 설명된 4개의 소단원들은 Arts PROPEL의 지각, 창작, 반성의 단계로 재구성되었다.

〈표 4〉 교수-학습 및 평가 방법 설계를 위해 선정된 4개의 소단원

<table>
<tr><th colspan="2">단원</th><th colspan="3">수준 및 차시</th><th rowspan="2">교과서 페이지</th><th rowspan="2">교수・학습 내용</th></tr>
<tr><th>대단원</th><th>소단원</th><th>기초</th><th>보통</th><th>심화</th></tr>
<tr><td>나와 우리</td><td>나의 세계</td><td>1</td><td>1</td><td>2</td><td>14~17</td><td>나의 자화상 및 생활모습 표현</td></tr>
<tr><td>3. 조형과 미술</td><td>생동감 있는 인물</td><td></td><td></td><td>4</td><td>66~69</td><td>인물화의 표현 원리와 특징을 이해하고 나타내기</td></tr>
<tr><td>4. 재료와 표현</td><td>사진이 만든 새로운 길</td><td></td><td></td><td>4</td><td>104~107</td><td>사진의 원리와 기법을 알고 사진을 이용하여 작품 표현하기</td></tr>
<tr><td>7. 미술과 문화 읽기</td><td>미술문화 나누기</td><td></td><td></td><td>1</td><td>200~201</td><td>미술 문화를 발전시키기 위해서 보존하고 후원한 사람들의 활동 알기</td></tr>
</table>

3) 교육내용의 구성

본 연구에서 제시하는 교수-학습 및 평가방법의 교육내용의 구성은 Ⅱ장에서 다룬 Arthur D. Efland의 반 격자 교육과정 모델(semi-lattice curriculum model)을 그 이론적 토대로 하여 구성했다. [그림 4]의 반 격자 교육과정 모델은 중학교 미술의 세 영역인 표현, 체험, 감상(미술 비평과 미술사)으로 이루어진다. 중학교 미술의 세 영역을 아우르는 통합적 교육과정 구성을 위하여 본 연구자는 총 4차시에 걸친 교육과정을

하나의 주제 “나”를 중심으로 주제 중심 미술과 통합과정을 만들었다.

1차시는 표현영역의 활동이 주를 이루는 소단원 “나의 세계‘를 중심으로 구성하되 반성의 단계에서 2차시에 다룰 ”생동감 있는 인물“의 내용을 가져와 표현(미술실기)과 미술사(작품에 대한 설명) 및 미술이론(조형요소 비례, 균형, 동세에 대한 설명)의 내용이 중첩되며 구성될 수 있도록 했다.

2차시에서는 첫 단계인 지각단계에서 미술사적으로 중요한 작품들 가운데 인물을 다룬 작품을 중심으로 미술이론에 해당되는 조형요소에 대해 학습한다. 학습한 조형요소는 학습자들이 자신의 작품을 비평할 때 적용할 수 있도록 지도한다. 2차시에 학습한 조형요소들을 바탕으로 1차시의 작품을 왜곡, 변형한 작품을 창작 단계(미술 실기)에서 실시하도록 지도하고 1 · 2차시의 작품에 대해서 비교하고 대조하여 발문할 수 있도록(미술 비평) 지도한다.

3차시에는 지각단계에서 사진의 특성과 사진의 구도 및 카메라의 앵글변화가 가져오는 효과에 대해 학습하고(미술 이론) 1차시에 정한 주제어에 맞는 작품제작을 매체를 사진으로 변화시켜 할 수 있도록 지도했다(미술 실기).

반성의 단계에서는 자신의 주제를 효과적으로 표현하기 위해서 어떻게 사진의 구도와 카메라의 앵글을 이용했는지 발문한다(미술 비평).

4차시에는 미술 문화를 발전시키기 위해서 보존하고 후원한 동 · 서양의 대표적인 역사적 인물 전형필과 메디치 가문에 대해 인물화와 사진을 통해서 알아본다. 공동체 속에서 개인의 역할에 대해 자유롭게 토론하는 시간을 갖고 자신이 생각하는 이상적인 역할 모델과 선정이유에 대해서 발문한다.

또한 각 차시 지도안은 학습자의 입장에서 볼 때 Arts PROPEL의 세 학습단계(창작, 지각, 반성)으로 구성될 수 있도록 하였다.

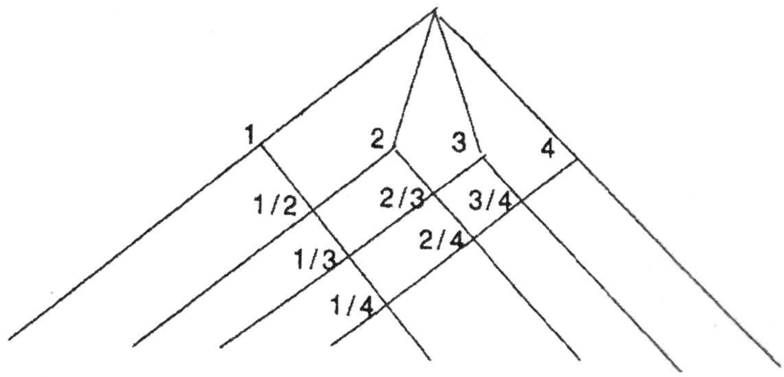

1. 표현
2. 감상-미술비평
3. 체험
4. 감상-미술사

[그림 4] 중학교 미술영역에 적용된 EFland의 반 격자 교육과정 모델

〈표 8〉 Arts PROPEL 프로그램에 기초한 미술 수업 절차(김정희, 2003:174)

단계	단계별 활동내용
학습주제 인식과 제1제작	- 주제에 대한 자신의 경험과 관련지어 발표, 토론 - 주제와 관련된 간단한 표현 활동 - 표현활동에 대한 기록
관련자료 탐색	- 학습주제와 관련된 미술품 또는 자연물이나 대상을 탐색하여 새로운 것을 발견 - 학습주제와 관련된 실제상황 또는 미술품을 관련짓기 - 처음 제작한 것과 미술품 또는 실제대상물을 관련짓기 - 워크시트를 활용하여 자신이 탐색한 내용 기록
탐색내용을 반영한 제2제작	- 제 1제작 작품에 추가할 내용, 수정할 내용 생각하기 - 새롭게 지각한 것을 반영하여 작품 제작

제 1, 2 작품의 비교	- 제1제작품과 제2제작품을 비교하여 변화된 점을 기록 - 표현재료와 방법을 바꾸었을 경우 얻게 되는 효과 비교
반성과 평가	- 작업계획에서 자신이 강조한 내용과 다음 작업에서 변화를 주고 싶은 내용 발표 - 다음 작품 제작을 위한 계획 세우기 - 서로의 작품에 대해서 비판 - 자신의 작품과 기록 자료를 보고 학습의 진전 정도를 확인하고 반성

2. 교수–학습 및 평가방법

1) 교수–학습: 1차 지도안

1차시 학습 지도안의 창작활동은 "자화상 표현하기"이다. 수업의 전개는 김정희(2003: 174)에 의해 제안된 "<표 8> Arts PROPEL 프로그램에 기초한 미술 수업 절차"를 참고하여 지각, 창작, 반성의 과정을 포함하도록 구성하였다.

수업을 시작하기 전 Ⅱ장 "5. 미술교과의 수행평가 사례: Arts PROPEL"에서 소개한 [그림 6], "Scott Grosh의 속기법 평가지"가 배부되고 매 차시 활동에 대해 속기법으로 학습자 자신에 대한 평가가 실시될 것임을 예고한다. 학생들은 <표 5>, "피츠버그 교육 위원회의 프로세스폴리오 첨부목록"을 전달받고 4차시에 걸친 수업이 평가될 방식에 대해 전달받는다.

모든 차시의 작품 및 준비과정에서 수집한 자료, 스케치들, 일지는 프로세스폴리오에 포함되고 프로세스폴리오 평가는 2회(중간 평가 및 최종평가) 실시되고 중간 평가는 "롤링 인터뷰(The Rolling Interview)"의 형식을 통해, 최종평가는 총 4차시의 프로젝트 전 과정에서 학습자가 작성한 일지를 바탕으로 "서면으로 된 대화들(Written Dialogues)"의 형식으로 진행될 것임을 안내 받는다. “서면으로 된 대화들(Written Dialogues)”의 원활한 적용을 위해 일지의 성실한 작성이 강조된다.

<표 3>, “바바라와 학생들이 학급토의를 통해 만든 영역 프로젝트 평가지”의 경우, 본 연구의 교수-학습 및 평가방법을 위한 초안에서는 최종작품의 평가요소와 수업 평가범위에 대한 학급토론을 염두에 두고, 학생들에게 배부하고자 했다. 그러나 우리나라 중학생들이 아직 민주적인 의사결정 과정에 익숙하지 못하고 현장에서 적용할 때 원활한 진행이 어려울 것이라는 전문가 그룹의 평가 결과에 따라 교수-학습 및 평가방법의 최종안에서는 제외하였다.

교수-학습의 전개과정은 다음과 같다.

1차시에서 계획된 첫 단계인 지각 과정에서는 자신의 내면을 들여다보고 성격, 성향 등 자신의 현재의 모습에 대한 브레인스토밍 과정을 거쳐 하나의 주제를 설정하도록 한다.

설정한 주제는 종이에 연필로 표현하여 자화상을 위한 첫 번째 스케치 작업을 할 수 있도록 유도한다. 첫 번째 창작의 과정 이후에는 속기법을 통한 간단한 평가를 하고 발문을 통한 반성의 절차를 가진다. 이때, 학습자는 반성의 과정에 대해 일지에 기록을 남긴다.

보테로(Botero, Fernandl/콜럼비아/1932~) 자매들
(캔버스에 유채/173×204cm/1969~2005년)

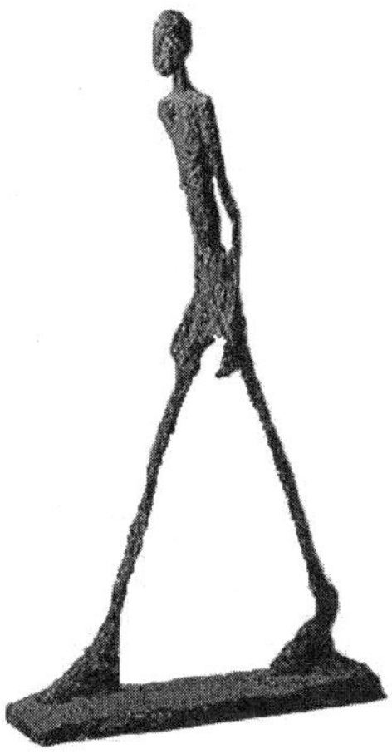

쟈코메티(Giacometti,
Alberto/스위스/1901~1966)
걷는 사람
(청동/27×97×180.5cm/1960년)

피카소(Picasso,
Pablo/에스파냐/1881~1973)
아비뇽의 처녀들
(캔버스에 유채/243.9×233.7cm/1970년)

반성의 절차를 위한 발문을 돕기 위해서 교사는 먼저 준비된 미술사적으로 가치 있는 자화상 및 인물화를 PPT로 보여준다(소단원 "생동감 있는 인물"의 도판을 위주로 사용). 조형적인 요소(비례, 균형, 동세)를 이용한 비판적 사고의 예를 제시하고, 학생들의 스케치에 비판적 사고를 적용할 수 있도록 지도한다. 전체 과정은 일지를 이용하여 간단하게 반성노트를 남길 수 있도록 한다. 2차시에는 비례, 동세, 균형과 같은 조형 요소의 개념에 대해 더 자세히 배우게 될 것이라고 예고하고 사진기를 준비해 오도록 안내한다.

1차시 학습지도안

대단원	나와 우리	소단원	나의 세계	차시	1/4
주제	나				
학습 목표	나의 개성과 마음을 탐색하여 여러 가지 방법으로 표현한다.				

지도 단계	학습내용	교수-학습 활동		학습자료
		교사활동	학생활동	
지각	- 자신에 대해 잘 알고 긍정적으로 생각하는 태도가 중요하다.	- 자신의 내면의 자화상을 표현하기 전 단계로 자신의 성격, 성향 등에 대해 생각할 수 있도록 유도한다. 다양한 표정의 친구들의 모습을 보여준다.	- 나의 성격, 성향에 대해 생각하고 친구들과 이야기를 나눈다. - 브레인스토밍을 통해 하나의 주제를 선정한다.	PPT, 교과서, 연필, 종이
창작	- 자신의 생각을 연필에 종이로 표현한다.	- 내면의 자화상을 표현할 수 있도록 스케치 작업을 지도한다.	- 선정한 주제에 맞게 자신의 모습을 시각 이미지로 표현해본다.	연필, 종이
반성	- 비례, 동세, 균형 등의 조형요소를 알고 자신의 작품을 비판적 시각으로 바라볼 수 있다.	- 학생들의 발문을 도와주기 위해 비례, 동세, 균형 등의 조형요소를 제시한다.	- 제시된 요소들(비례, 동세, 균형) 등의 조형요소를 이용하여 자신의 작품에 대해 얘기할 수 있다.	평가지, PPT(화가들의 자화상 및 인물화 감상), 반성노트

2) 교수–학습: 2차 지도안

2차시 학습 지도안의 창작활동은 지난 차시에 이어 “자화상 표현하기”이다. 2차시의 작품제작은 2차시의 첫 번째 지각 단계에서 본격적으로 학습하게 되는 조형요소, 즉 비례, 균형, 동세 등의 왜곡, 변형을 통해 1차시에 만든 작품에 반영한다.

첫 번째 지각의 단계에서는 조형요소엘 대해 인지적인 학습을 한다. 미술사적으로 유명한 인물을 표현한 작품들 가운데 비례, 균형, 동세의 왜곡이 반영된 작품을 중심으로 소개하고 서로 다른 작품을 비교하거나 대조하며 조형요소의 변형이 가져오는 효과에 대해서 발문할 수 있도록 지도한다.

두 번째, 창작의 단계에서는 지난 차시의 작품을 복사하여 비례, 동세 등을 가위, 풀, 연필 등을 이용하여 왜곡하거나 자신의 사진을 복사하여 비례를 왜곡하고 자화상 2차 제작을 할 수 있도록 지도한다.

세 번째, 반성의 단계에서는 1차시와 2차시의 작품을 비교하고 조형요소의 변형이 가져오는 효과에 대하여 발문할 수 있도록 지도한다. 속기법 평가를 실시하고 최종작품의 평가요소와 수업 평가범위에 대한 토론을 위해 자신의 생각을 정리해 오도록 안내한다.

2차시 학습지도안

<table>
<tr><td>대단원</td><td>조형과 미술</td><td>소단원</td><td colspan="2">생동감 있는 인물</td><td>차시</td><td>2/4</td></tr>
<tr><td>주제</td><td colspan="6">나</td></tr>
<tr><td>학습목표</td><td colspan="6">여러 가지 방법으로 표현한 나의 모습을 비례, 동세, 균형 등의 조형요소를 통해 왜곡, 변형하며 조형요소의 변주가 가져오는 효과를 이해하여 나의 개성과 마음을 더 잘 표현할 수 있다.</td></tr>
<tr><td rowspan="2">지도단계</td><td rowspan="2">학습내용</td><td colspan="4">교수-학습 활동</td><td rowspan="2">학습자료</td></tr>
<tr><td colspan="2">교사활동</td><td colspan="2">학생활동</td></tr>
<tr><td>지각</td><td>- 조형요소(비례, 동세, 균형)의 정의에 대해 이해하고 작품을 통해 자신의 생각을 표현할 수 있다.</td><td colspan="2">- 인물을 표현한 다양한 작품을 중심으로 어떻게 비례, 동세, 균형이 표현되었으며 그 효과는 어떠하다고 생각하는지 학생들의 발문을 유도하여 수업을 진행한다.</td><td colspan="2">- 인물을 표현할 때 비례, 동세, 균형이 어떻게 효과적으로 사용될 수 있는지 작품을 통해 인지하고 자신의 생각을 표현할 수 있다.</td><td>PPT,
교과서</td></tr>
<tr><td>창작</td><td>- 균형, 동세, 비례를 왜곡하거나 강조하여 표현할 수 있다.</td><td colspan="2">- 자신이 표현하고자 한 주제를 염두에 두고 균형, 동세, 비례를 왜곡, 강조하도록 유도한다.</td><td colspan="2">- 자신의 스케치나 사진을 왜곡하거나 변형시켜 다양한 작품을 만든다.</td><td>가위, 풀,
복사기,
사진기,
연필, 종이</td></tr>
<tr><td>반성</td><td>- 지난 차시와 2차시 작품의 차이점에 대해 조형요소를 중심으로 비평적 사고를 할 수 있다.</td><td colspan="2">- 1차시 작품과 2차시 작품을 비교하여 조형요소를 중심으로 비평적 사고를 하도록 유도한다.</td><td colspan="2">- 지각 단계에서 배운 조형요소에 대해 이해하고 이를 통하여 자신의 작품을 비평할 수 있다.</td><td>평가지, 프로펠 포트폴리오</td></tr>
</table>

5) 평가방법

평가방법은 학생들의 의견을 수렴하여 반영하되 Ⅱ장 이론적 배경에서 고찰한 Arts PROPEL의 평가사례를 응용한다. 평가방법은 다음과 같다.

첫째, Arts PROPEL 영역 프로젝트 사례에서 실시한 속기법(shorthand)을 매 차시 수업종료 10분 전 반성의 단계에서 실시한다. 학생들은 본인의 점수를 점이나 숫자로 표시할 수 있다. 이를 위해서 “[그림 6] Scott Grosh의 속기법 평가지”를 참고한 평가지를 1차시에 배부하고 매 차시 반성의 과정에서 스스로의 작품에 대해 일지에 반성의 기록을 남겨 프로세스폴리오를 매개로 한 “서면으로 된 대화들”의 원활한 진행에 도움이 될 수 있도록 지도한다. 속기법 평가는 교사와 학생 모두에 의해서 시행될 수 있지만 수업의 원활한 진행을 위해서 학생평가에 한정하도록 한다.

둘째, 총 4차시의 과정을 통해 모은 작품 및 자료로 구성된 프로세스폴리오에 대한 중간평가 및 최종평가는 Gitomer가 제시한 “롤링 인터뷰(The Rolling Interview)” 및 “서면으로 된 대화들(Written Dialogues)”을 통해 평가가 진행된다. “서면으로 된 대화들(Written Dialogues)”의 원만한 적용을 위해서는 프로세스폴리오의 다른 준비물들과 함께 학생들의 일지쓰기를 강조한다.

[그림 6] Scott Grosh의 표에 그래프로 채점한 평가지

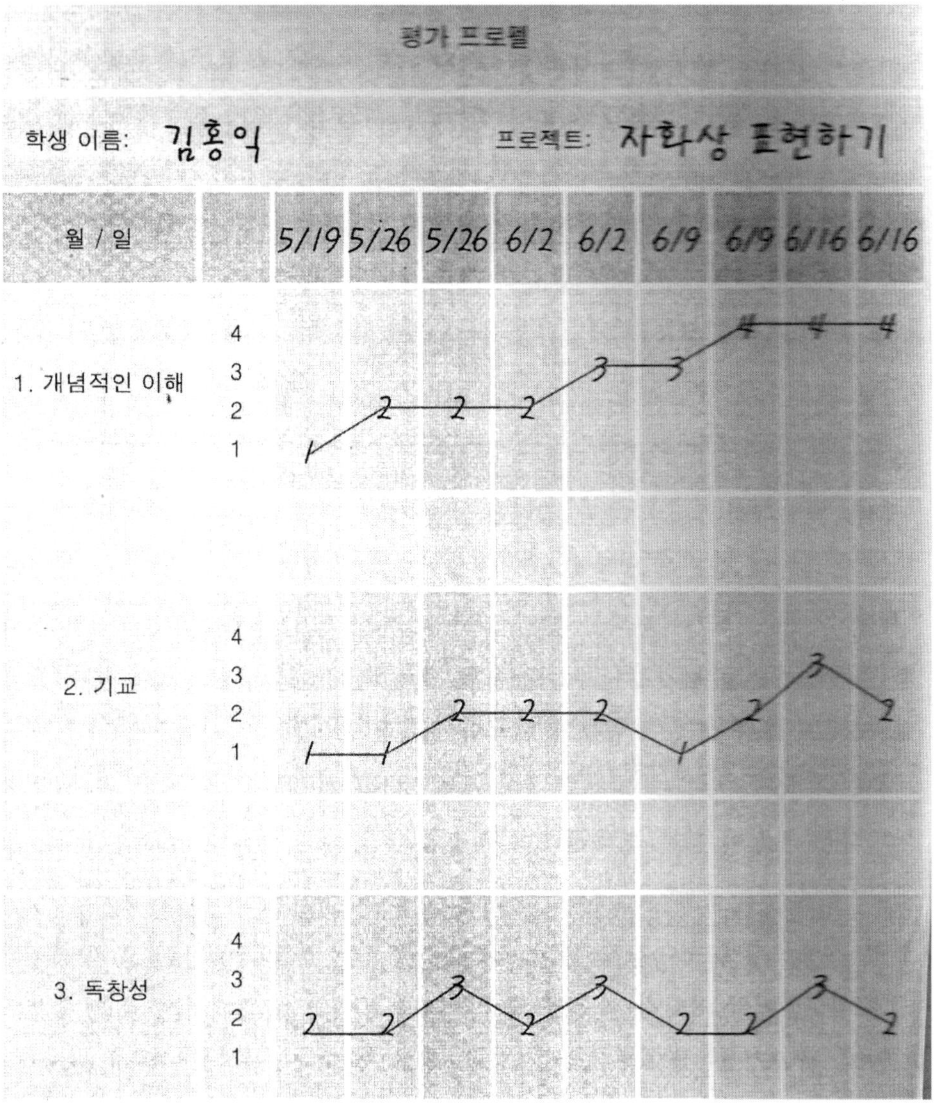

출처: 정은욱(2015), 논문. p.87.

사례연구4: 문화기술지, 한국 유아 뮤지컬의 특징 연구

숙명여자대학교 사회교육대학원 피아노페아고지 전공
이성희(2017)

먼저 문화기술지 글쓰기 구조를 살펴보면 전반적으로 다양하다. 사실적 이야기로써 연구자가 묘사방식에 대한 정보를 제한하면서 연구되는 문화에 대해서 직접적이고 사실적인 묘사를 제공한다. 이때 고백적인 이야기에서 연구자는 문화보다는 자신의 현장경험에 더 많은 초점을 둔다. 또 다른 유형은 인상주의적인 표현으로 '극적인 양식의 현장조사 사례'를 인격적으로 기술하는 것이다(Maanan, 1988). 이러한 고백적이고 인상적인 이야기 모두에서는 개인의 글쓰기 스타일이 나오며 1인칭의 관점이 사용된다.

문화기술지 연구자는 글의 구조에서 담화나 '비유' 같은 삽입된 수사학적 구조를 활용한다(Fetterman, 2010; Hammersley & Atkinson, 1995). 예를 들어, 은유는 시각적이고 공간적인 이미지나 사회적 행동의 연출적 특성을 제공하기도 한다. 또 다른 비유는 제유(synecdoche)다. 이를 통해서 문화기술지 연구자는 일부를 가지고 전체를 상징하는데, 즉 실례, 사례나 또는 삽화를 제시한다. 마지막 비유방법은 반어법으로써 연구자는 제시하는 준거의 틀과 합리성을 대조할 수 있다.

다음은 이성희의 한국 유아 뮤지컬의 특징연구를 요약 게재한다.

<국문초록>

유아를 대상으로 한 교육은 어떻게 하면 유아의 흥미를 효과적으로 유발시키느냐 하는 것에서 출발한다. 유아는 태내기부터 소리를 민감하게 들을 수 있으며, 생의 초기부터 음악을 통해 자신의 의사를 표현하고 감정을 승화시키거나 타인과 감정을 교류하는 등 음악적으로 의사소통이 가능[13]하므로 음악을 이용한 유아교육은 다른 교육방법에 비해 접근성이 좋다는 장점을 가지고 있다. 이러한 관점에서 뮤지컬은 음악과 함께 대사, 춤, 무대가 한데 어우러진 종합예술로 현장 상영뿐만 아니라 유아를 대상으로 한 방송에서도 익히 접할 수 있는 보편적인 문화예술 장르라는 점에서 효과적인 유아교육수단중 하나이다.

뮤지컬의 종류는 레뷰(Revue), 컨셉트 뮤지컬(Concept Musical), 록 뮤지컬 (Rock Musical), 댄스 뮤지컬(Dance Musical), 교육뮤지컬(Education Musical) 등이 있다. 이중 교육뮤지컬을 대상으로 시중에 상영되고 있는 뮤지컬을 조사하여 그 내용적 특성을 기준으로 구분하여보았다. 유아교육 뮤지컬은 교통교육, 성교육, 예절교육, 구강교육, 재난안전, 식습관, 학습교육(영어, 과학)의 범주를 벗어나지 않았으며 크게는 교과학습을 주 목적으로 하는 교과학습 뮤지컬, 유아가 성에 대해 올바르게 인식하고 조심할 수 있도록 하는 성교육 뮤지컬, 마지막으로 사회예절 및 안전사고 예방 등을 주목적으로 하는 사회교육 뮤지컬로 구분할 수 있었다. 음악을 이용한 교육이라는 관점에서 교육뮤지컬이 가지는 효과로는 지각발달, 신체발달, 인지발달, 사회발달, 정서발달 등 행동학습 및 교정에 도움이 되는 것으로 조사되었다.

---

13) 심성경, 이희자, 이선경, 김경의, 이효숙, 박주희 공저, 「영유아음악교육」 경기도: 양서원, 2013.

Ⅰ. 서론

1. 연구 배경 및 목적

교육은 그 대상의 나이, 성별, 학력 및 지식수준, 지능, 직업, 관심분야 및 관심도 등 다양한 관점에서 다양한 방식으로 연구되어 왔다. 그 중 유아(생후 1년부터 만 6세에 이르기까지의 어린 시기)를 대상으로 한 교육은 필요에 따라 자발적, 능동적으로 학습하는 방식에 익숙하지 않기 때문에 먼저 유아의 흥미 유발시키는 것이 중요하다는 특징이 있다. 따라서 유아를 대상으로 한 교육은 교육자료의 질적 수준보다는 유아의 흥미를 유발할 수 있는 적절한 요소를 갖추었냐 하는 것이고, 이 때문에 다른 연령층을 대상으로 한 교육보다 한층 더 각별하고 세심한 관찰이 요구되는 것이 사실이다.

이 때문에 유아를 대상으로 한 교육은 내용과 더불어 효과적으로 전달하기 위한 수단이 함께 연구되어 왔으며, 실제로도 유아용 교육프로그램은 대부분 상황극, 노래와 음악, 그림(만화) 등의 형태를 갖추고 있는 것이 대부분으로 유아의 흥미를 유발할 수 있도록 구성되어 있음을 확인할 수 있다.

유아를 대상으로 한 교육수단 중 가장 효과적인 수단 중 하나는 교육내용을 음악을 활용하여 전달하는 방식이며, 이러한 사례는 가깝게는 공중파TV의 어린이 대상 프로그램 교육동요, 어린이 대상 교육뮤지컬 등 주변에서 쉽게 찾아볼 수 있다.

이 중 특별히 주목한 것은 공중파 TV에서 방영되는 어린이 대상 프로그램이나 만화영화, 사회관계망 서비스(Social Network Service)로 확산되는 컨텐츠 등 영유아 대상 교육컨텐츠의 대부분이 교육하고자 하는 내용을 일정한 상황극 내에서 가사가 있는 음악(노래)의 형태로 전달한다는 것이고, 이러한 관점에서 뮤지컬의 형태를 차용하고 있다고 볼 수 있다는 것이었다.

유아를 대상으로 한 교육뮤지컬은 보통 소극장 전문적인 무대연출이 가능한 소극장에서 공연되기도 하나, 지역 내 아동복지센터나 문화센터에서 공연되는 경우도 많아 쉽게 접할 수 있고 무엇보다 놀이의 형태로 접할 수 있는 종합적인 무대예술이라는 관점에서 정서 및 예술적 감수성 발달에 긍정적 효과를 기대할 수 있다는 장점이 있다.

뮤지컬을 종합적인 무대예술로 칭할 수 있는 것은 무대와 관객, 이야기, 춤, 노래와 음악 등 여러 예술적 요소가 한데 어우러진 복합적인 예술장르이기 때문이다. 특히 음악은 그 특성상 영유아에게 교육컨텐츠를 전달하는 수단으로 특별히 뮤지컬은 음악을 이용해 이야기(상황)를 전달한다는 관점에서 교육수단으로 매우 적절한 것으로 평가된다. 이러한 특성 때문에 최근 공연문화의 발달과 더불어 영유아를 대상으로 한 뮤지컬이 활발히 진행되고 있다고 보여진다.

2. 연구 내용 및 방법

뮤지컬의 정의와 종류 그리고 뮤지컬 음악의 종류와 요소에 대하여 먼저 알아보고, 유아 뮤지컬의 일반적 정의 와 특징, 종류, 그리고 유아 뮤지컬이 유아에게 어떤 교육적 효과가 있으며, 뮤지컬에서 음악의 역할에 대하여 알아보고 교육뮤지컬이 유아의 발달에 미치는 영향을 조사한 기존 연구를 근거로 고찰한다.

또한 상영중인 교육뮤지컬의 종류, 특성, 형식 등에 대하여 조사한다. 교육뮤지컬은 교통교육, 성교육, 예절교육, 구강교육, 재난안전, 식습관, 학습교육(영어, 과학) 등 다양한 장르로 특화되어 있으나, 통상 교육컨텐츠의 전달에 있어 일정한 형식을 갖추고 있을 것으로 예상되므로 다양한 교육뮤지컬을 분석하여 이를 고찰하여 본다.

II. 한국유아 교육뮤지컬의 특징

1. 뮤지컬의 이해

1) 뮤지컬의 정의

뮤지컬은 노래와 춤, 의상, 연기 및 무대장치와 기악 등이 어우러진 종합예술장르이며 음악과 상황극, 춤이 어우어진 무대예술이다.

뮤지컬의 근원에 대하여는 유럽의 대중연극, 오페라, 오페레타, 발라드 오페라 등 각 장르별로 그 근원을 찾는 여러 주장이 있으나 참고할 자료가 많으므로 본 연구에는 특별히 서술하지 않는다.

뮤지컬은 노래, 춤, 코메디 또는 뮤지컬 플레이의 약칭이며 19세기 영국에서 탄생하여 20세기에 이르러 미국 브로드웨이 등지에서 연극의 주요 형태로 자리 잡았다는 것이 대체적인 견해이며, 조지 에드워드(George Edwardes)가 제작한 <도시에서(In town, 1892년 초연)>를 첫 뮤지컬로 본다.[14]

뮤지컬은 춤, 노래, 가사, 상황(극본)이 있다는 점에서 오페라와 유사하나 음악이 없는 장면에서 대사가 있다는 점에서 오페라를 포괄한다고 볼 수 있다. 다만 성악의 역량에 집중한 가사 및 극본, 춤 등이 차지하는 비중이 고르다는 점에서 오페라와 차별된다.

뮤지컬의 종류에는

① 레뷰(Revue)

레뷰(Revue) 뮤지컬의 사전적 의미는 촌극, 춤, 노래 등을 엮은 공연장르를 지칭하는 것으로, 뚜렷한 줄거리 없이 춤과 음악같은 퍼포먼스

---

14) http://dic.naver.com/search.nhn?dicQuery

로 무대를 꾸미는 비교적 자유로운 형식의 공연을 말한다. 이런 특징 때문에 시사 풍자가 주된 소재이기도 하며, 작곡자에 의해 테마별로 작곡되어지거나 공동 작곡되는 경우가 많다. 오프 브로드웨이에서 주로 공연되며, 간혹 브로드웨이에서도 선보이다. 스티븐 손드하임(Sondheim, Stephen, 1930)의 <Side by Side Sondheim> 같은 작품이 대표적인 레뷰이다.

② 컨셉트 뮤지컬(Concept Musical)

컨셉트 뮤지컬(Concept Musical)은 주제나 생각들이 명확하게 드러나는 뮤지컬이다. 컨셉트 뮤지컬(Concept Musical)은 주로 시사적인 문제를 다루며 대부분 심각한 주제를 담고 있다.

조지퍼쓰(George Furth)가 극작을 하고, 스티븐 손드하임(Stephen Sondheim)이 작사, 작곡한 결혼을 주제로 좌충우돌하는 에피소드를 다룬 <Company, 1970>란 작품이 대표적이다.

③ 록 뮤지컬 (Rock Musical)

록 뮤지컬(Rock Musical) 전자악기를 주축으로 하는 록 음악을 사용하며, 록의 특성으로 인해 강한 주제의식이 들어간 극들이 대부분이며, 인물의 성격과 상황에 맞게 로큰롤(rock'n roll)만이 아닌 다른 음악들도 섞어 사용하게 되면서 '브로드웨이 락 뮤지컬'로 발전하다. 대표작으로는 <레미제라블>(Les-Miser- ables, 1980), <오페라의 유령>(The Phantom of The Opera, 1986)이다.

④ 댄스 뮤지컬(Dance Musical)

댄스 뮤지컬(Dance Musical) 큰 줄거리는 노래와 무희들의 춤이며, 흥을 돋구기 위해 개그와 코미디가 중간 중간 삽입되는데, 흔히 극장에서 이뤄지는 극장 쇼와 같은 것이라 할 수 있다. 통일성 있는 극이라기보다는 여흥 제공에 중점을 둔 형태이며, <시카고>(Chicago, 1975), <캬바레>(Cabaret, 1966)이 대표작품이다.

⑤ 교육뮤지컬(Education Musical)

21세기 미디어의 발전으로 유아를 대상으로 발전한 뮤지컬이다.

일반 뮤지컬과 보다 무대 위에서 직접 참여하는 방식으로 유아들의 흥미를 한층 더 유발시키며, 주제에 맞는 캐릭터들의 등장이 이루어진다.

2) 뮤지컬의 요소

뮤지컬의 요소로는 대본(이야기), 가사, 악보(음악과 노래), 무용(춤과 동작)을 들 수 있다

대본은 극에 있어서 대사, 감정의 표현, 각종효과(무대, 조명, 특별히 방송에서는 카메라의 운용 및 효과를 포함한다.), 장면의 전환 등 연출적인 요소를 모두 포함한다. 특히, 대본은 극의 내용을 전개하는 핵심적인 요소이다.

가사는 노래와 함께 전달되며 주로 인물의 상황, 심리적 갈등 등 내면적 요소를 전달해 주는 수단으로 사용된다. 대본과 차별되는 점은 대본이 주로 이야기의 전개나 상황의 전달에 주로 사용된다면 가사는 인물의 심리나 갈등의 묘사에 중점을 둔다는 점이다. 이 때문에 뮤지컬에서의 노래는 '독백'과 같이 심리묘사나 군무를 동반하여 집단적 갈등상황을 연출하는데 주로 사용된다.

뮤지컬에서 악보와 무용은 노래와 춤을 의미한다.

3) 뮤지컬에서 음악의 종류

음악이 다른 예술과 비교해 볼 때 특별한 점은 연주가를 통해 대중 앞에 소리로 제시되기 전에는 그 의미가 전달되지 않는다는 점이다. 작

곡자가 써놓은 작품의 악보는 전문 지식을 가진 사람에게만 의미가 있을 뿐 대다수 사람들이 듣기 위해 반드시 외부인의 중재가 있어야 한다.

연주자는 음악을 해석하고 실제로 연주하며, 해석자의 역할이 무엇보다 중요하다. 연주자는 작곡자의 의도를 이해하기 위해서는 작품을 전체적으로 이해하고 해석하는 지식이 필요하다. 또한, 음악적 본질, 즉 악보를 읽을 수 있고 그 나름의 언어를 이해하는 법을 배워야 하며, 악보에 적힌 기호를 이해하고, 내적인 언어를 발견해야한다.

또한 해석자는 작품의 배경과 전통, 악보의 창작 당시를 둘러싼 모든 관습에 대해 충분히 알고 있어야 하며, 주인공들의 캐릭터를 선명하게 하기 위해 대사와 가사가 기반을 만들어 음악은 그것들을 소재로 완성품을 만들어 낼 수 있게 된다.

멜로디를 위주로 하는 노래의 형태는 다음과 같이 분류할 수 있다.

① Lead Song

작품을 이끄는 노래로 소위 테마송이라고 한다. 극 중에서 여러 번 걸쳐 편곡되어 불려지는데 대개 감동적이면서도 기억되기 쉽도록 작곡된다.

② Company Song

극 전체에 통일감을 주게 하는 요소이다.

분위기를 알려주는 것으로 역할은 끝난다. 가사가 정확히 전달되지 않아도 된다. 그래서 작곡시 가사가 너무 복잡한지 아닌지 살펴볼 필요가 있다.

③ I want Song

상황이 전개되기 전, 임박을 암시하는 노래이다. 해설적인 측면이 많은데 이 노래 이후 상황들이 벌어지며, 갈등의 시작으로 대게 I Am Song을 유도하기도 한다.

④ I Am Song

주인공이나 해당 장면에서 주축이 되는 사람들이 부르는 노래다. 극 상황을 직접적으로 설명하는 대사를 지니고 있다.

⑤ Ballad Song

사랑의 테마 같은 경우 사랑하는 사람들에 의해 감미롭게 불려지는 노래로 뮤지컬의 꽃이라 불리우며, 사람들의 감홍을 쉽게 유발한다.

⑥ Show Stopper

심각한 주제와 관계없이 표현되며 자유롭게 불려지는 노래이다.

극의 긴장을 완화시켜주며, 뮤지컬의 재미를 느낄 수 있다.

⑦ Cham Song

밝은 분위기의 노래이며 코믹적인 면보다는 희망적이고 화합의 분위기를 가지고 있다.

⑧ Special Material

뮤지컬의 긴장감을 의도적으로 과장되어 만들어지게 되는데 춤, 가창력, 코믹 연기 등, 각 연기자들의 장점이 최대한 발휘되도록 배려되며 1막의 끝이나 극의 마지막 부분에 위치한다.

2. 유아 뮤지컬의 이해

1) 유아 뮤지컬의 의의

생후 1년부터 만 6세에 이르기까지의 어린 시기의 유아는 일상생활 속에서 노래를 부르거나 다양한 음악에 반응하는 음악적 활동을 한다. 음악을 듣고, 노래를 부르며, 율동하고, 연주함으로써 기쁨을 느끼며, 음악을 통해 주변을 탐색하고, 자신을 표현할 수 있으며, 유아 자신이 주도적으로 참여하고 흥미를 유발시킬 수 있는 음악교육중 하나로 음악극 활동이라 볼 수 있다.

Heathcote(1999)는 음악극 활동의 중요한 기능으로 협동성과 개인적 경험에 기초하여 새로운 신체적, 정신적 경험과 의사소통을 꼭 해야 하는 필요성을 느끼게 해주는 상황을 제공해 주며, 유아들로 하여금 새로운 미지의 상태에 처하게 하여 진실과 통찰력을 발견하도록 하는 기능을 가지고 있다고 주장하였다.

유아 뮤지컬을 통해 삶과 직결된 음악교육을 실시할 수 있고, 이를 통한 감정이입과 의사소통 능력을 신장시킬 수 있으며[15] (장은희, 김명정, 박경숙, 2010), 창의적인 표현능력을 발달시킬 수 있는 교육방법이다.

2) 유아 뮤지컬의 특징

유아를 대상으로 한 뮤지컬이라 하여 청소년이나 성인을 대상으로 한 뮤지컬과 특별히 구분되는 형식이나 구성요소를 갖는 것은 아니다. 다만, 그 대상이 유아라는 점에서 비단 뮤지컬뿐만 아니라 다른 장르에서도 공통적으로 갖추고 있는 내용적 특징을 유아 뮤지컬 또한 갖고 있다. 예컨대 주요 인물구성이나 내용이 동화나 SF(Science fiction)와 같이 비현실적인 요소들이 차지한다는 점이 그것이다. 유아 뮤지컬에서는 주요 인물이 요정, 천사와 같이 동화적이거나 경찰차, 소방차, 버스와 같이 사물이거나 호랑이, 토끼, 개구리와 같이 동물로써 등장하는 경우가 많다. 이는 유아들의 관심을 이끌어 내기 위해 평소 관심을 갖는 대상을 극에 활용(출연)하기 때문이기도 하지만 극중 인물을 활용하여 교육적인 효과를 노리기 때문이기도 하다. 예를 들면 교통지도를 위한 뮤지컬에는 유아들이 좋아하는 경찰차가 직접 뮤지컬 내 주요 인물로 출연시킨다는 것이다.

유아 뮤지컬이 갖는 또 다른 특징은 직접적이든 간접적이든 교육적인 내용을 포함하고 있거나 상상력, 창의성 등 교육적인 효과를 의도한다

15) 장은희, 김명정, 박경숙「12가지 동화로 만나는 창작 유아 음악극」, 창지사, 2010, p.11.)

는 것이다. 성교육 뮤지컬 '오즈에게 물어봐'(제작: 극단 님비곰비, 연출: 정상식, 극작: 이은성, 음악: 김민수)[16]와 같이 뮤지컬 내용 속에 직접적인 교육내용을 포함하고 있는 형식이든 다른 동화뮤지컬(피터팬, 라푼젤 등) 등과 같이 권선징악과 같은 간접적인 교육방식을 채택하든 교육적인 효과를 의도하는 것이 대부분이다.

마지막으로 유아 뮤지컬의 대부분은 어떤 형태로든 해피엔딩으로 끝을 맺는다. 유아에게 비극은 익숙하지 않으며 아이의 보호자 역시 비극적인 상황에 유아가 노출되는 것을 원치 않기 때문이다. 이는 관객의 취향이나 요구가 반영된 결과로 보면 당연할 수 있는 특징이라 할 수 있다.

3) 유아 뮤지컬의 종류

유아교육 뮤지컬의 종류로는 크게 세 가지로 분류할 수 있다. 영어, 수학, 한자, 과학 등 교과 학습 목적의 교육뮤지컬과 교통안전, 예절, 인성 등 사회교육 뮤지컬, 마지막으로 성에 대하여 올바른 인식을 갖고 조심할 수 있도록 하는 성교육 뮤지컬이 그것이다.[17]

ⅰ) 교과 학습 목적의 교육뮤지컬 : 2017년 현재 공연되고 있는 교과 학습 목적의 교육 뮤지컬에는 다음과 같은 작품들이 있다.

① 과학체험뮤지컬 '베티의 과학여행' : 제작 극단 님비곰비 연출 정상식, 극본 이은성, 작곡, 박진규[18]

작품 특징) 관객이 직접 참여하는 게임으로 실험을 진행하는 과학체험 뮤지컬

16) 제작: 극단 님비곰비, 연출: 정상식, 극작: 이은성, 음악: 김민수, 2013 초연.

17) 뮤지컬은 하나의 교과학습, 사회성 함양, 성교육 중 하나를 전면으로 내세워 공연하기도 하지만 공연 내용은 여러 내용을 포함하고 있으므로 분류가 무의미할 수도 있다.

18) 제작: 극단 님비곰비, 연출: 정상식, 극작: 이은성, 작곡: 박진규, 2009년 초연.

베티의 과학여행[19]

과학실험으로 늘 바쁜 아빠의 실험실에 몰래 들어온 베티, 오늘은 조수로 아빠의 과학실험에 함께하게 되는데, 그 실험은 바로 뉴턴의 3대 운동법칙을 알아내며 모두가 함께한 실험을 통해 과학을 싫어하던 베티는 과학이 재미있다는 것을 깨닫고, 혼자 발명에만 몰두하던 아빠는 과학은 나누는 것이 더 중요하다는 것을 깨닫게 된다.

② 수학교육 뮤지컬 '캣조르바' : 공동기획 EBS 연출 이종석, 극본 이지은, 작곡 Marco, <스토리 수학> 감수 황선욱 교수(숭실대 수학과 교수)

EBS 공동기획으로 수학에 흥미를 갖도록 돕는 융복합 교육 가족뮤지컬이며 유럽 벨기에를 배경으로 인간세상 길 고양이 미미가 사라진 아기 고양이 루나를 찾기 위해 고양이 나라 수학탐정 조르바와 함께 모험을 떠난다는 이야기이다.

---

19) http://www.naver.com

수학교육 뮤지컬 '캣 조르바'[20)]

③ 경제교육 뮤지컬 '재크의 요술지갑' : 기획, 제작 (주) 꿈꾸는 용, 재크의 모험을 통해 바람직한 소비에 대해 배우는 어린이 경제뮤지컬이다.

줄거리) 몸이 아픈 엄마를 대신해 과일가게 일을 하게 된 재크는 어느 날, 사과 한 개에 요술지갑을 얻게 된다. 요술지갑 속 요정 미미와 함께 요술 동전을 얻기 위해 마법사 키르를 만나러 간 재크는 수수께끼를 풀게 된다.

경제교육 뮤지컬 '재크의 요술지갑'[21)]

20) http://www.naver.com
21) http://www.naver.com

④ 한자교육 뮤지컬 '마법천자문'

출판사 아울북출판사 에서 출간한 베스트셀러 학습만화를 한자교육 뮤지컬로 만든 작품이다. 도서, 애니메이션, 영화로도 큰 인기를 얻고 있는 작품으로 특유의 만화적 상상력을 통해 어려운 한자를 쉽게 기억할 수 있게 도와준다.

한자교육 뮤지컬 '마법천자문'22)

ii) 성교육 목적의 교육뮤지컬 : 현재 공연되고 있는 성교육 목적의 교육 뮤지컬에는 다음과 같은 작품들이 있다.

성교육뮤지컬 '오즈에게 물어봐' : 제작 극단 님비곰비, 연출 정상식, 극작 이은성, 음악 김민수

작품 특징) 이 작품은 미취학 아동에게 성교육이 갖는 주요 역할 2가지를 제시한다.

하나, '나는 어떻게 태어났을까?'라는 물음에 과학적 대답과 함께 엄마 아빠의 사랑으로 소중하게 태어난 소중한 존재라는 사실을 스스로 깨닫게 하여 자존감을 키워준다.

둘, 성범죄 등 위험한 상황에 노출되기 쉬운 어린 아이들이 스스로를 지킬 수 있는 방법과 용기를 직접 실천해 보며 몸소 깨닫게 한다.

---

22) http://www.naver.com

노래와 춤, 관객참여 게임, 상황극 등으로 버라이어티한 교육 뮤지컬이다.

성교육 뮤지컬 '오즈에게 물어봐'[23)]

iii) 사회교육 뮤지컬 : 현재 공연되고 있는 인성, 안전 등 사회성 교육 목적의 교육 뮤지컬에는 다음과 같은 작품들이 있다.

인성교육 뮤지컬 '프린스 마이 프랜드' : 제작 제자백가 연출 이훈경, 홍현우, 극작 이훈경, 극의 특징은 주인공 태호가 겪는 에피소드들이 공감능력과 협동심, 타인 존중 등의 메시지를 자연스럽게 전달한다.

줄거리) 친구들을 잘 괴롭히는 개구쟁이 태호는 어느 날, 신데렐라 속 못 생긴 왕자님이 되어버리고, 현실로 돌아가려면 신데렐라를 찾아 유리 구두를 돌려줘야 한다. 신데렐라를 찾아 떠난 모험에서 세 명의 친구를 만나 세 가지 선물을 받게 되는 태호는 과연 태호는 현실로 돌아가 친구들과 진정한 우정을 나누는 친구가 될 수 있는지 생각해 보는 인성교육뮤지컬이다.

23) 제작: 극단 님비곰비, 연출: 정상식, 극작: 이은성, 음악: 김민수, 2013 초연.

인성교육 뮤지컬 '프린스 마이 프랜드'

교통안전 뮤지컬 '뛰뛰빵빵! 이상한 나라의 앨리스' : 제작 극단 님비곰비, 연출 정상식, 극작 서가영, 음악 김민수

작품 특징) 유아를 대상으로 한 교통안전뮤지컬. '이상한 나라의 앨리스', '거울나라의 앨리스'로 다양한 이상한 나라를 보여주는 동화 앨리스의 등장인물들이 처음 보는 자동차에 당황하여 벌어지는 에피소드로 꾸며진다.

교통안전 뮤지컬 '뛰뛰빵빵! 이상한 나라의 앨리스'24)

재난안전 뮤지컬 '슈퍼 아기돼지 삼형제' : 제작 극단 님비곰비, 연출 정상식, 극작 서가영, 음악 김민수

24) 제작: 극단 님비곰비, 연출: 정상식, 극작: 서가영, 음악: 김민수, 2015 초연.

작품 특징) 동화 '아기돼지 삼형제' 이야기에 지진, 태풍, 화재에 대한 안전교육 내용을 버무려 아이들이 친근감 있게 교육내용을 접할 수 있도록 제작되었다.

마법의 숲에 사는 아기돼지 삼형제가 진정한 마법사가 되기 위해선 스스로 집을 지어야 하는 마지막 과제가 남았다. 아기돼지 삼형제는 지혜의 토끼와 함께 지진, 태풍, 화재에 안전하게 대처하는 방법을 배우고 튼튼한 집을 짓는다.

재난안전 뮤지컬 '슈퍼 아기돼지 삼형제'[25]

4) 유아 뮤지컬의 교육적 효과

(1) 삶의 체험으로써의 유아 뮤지컬

뮤지컬을 포함하여 이야기가 있는 모든 형태의 극은 결국 인간의 삶을 표현하고 있으며, 유아 뮤지컬 역시 어떠한 형태로든 인간의 삶이 녹아 있기 마련이다.

25) 제작: 극단 님비곰비, 연출: 정상식, 극작: 서가영, 음악: 김민수, 2013 초연.

2017년 상영중인 교육뮤지컬 예

이들 교육뮤지컬에서 음악의 효과는 다양하다. 일반적으로 음악이 영유아에게 미치는 효과는 가깝게는 태교음악으로 클래식이 널리 사용되는 사례로부터 다소 특별한 경우로는 자폐증 아동의 정신과적 치료 방법으로 사용되는 경우까지 음악은 다양한 연령군에 다양한 상대를 대상으로 효과적으로 사용되는 교육방법으로 인식되고 있다.

Ⅲ. 결 론

모든 유아는 음악적 능력을 선천적으로 가지고 있으며 누구나 그 잠재력을 발달시킬 기회를 가져야만 한다. 다른 모든 영역의 발달과 마찬가지로 음악적 능력의 발달을 돕는 적절한 환경과 경험의 제공이 필수적이며 그 교육방법의 한가지로 유아 뮤지컬에 대하여 고찰하였으며, 음악은 하나의 교과로 가르치기보다 경험으로써 접근될 때 가장 효과적이라고 보여진다.

유아교육 뮤지컬의 종류에는 영어, 수학, 한자, 과학 등 교과 학습 목적의 교육뮤지컬과 유아의 실생활에서 중요하다고 할 수 있는 교통안전, 예절, 인성 등 사회교육 뮤지컬이 있으며, 마지막으로 성에대해 올바른 인식을 알아볼 수 있는 성교육 뮤지컬이 있다.

[악보 1] 〈2017년6월 현재 공연중인 성교육극〉 [우리 모두 소중해] 中

"좋은 손, 나쁜 손"

성교육뮤지컬의 '좋은 손과 나쁜 손'은 유아의 정서적으로 포근하고, 편안하게 받아들일 수 있도록, 미디엄템포로[26](미디엄템포란 느린 템포 아닌 빠른 템포 흥겨움을 주는 음악을 말한다. 용어는 일반적으로 대중음악, 발라드에서 주로 사용된다.) 단순한 멜로디와, 반복되는 리듬으로, 유아들에게 친근하게 다가가며 ,좋은 손, 나쁜 손 게임을 통해 어떤 경우가 성폭력이 될 수 있는지 알아 본 후 게임에서 알아 본 내용을 가사로 하여 반복 학습의 효과를 갖는다.

단순한 멜로디로 아이들에게 이야기하듯 들려주는 노래로 노래 중간에 아이들의 대답을 유도하는 대화가 삽입되어 있다. 곡의 분위기는 아기자기하고 귀엽다.

[악보 2] 〈2017년6월 현재 공연 중인 재난안전교육극〉 [슈퍼아기돼지 삼형제] 中

"불이 났어요"

재난안전 교육뮤지컬의 '불이 났어요' 는 뮤지컬 장면에서 설명된 화재가 일어났을 때 대비하는 방법에 대해 다시 한 번 반복하여 들려주는 구성으로 위치된 곡이다.

"불이 났어요"는 듣기 편한 장조로 이루어져 있지만. 긴장감을 느낄

26) https://ko.wikipedia.org/wiki/

수 있도록 빠른 템포와 단순한 멜로디와 반복되는 가사를 사용하여 아이들이 처음 듣고도 바로 따라할 수 있게 만들어졌으며 가사의 전달력을 높이기 위해 가사에 일치하는 동작을 안무로 구성되어 있다.

이와 같이 음악교육의 프로그램 중 교육뮤지컬은 극적 경험, 음악적 경험 및 신체표현의 경험과 더불어 여러 창의적이고 정서적인 경험으로 다양한 삶을 간접적으로 체험하게 하여 아이의 정서·지능발달에 긍정적 효과가 있고 또한 아이가 사회구성원으로써 건강하게 자랄 수 있도록 타인간의 감정의 공유, 의사소통하는 능력을 배양하게 하는 효과가 있는 것으로 보여진다.

본 연구를 통해 교육뮤지컬이 유아 교육이나 발달과정에 미치는 영향에 대한 기초자료를 제공하여 향후 추가적인 연구가 수행되길 기대한다.

사례연구5: 사례연구, Boris Berman 피아노테크닉의 이미지화 지도 연구 - 브람스의『Klavierstücke op.119』를 통하여 -

숙명여자대학교 사회교육대학원 피아노 페다고지 전공
문수나(2015)

Merriam(1988)의 "사례연구에는 표준이 될만한 보고형식이 없다"라는 말에 대해 Creswell도 이에 마주하여 다양한 형식의 글쓰기 시도를 권유한다. 또한 독자들을 여러 가지 사례 속으로 이끌기 위해 삽화들을 가지고 시작하고 끝맺을 수 있다. 이러한 접근은 Stake(1955)가 제안했으며, 사례에 대한 기술과 주제, 주장이나 연구자의 해석, 또한 사실적인 대본으로의 시작과 끝을 통한 일반적인 개요를 장려한다.

연구자들은 이에 관련하여 자신의 사례연구에 사용된 기술의 양에 비례한 분석의 양, 또는 해석이나 주장의 양에 대해 인식해야 한다. Merriam의 견해는 기술과 분석에 대한 적절한 균형이 기술이 60%면 분석은 40%가 혹은 전자가 70%이면 후자는 30% 정도로 기술 쪽의 분량이 더 많은 것이 좋다고 한다.

다음에 소개되는 연구논문의 사례는 문수나의 어린 학생들에게 피아노 테크닉을 보다 쉽게 이해시키도록 지도한 것이다. 실제 연주를 위한 준비단계를 악보의 이미지화로써 시각적 영상화에 대한 사례연구의 내용중, 제 Ⅲ장과 Ⅳ장 중심으로 짧게 요약한 내용이다.

Ⅲ. Boris Berman(1948~) 테크닉지도 이론의 이미지화

In 타입의 사운드:

Out 타입의 사운드:

무게(Weight):

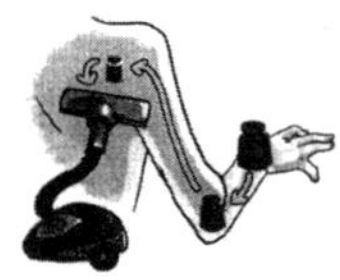

신체의 질량(Mass):

건반대까지 내려가는 느린 Speed:

건반대까지 내려가는 빠른 Speed:

팔꿈치와 손목의 Relax:

맑고 깨끗한 아티큘레이션 빠른 패시지:

부드럽고 따뜻한 음색: 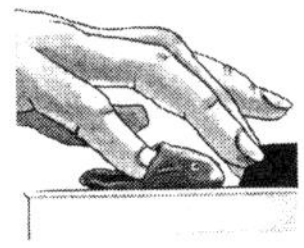

팔의 각 부분이 이완(Relax)된 상태: 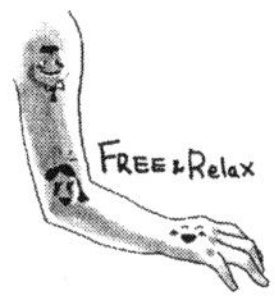

5. 터치 방법들의 표기

기본 테크닉적인 패턴들 즉, phrase표시, legato, staccato, tenuto 등의 터치표시, 음형들은 악보 자체에서 어떤 동작 패턴을 사용해야 할지를 정확히 알려주며, 이러한 것들은 합당한 기교적 패턴과 꼭 맞아 떨어질 수 있어야 하고, 연주자는 악보에 표기된 것에 따라서 어떤 종류의 동작을 사용할지 결정한 후 실천에 옮기면 된다. 이에 본 장에서는 앞에서 다룬 사운드를 만드는 방법과 관련된 이미지화 한 그림들과 높은 손목(↑), 낮은 손목(↓), Rotation과 Staccato를 다음과 같이 그림과 기호로써 표기하였다.

· Rotation:	R
· Staccato:	S
· 높은 손목(up):	↑
· 낮은 손목(down):	↓

출처: 문수나의 논문 중 p. 25.

Ⅳ. Klavierstücke Op.119의 분석과 테크닉 적용

어떤 특정 음악을 구성하는 형식과 음악적 재 요소 즉 음색, 셈여림, 아티큘레이션, 리듬, 선율, 화성에 대해 이해하고 표현하려 했을 때 그 연주의 효과는 증대된다. 이에 대하여 미국의 교육심리학자인 브루너(J. Bruner)는 지식의 내용을 전달할 때 핵심이 되는 시공간적 관계와 특성만을 통해 함축하고 있는 의미를 그림을 이용하여 표현하는 영상적 표상이 정보를 쉽게 전달하는데 효과가 있음을 언급하였다.

이와 같은 이론을 근거로 하여 본 장에서는 브람스 『Klavierstücke Op.119』를 통하여 곡의 이해를 돕기 위해 각 악보마다 해당하는 이미지와 기호로써 터치방법들을 표기하여 적용하였으며, 작품 전반에 걸친 느낌을 이해할 때 한 폭의 그림을 보는 방법으로 특정 음악의 분위기와 형식이 연관되는 그림에 접목시켜 비유하여 곡의 전반적인 느낌을 이해하는 데 도움이 되도록 하였다. 연구한 내용은 다음과 같다.

이 곡은 브람스의 마지막 피아노 소품으로 세 곡의 Intermezzo와 한 곡의 Rhapsodie로 구성되었으며 1893년 여름, 또는 그 이전에 오스트리아의 바트 이슐에서 Op.118과 비슷한 시기에 작곡되었다. 각각의 Intermezzo는 내성적인 작품으로 가곡형식인 ABA′ 형식을 주로 사용하며 내면의 감정을 표현하고 다양한 방식으로 선율 선을 나타내어 각기 다른 인상을 준다.

제1번 Intermezzo는 4곡 중 가장 내성적인 곡으로 쓸쓸함이 묻어나는 독백의 느낌을 주고, 제2번 Intermezzo는 한 옥타브 안에서 비슷하게 반복되는 패턴의 선율선 진행으로 초조한 긴장감이 느껴지며, 제3번 Intermezzo는 주선율이 오른손 내성부의 화음 안에 감춰져 나타나며 익살스럽고 리드미컬한 곡이다. 브람스에게 『Klavierstücke Op.119』의 Intermezzo란 가장 작고 내면적인 성향이 강한 작품들로 명상적이며 각각이 독립된 특징을 지닌 짧고 가벼운 기악곡의 제목으로 사용되었다. 마지막 제4번 Rhapsodie는 전반적으로 옥타브 안에 가득 찬 화성진행의 사용으로 피아노 연주 안에서 관현악 연주의 웅장함이 느껴진다.

세 곡의 Intermezzo와 한 곡의 Rhapsodie는 크게 두 가지 측면의 사운드와 터치 즉, 'In타입'과 'Out 타입'의 사운드를 사용한다.

4. 제4번 Rhapsodie

제4번 Rhapsodie는 2/4박자 A-B-A′-Coda의 3부분 형식으로 E♭장조 Allegro risoluto의 빠르고 힘찬 분위기의 곡이다. 시작부터 옥타브 안의 가득 찬 화성의 사용과 관현악 연주의 웅장함이 느껴져 전반적으로 그 규모와 내용이 가장 폭넓고 영웅적이다.

이 곡의 전체적인 느낌은 바로 웅장함과 영웅적인 이미지이다. 다음의 [그림 14]는 자크 루이 다비드(Jacques-Louis David)[27]의 그림 『황제 나폴레옹 1세의 대관식』[28]으로 영웅적이고 당당함이 느껴지는 역사적인 인물을 떠올리면 생각나는 나폴레옹의 이미지와 일맥상통한다. 이 그림의 내용을 살펴보면 곡과의 연결성이 더욱 뚜렷해진다. 빛나는 승리로 이름을 드날리던 군인 나폴레옹 보나파르트의 대관식은 프랑스 대혁명이 일어나고 15년이 지난 후 거행되었으며 1804년 5월에 제1재정 선언과 12월 2일 파리의 노트르담 성당에서 교황이 주재한 나폴레옹 1세의 대관식을 통해 그의 권력이 비로소 정식으로 인정되었다.[29] 나폴

27) Jacques Louis David(1748-1825)는 파리 출신의 프랑스 화가로 신고전주의 양식의 중심인물이다. 대표적인 작품으로 <호라티우스 형제의 맹세(1748년)>, <마라의 죽음(1703년)> 등이 있다.

28) Jacques Louis David의 황제 나폴레옹1세의 대관식 (The Consecration of Emperor Napoleon I and Coronation of Empress Josehphine) 작품, 1806-1807, 캔버스에 유채, 621×979cm 루브르박물관, 파리.

29) Sylvain LAVESSIERE, 루브르 박물관의 회화관 큐레이터 『황제 나폴레옹1세의 대관식』,

레옹은 이 대관식의 순간을 영원히 남기기 위해 프랑스 화가 자크 루이 다비드에게 회화작품의 제작을 의뢰하였고 그로 인하여 이 작품은 전 세계의 나폴레옹의 모습을 널리 알리는데 큰 기여를 하였다.

이 그림의 중심은 좌우 근경을 어두운 색으로 눌러 주고 중심의 나폴레옹과 조셉핀에게 밝은 빛을 떨어뜨렸다. 또한 관객의 시선이 올라가는데 한계가 있는 것을 고려해 등장인물들을 그림 아래쪽에 배치하고 윗부분은 시원한 공간으로 비워 놓아 웅장한 느낌을 강조한다.[30] 본 연구자는 파리 여행 중 루브르 박물관에서 실제 이 작품을 보았다. 가로 10m, 세로 6m에 이르는 이 작품의 거대한 크기는 웅장함과 의식의 위엄을 한 층 더 느끼게 한다. 그림을 자세히 보면 많은 사람들의 개성 있는 각가지의 표정과 행동이 담긴 모습이 표착된다. 그림 속 200여명 인물의 사실적인 묘사는 대관식 현장에 서 있는 착각마저 들 정도이다. 이것은 곡에서 각기 다른 요소들이 꽉 찬 texture의 화음과 다양한 리듬으로 변형되어 사실적으로 생동감 있게 표현되는 느낌을 갖는다. 또한 이 그림의 중심은 좌우 근경을 어두운 색으로 눌러 주어 중심의 나폴레옹이 조셉핀의 머리 위에 왕후의 관을 직접 씌워주는 모습에 밝은 빛을 떨어뜨렸다. 이것은 관객의 시선이 올라가는데 한계가 있는 것을 고려한 등장인물들의 배치와 윗부분을 비워 놓은 구도적 의미가 내포된다. 마치 곡의 구성에서 곡의 절정 부분을 정확히 표현해 내는 것과 유사하다.

---

30) 이주헌, 『이주헌의 서양미술 특강』, ㈜아트북스, 경기, 2014, pp.72-82.

[그림 14] Jacques L. David의 그림『황제 나폴레옹1세의 대관식』

4번 Rhapsodie는 곡 전반에 걸쳐 큰 사운드의 패시지가 주로 연주되는 가장 'Out 타입' 사운드의 곡이다. 타법의 스피드를 증가시켜 신체의 질량과 무게를 적절히 사용하며 손목을 충격흡수장치로 사용하여 relax해서 울림 있는 소리를 내도록 하는 것이 중요하다.

이 곡의 구성은 다음의 <표 4>와 같다.

〈표 4〉 Op.119 제4번: 형식 및 조성

형식		Phrase	마디	조성
A	a	Phrase 1	1-5(주요동기)	E♭ Major
		Phrase 2	6-10	
		Phrase 3	11-15	
		Phrase 4	16-20	e♭ minor
	b	Phrase 5	21-25	E♭ Major
		Phrase 6	26-30	
		Phrase 7	31-35	
		Phrase 8	36-40	
	a′	Phrase 9	41-45	E♭ Major
		Phrase 10	46-50	
		Phrase 11	51-55	
		Phrase 12	56-64	

E♭장조로 시작하는 마디1-5가 이 곡의 주요동기로 수직적인 화음 구조의 4분음표와 8분음표의 음형ⓐ와 accent를 동반한 4분음표의 음형ⓑ로 이루어져 있다. 이 두 음형은 곡 전반에 걸쳐서 리듬, 음정, 화성을 변형시키며 확대, 축소되어 사용된다. 이러한 수직적인 texture의 화음을 연주할 때에는 내성을 단단하게 하여 타건하는 것이 중요하다. 노래부분인 윗성부의 음색을 명료히 나타내려면 외성부 뿐만 아니라 손바닥 안쪽에서 이어지는 손가락 2, 3, 4번의 손아귀와 손끝을 단단히 하여 내성부를 정확히 잡아준다. ff의 사운드로 연주할 때는 손가락이 건반에 닿으면 손목을 상대적으로 낮추어 타건해야 자연스럽게 충격 흡수 역할을 하게 된다<악보 26>.

〈악보 26〉 Op. 119, NO. 4: 마디 1-5

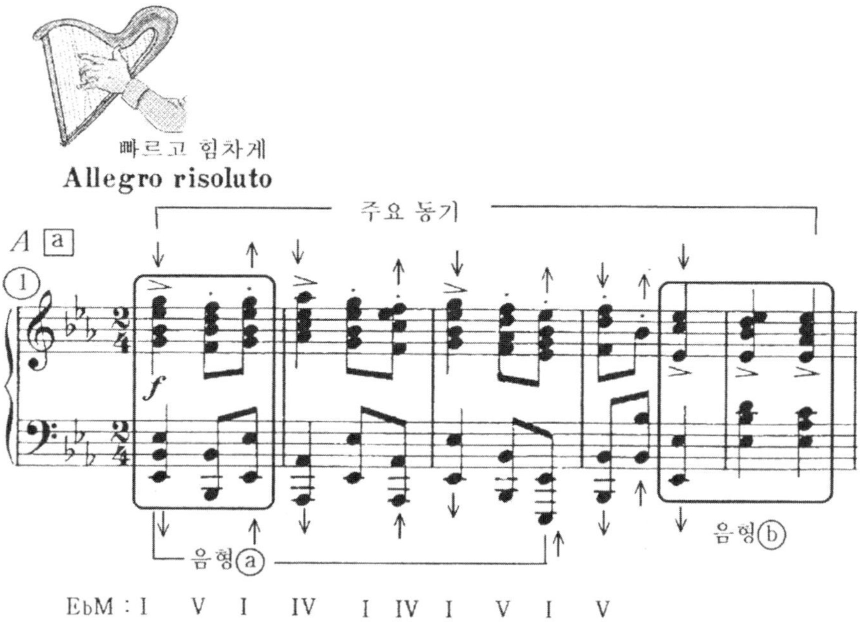

이 음형은 마디 21-40까지 지속되어 b부분 전체의 동기가 된다. 오른손의 아르페지오 음형은 손끝 마디를 세워 재빠르게 연주하고 ff의 수직적인 화음은 'Out 타입'의 터치를 사용하며 신체의 무게를 싣고 질량을 넓혀 관현악적인 울림 있는 사운드를 낸다<악보 27>.

〈악보 27〉 Op. 119, NO. 4: 마디 16-25

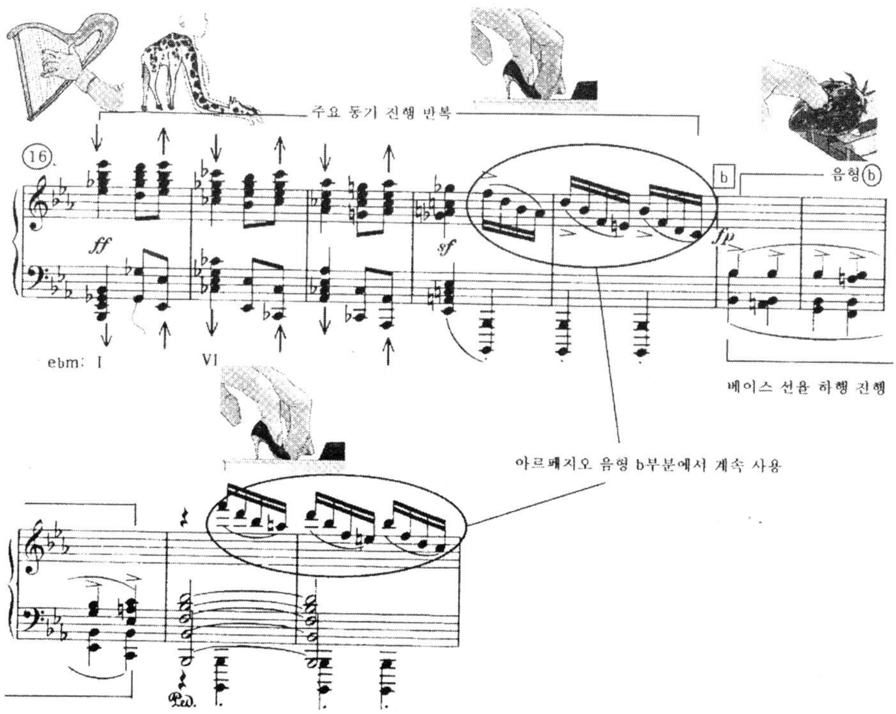

Chapter 10

교육평가와 분석

1. 교육평가와 분석

1) 교육평가란

(1) 평가의 필요성

학습현장에서 매일 이루어지는 교육과 지도내용이 잘 계획된 활동으로써 진행된다하더라도 교육의 효과나 학습자와 교사 양편 만족스러운지에 대해서 알아내기는 그리 쉽지 않다. 특히 예술교과의 수업은 개인적인 선행 학습경험의 유무가 크게 작용하는 부분이 많아서 한마디로 평가를 내리기는 적절한 방법이 아니다. 학습경험의 적절성을 따져보는 일반적 기준은 일반적인 적용 원리일 뿐 수업에 필요한 구체적 조건을 설명하지는 못한다. 더구나 모든 학습경험에는 일정한 기준이 있지만 그것은 구체적이지 못하기 때문에 그 학습경험을 통하여 어떤 결과를 얻게 될지를 정확하게 예측하지는 못한다. 사실상 실제 수업과정에는 학생의 개인차, 수업환경의 변화, 교사의 수업기술의 차이, 교사의 인성 등의 요소가 변인으로 작용한다. 이러한 요인들이 실제 수업과 수업계획을 일치시키지 못하게 하는 것이다. 그러므로 이러한 수업계획이 실제로 교사의 수업에 도움이 되는가를 폭넓게 조사해야 한다. 이것이 바로 평가의 목적이며 수업계획이 세워진 이후에도 평가가 수행되어야 하는 이유다.

평가는 우리가 개발하고 조직한 학습경험이 실제로 얼마만큼 의도한 성과를 거두고 있느냐를 조사하는 과정이며, 아울러 평가의 과정은 계획의 장점과 단점을 밝혀내는 것이다. 이것은 이 프로그램의 기본 설계가 타당한가를 묻는 것이고, 아울러 구체적인 도구의 적절성을 평가하는 것이다. 즉, 수업을 진행하는 수단이 되는 교사나 다른 조건 등이 적절한가를 따져보는 것이다. 그 결과에 따라서 교육과정의 어떤 점이 좋고 어떤 점이 개선되어야 할 것인가를 판별할 수 있을 것이다.

평가는 또한 학생들이 어떤 면에 대해서 계속 관심을 갖고 있어야 하는지 학생들의 학업 진도에 따라서 어떤 프로그램을 갖고 어떻게 학생을 지도해야 하는지를 밝히는데 사용하고 있다.

마지막으로 평가는 학부형들에게 학업의 성공을 설명하기 위한 중요한 자료를 제공한다.

차츰 우리는 학생들에게 어떤 변화가 있었는지, 우리가 어느 정도로 목표를 달성하고 있는지, 그리고 어떤 점을 개선해야 하는지를 알기 위해서 평가절차를 활용해야 한다.

(2) 평가에 대한 기본개념

기본적으로 평가과정이란 교육의 목적이 교육과정이나 학습지도에 의하여 어느 정도 실행되고 있는가를 평가하는 일이다. 그러나 기본적으로 교육의 목적은 인간의 변화, 즉 아동의 행동에 어떤 바람직한 변화를 가져오도록 하는 것이기 때문에 평가란 이러한 행동의 변화가 어느 정도 이루어지고 있는가를 판별하는 과정이다.

평가에 대한 이러한 개념은 두 가지 중요한 의미를 가지고 있다. 첫째,

평가는 학생들의 행동을 분석하는 것이어야 한다는 의미를 내포하고 있다. 왜냐하면, 교육이 추구하고 있는 것이 결국은 행동의 변화이기 때문이다. 두 번째, 평가는 한 번 이상 이루어져야 한다. 왜냐하면 어떤 변화가 있었는가 없었는가를 알아보기 위해서는 초기에 분석을 하고 나서 나중에 다시 어떤 변화가 일어나고 있는가를 분석하는 것이 필요하다.

그러나 교육평가를 함에 있어서 단지 두 가지 측정만으로는 부족하다. 왜냐하면 어떤 목표는 수업 중에 달성되기 때문에 어느 정도 시간이 지나면 곧 잊어버리게 되기 때문이다. 학습이 완전히 이루어졌나 아닌가를 알아보기 위해서는 수업이 끝난 이후에 평가를 해보는 것이 필요하다. 그러므로 중·고등학교나 대학에서는 학생들이 학교에서 받은 수업의 결과가 영구한가 아닌가를 알아보기 위해서 졸업생을 대상으로 추수연구(follow up study)를 한다. 이것은 바람직한 평가의 일부분이다. 실제로 평가의 횟수를 고려할 때 적어도 일 년에 한 번 정도의 측정이 매년 이루어져야 한다고 말하고 있다. 그래야만 누가 기록이 되고 바람직한 목적이 달성되었는지 또는 변화가 있었는지 아닌지를 알 수 있게 되는 것이다.

평가가 학생들의 변화의 증거를 수집하는 것이기 때문에 행동에 대한 믿을만한 증거는 평가의 도구가 된다는 것을 보여주는 것이다.

평가에 대한 또 한 가지 기본 개념은 표집(sampling)이다. 표집은 여러 부분에 포함되어 있다. 예를 들어서, 평가는 한 집단의 표집을 통하여 얻어진 자료로 전체 학생들의 반응을 알아볼 수 있다. 우리는 학생들의 작문 실력을 알아보기 위하여 몇 개를 표집해서 물어보고 그것을 통해서 그의 전체적인 실력을 유추해 보는 것이다. 이것은 인간의 모든 행위, 태도, 지식, 정서 등에 다 통용되는 것이며 즉 인간의 능력을 표집된 상황에서의 반응을 통해서 유추할 수 있다고 가정하는 것이다.

표집법(sampling)은 개인의 행위를 분석하는데 뿐만 아니라 단체를 대상으로 한 교육과정 시행의 효과를 측정하는 데도 사용된다. 교육과정의 효과를 보기 위해서 반드시 모든 아동의 반응을 조사해야 할 필요는 없다. 표집만 정확히 되어 있으면 일부분의 학생을 대상으로 하였더라도 결과는 모든 학생을 대상으로 하는 것과 같을 것이다. 그러므로 학생들의 행위를 조사하기 위해서 많은 학생들을 조사하거나 면접을 해야 할 필요는 없는 것이다. 그리고 학습의 영구성을 알아보기 위해서 추수연구를 할 때 전체를 대표할 수 있는 인원을 표집해서 연구를 할 수도 있을 것이다.

(3) 평가절차

평가는 교육의 목표에서부터 시작된다. 평가의 목적이 교육목표가 실제로 어느 정도 달성되었는가를 보는 것인 이상, 목표가 제시하는 행위가 이루어졌다는 증거를 제시하는 평가절차가 필요한 것이다. 학습목표가 제시되면 목표의 양면적인 분석은 평가를 위한 구체적 자료로 쓰인다. 모든 행동목표의 제목은 그 행동이 어느 정도 학습되었는가를 밝히는 것이다. 그리고 내용목표 분석은 행동의 분석과 연관시켜서 표집되어야 할 내용이 어떤 것인가를 밝히는 것이다.

물론, 이러한 '행동목표'는 학습경험의 선정과 계획에 구체적인 도움을 주기 위해서도 분명히 정의되어야 한다. 행동목표가 분명히 정의되어 있지 않다면 평가를 하기 위해서도 필연적으로 목표는 정의되어야 한다. 만약 목표가 제시하는 행동이 어떤 것인가가 분명하지 않다면 목표가 어느 정도 달성되었는지를 알기 위해서는 학생들의 어떤 행동을 평가 대상으로 해야 할지가 불분명해지는 것이다.

평가의 두 번째 단계는 교육목표에 내포되어 있는 학습행위를 학생들이 성취할 수 있도록 기회를 주는 것은 어떤 조건에서 형성되는가를 찾아내는 일이다. 우리가 학생들이 어떤 행동을 익혔는지 아닌지를 알아보는 유일한 방법은 학생들로 하여금 그 행위를 실제로 해보도록 하게 하는 것이다. 이것은 우리가 행동을 표현할 수 있는 기회를 주어야 함은 물론 그러한 행동을 자극하고 격려하여야 한다는 것을 의미하는 것이다. 그러면 우리는 목표가 어느 정도 달성되었는지를 관찰할 수 있는 입장에 서게 되는 것이다. 목표가 분명히 제시되고 행동으로 표현할 수 있는 기회가 어떤 조건에서 주어지는지가 밝혀진 뒤에는 평가에 사용할 수 있는 도구가 어떤 것인가를 살펴볼 수 있다.

(4) 평가도구의 제작

어떤 프로그램의 목적이 분명히 밝혀지고 이러한 행동이 표현될 수 있는 조건이 분명해지기 전에는 그 평가가 그 프로그램의 유효성을 측정할 수 있는지 없는지를 결정할 수가 없다.

만약 어떤 구체적 목표에 맞는 평가도구를 만드는 것이 필요하다면, 처음 단계는 실제로 학생들이 행동을 표현할 수 있는 기회를 주는 조건을 만드는 것이다. 이러한 노력은 이 조건이 증거를 수집하는 적절한 방법이 될 수 있는가를 측정할 수 있는 기회를 제공하는 것이다. 그러므로 학생들에게 문제분석의 능력을 보여줄 수 있는 조건은 학생들에게 여러가지 문제를 제시하고 그 문제를 분석하도록 조건을 만드는 것이다.

학생의 행위에 대한 증거를 수집할 수 있는 조건을 결정한 다음에는 이러한 시험 환경에서 학생들의 행동을 기록할 수 있는 방법을 강구하는 것이 필요하다. 평가도구 개발의 단계는 행동기록을 분석하는데 사용하는 용어나 단위를 결정하는 일이다.

우리가 수업 중 알맞은 행동목표를 정하고 그러한 활동과 행위를 위한 조건을 만들었다할지라도 수업의 효과 측정시 만약 그 목표 측정에 알맞은 도구가 없는 경우에는 새로운 평가도구를 개발해야 한다. 지극히 정밀한 평가도구를 만들기는 어렵지만 대부분의 평가도구는 쉽고 단순하게 만들어지는 조잡한 것이다.

목적을 달성할 수 있는 또 다른 방법이 있는지? 모든 인간의 행동은 어떤 단위에 의해서 측정이 되고, 이 단위를 결정하는 것은 평가도구의 개발에 있어서 중요한 문제가 된다.

어떤 경우에서든 인간의 행동분석은 단순한 점수 집계에 의해서가 아닌 분석의 형태를 취해야 한다. 영호는 97점이고, 찬수는 64점을 맞았다는 것을 아는 것만으로는 교육과정 개발에 참고할 수 있는 평가를 다 했다고 볼 수 없다. 평가는 장점과 단점을 밝히는 것이어야 하고, 하나하나의 목표를 단위로 하는 평가가 이루어져야 하며, 또한 하나의 목표를 달성했는지 아닌지를 보다 자세하게 기술하기 위해서는 하나의 목표에 대한 측정을 여러 가지 면에서 다루는 것이 좋다. 어떤 점이 부족하고 어떤 점이 우수하다는 것을 밝혀주는 이러한 분석적 평가는 교육과정을 개선하는데 있어서 아주 중요한 요소가 된다.

평가도구 제작의 두 번째 단계에서 중요한 것은 이러한 성적평가의 방법이 어느 정도 객관적이냐 하는 것이다. 즉 서로 다른 두 유능한 사람이 행동에 대한 기록을 할 수 있는 기회를 얻었을 때 어느 정도로 같은 성적을 낼 수 있겠느냐 하는 것이다. 성적을 매기는 사람에 따라서 그 결과가 판이하게 달라진다면 그것은 분명히 주관적인 평가이기 때문에 객관성을 갖추도록 수정해야 한다. 어떤 때는 그 객관성이 점수 계산을 보다 구체화시킴으로써 얻어지기도 하고, 또 어떤 때는 행위 자체에 대한 기록이 보다 정교해짐으로써 얻을 수 있기도 하다.

여기서는 평가도구의 객관성을 확보하기 위한 여러 가지 기술적 절차를 거쳐서 평가를 하도록 하는 것이 바람직하다. 이러한 평가도구에 대한 검사가 이루어진 다음에는 점수를 집계하는 방법의 객관성을 따져볼 뿐 아니라 표집된 행위의 객관성도 따져보아야 한다. 일반적으로 표집된 행위의 크기는 그 행위가 얼마나 다양한가에 달려 있다.

사실 어떤 결론을 추출하기 이전에 표집의 크기를 확대시켜야 할 것이다.

평가도구에 대한 두 개의 중요한 기준은 바로 객관도(objectivity)와 신뢰도(reliability)라는 것이 분명하다. 우리는 이제 평가도구의 세 번째 중요한 기준인 타당도(validity)에 대하여 논의해 보자. 타당도는 평가방법에 적용되는 것이다. 사실상 타당도는 평가도구가 우리가 평가하고자 하는 행위에 대한 자료를 어느 정도 실제로 제시하느냐 하는 것이다. 타당도는 다음 두 방법 중의 하나로 확인될 수 있다. 하나는 직접적으로 우리가 측정하고자 하는 행위를 표집하는 것이다. 예를 들어 아동들의 식사 습관을 추론하기 위한 기초 자료로는 학생들이 선택하는 음식물이 무엇인가를 조사하는 것이다. 또는 독서습관을 조사하기 위한 자료로는 실제 독서 기록을 확보하는 것이다. 그리고 문제분석 능력을 알아보기 위해서 아동들에게 문제를 제공하는 것이다. 이것을 '명목적 타당도(face validity)'라고 부른다. 그것은 평가도구가 실제로 평가하고자 하는 행동을 직접적으로 표집했다는 의미에서 타당성을 지니기 때문이다. 타당도를 확인하는 다른 하나의 방법은 어떤 구체적인 평가도구다. 직접 평가하고 얻은 결과의 상관관계에 의해서다.

평가도구의 객관도와 신뢰도가 낮은 경우는 개선을 해야 한다. 즉 평가도구의 모호성 제거, 학생들로부터 의미 있는 반응을 얻지 못한 평가 부분의 제거 등이다. 그렇게 되면 학생들이 목표에 얼마나 도달했는지를 정확하게 측정할 수 있는 수정된 평가도구를 얻게 될 것이다.

이러한 평가도구는 종합적이고 분석적인 결과를 얻는데 사용될 것이다. 결국 평가절차는 학생들의 개인 지도에 있어서도 중요하다. 평가는 학생들의 배경을 이해하기 위해서도 필요하지만 학생들이 목표 달성을 어느 정도 이루었는가를 알아서 그들의 능력이 무엇이고 그들의 요구가 무엇인지를 알기 위해서도 필요하다. 종합적인 평가가 이루어지게 되면 학생들에게 유용한 정보를 제공할 수 있다.

평가방법은 학생을 왜 평가하며 구체적으로 어떤 영역과 내용을 평가하는가에 따라 달라지게 된다. 이때 중요한 것은 평가하는 내용을 가장 잘 드러내고 변별해 낼 수 있는 방법을 선택하는 것이다. 학업성취도나 태도, 정서적 상태 등을 평가하는 경우는 인간에게 잠재되어 있는 잠재적 특성을 평가하는 것이다. 따라서 이렇게 보이지 않는 특성을 평가하기 위한 방법을 선택하는 문제는 물리적 대상의 경우에 비해 훨씬 더 복잡하고 깊은 사고과정을 요하게 된다.

평가방법을 결정하는 과정에서 평가주체인 교사가 가져야 할 태도는 최종적으로 그러한 평가방법을 선택했는가에 대한 타당한 이유를 확보하는 것이다.

① 평가도구의 선정 및 개발

지금까지의 과정을 통하여 전체적인 평가의 틀을 수립하게 된다. 다음으로는 구체적으로 평가에 사용되는 평가도구를 선정하거나 개발하는 작업을 하게 된다. 평가도구는 기존에 개발된 도구를 사용할 수도 있고 교사 자신이 직업 개발하여 사용할 수도 있다.

평가도구의 선정 및 개발과 관련하여 교사는 최근에 급속한 속도로 발전하고 있는 컴퓨터 공학에도 관심을 기울일 필요가 있다. 새롭고 다양하게 변화하는 IT기술은 평가할 수 있는 내용의 범위를 지속적으로 확장시켜 줄 것이기 때문이다.

② 평가시행을 위한 계획수립

실제 평가를 시행하기 위한 계획을 수립한다. 이 단계에서는 평가대상, 평가횟수, 평가 장소, 평가에 필요한 인원, 채점방식, 그리고 기타 장비 등 평가를 실제로 수행하는데 필요한 인적 · 물적 여건을 점검하여 철저한 사전계획을 다음과 같이 세운다.

즉 평기시행을 위한 계획을 수립할 때는 평가결과를 채점하는 방식이나 결과보고 방식 등에 대한 계획도 함께 수립되어야 한다. 이에 따라

답안지 형태가 결정되고 필요한 채점 인원도 미리 확보될 수 있다. 그밖에도 평가를 실제로 수행하는데 필요한 인적·물적 자원에 대하여 철저한 사전 계획을 수립한다.

③ 평가환경의 구축

평가의 주체자는 완성된 계획에 맞추어 평가환경을 구축한다. 즉 학교 평가환경을 구축하기 위한 노력은 물리적 환경을 구축하는 데에만 한정되지 않는다. 평가대상인 학생들 가운데 평가에 대해 심리적 불안감이 있다든지 걱정을 지나치게 많이 하는 것과 같은 심리적 특성으로 인해 평가에 영향을 받게 되는 학생들이 있는지를 파악하여 적절한 조치를 취하는 것 등도 평가를 실시하기 전에 이루어질 필요가 있다.

(5) 평가결과에 대한 해석 및 활용

분석결과에 대한 해석을 통해 평가결과의 의미를 찾도록 한다. 평가를 실시하여 자료를 수집하고 이를 분석하는 단계가 비교적 기술적인 절차에 따라 이루어진다면 평가결과에 대한 해석은 보다 종합적으로 그리고 평가대상인 학생 개개인의 특성과 상황을 고려하면서 이루어져야 한다. 특히, 학생평가의 경우 평가결과에 대한 해석은 점수 위주가 아닌 학생 위주로 이루어져야 한다.

자칫 평가의 과정은 평가주체자인 교사로 하여금 평가대상자인 학생을 지배하게 하는 속성을 지니게 할 수 있다. 인간들의 만남에 기초하여 이루어지는 교육활동의 장에서 이루어지는 평가인 만큼 평가 대상자인 학생이 평가의 과정에서 소외되지 않고 평가의 과정을 통해 교사와 학생의 인간적인 관계가 상처받지 않도록 세심한 주의를 기울일 필요가 있다. 학교현장에서 이루어지는 평가는 교육활동의 한 과정이지 교육활동과 별개로 일어나는 선발적·판단적 활동일 수만은 없다. 평가의 실행이나 그 결과에 대한 해석은 교육의 과정에 도움이 되는 정보를 제공할 뿐만 아니라 교육적인 활동 그 자체가 되기도 한다.

① 평가결과의 보고

해석을 적절한 형태로 요약·정리하여 필요한 사람에게 보고하게 된다. 평가의 목적이 외부에 의해 부여되었느냐 교사 스스로에 의해 설정되었느냐에 따라 평가결과의 보고 형태나 대상은 달라지게 된다.

외부에 의해 부가된 경우에는 일반적으로 평가결과의 보고 형태나 대상은 이미 결정되어 있을 것이기 때문에 그에 따라 작성하면 된다.

평가결과를 보고하는 대상의 범위를 어디까지로 제한할 것인가의 문제 역시 평가 주체인 교사가 고려해야 할 문제이다. 평가결과를 알릴 권리가 평가주체인 교사에게 있는 것인가에 대해 잠시 생각해 볼 필요가 있다. 인간을 가장 인간답게 하고 인간의 자아를 최대로 실현하기 위한 활동이 이루어지는 교육의 장에서 평가결과를 어떤 방식으로 누구에게까지 개방해야 하는가에 대한 논의가 이루어질 필요가 있을 것이다.

② 평가결과의 활용

평가결과를 정리하여 보고하는 것으로 평가의 과정은 일단락이 된다. 그러나 그 결과의 활용문제는 초기에 왜 평가를 시작했는가 하는 문제와 직접적으로 관련된다는 점에서 평가의 과정을 완성시키는 필수적인 단계라고 볼 수 있다.

평가결과는 첫째로 평가목적에 의해 활용된다. 선발을 위해 평가를 했다면 평가결과에 비추어 학생을 선발하고, 학점을 부여하기 위해 평가를 했다면 평가결과를 기준으로 학점을 준다. 교사의 수업개선을 위해 평가했다면 평가결과를 바탕으로 수업을 개선하는 데에 활용한다.

둘째로 교육의 장에서 수행되는 평가는 본래의 평가목적 이외에 교육적인 목적을 위해서 그 결과를 활용할 필요가 있다. 학생에 대한 모든 평가결과는 교사 자신에 대한 평가결과일 수 있다는 인식 아래 자신의 교수활동 및 학생지도를 위해 평가결과를 적극적으로 활용하는 것이 필요하다.

(6) 메타평가

교사가 평가목적을 확인하는 것으로부터 마지막 평가결과를 보고하고 활용하는 단계까지 학생평가의 절차는 종료된다. 그러나 마지막으로 교사는 평가의 과정을 구성하는 각 단계 자체에 대해 평가를 실시할 필요가 있다. 이것이 바로 메타평가의 단계이다. 즉, 메타평가란 평가 자체에 대한 평가를 일컫는다. 여기에서는 다섯 단계로 그 내용을 요약해 보고자 한다.

1단계는 확인된 평가목적이 과연 바람직하게 설정된 목적이었는지를 평가한다. 설정된 평가목적이 교육적으로 바람직하지 못한 결과를 초래하지는 않았는지 학생들에게 지나치게 경쟁적인 풍토를 조성하게 하지는 않았는지 등 교육적인 관점에서 평가목적을 평가한다. 또한 평가목적은 실용적인 관점에서도 평가될 필요가 있다. 과연 실제로 달성 가능한 목적이 설정되었는지 등에 대한 점검이 필요하다.

2단계는 평가영역과 내용을 선정하는 과정이 1단계에서 설정된 평가목적에 적합한 내용이 선정되었는지에 대한 평가이다. 평가목적에 제시된 내용을 파악하는데 타당한 모든 내용을 선정하는 것도 중요하지만 이러한 내용이 한정된 평가 상황에 균형 있게 포함되도록 하는 것이 좋다.

3단계는 평가방법을 결정하는 단계로 평가목적과 평가내용을 잘 평가할 수 있는 평가방법이 결정되었는가, 결정된 평가방법은 교육적으로 바람직한가, 또한 현실적으로 활용가능한가 등을 검토한다.

평가도구의 선정과 개발에 대해서는 선정된 평가도구가 평가목적과 평가 내용에 부합하면서도 양질의 도구인지를 검토한다. 평가도구 선정과정에서 비합리적인 요인, 가령 이해집단의 압력 등이 개입되지 않았는지를 점검해 본다. 평가도구를 스스로 개발한 경우에는 개발한 평가도구의 타당도 및 신뢰도와 같은 양호도 검증이 제대로 이루어졌는지 그리고 평가도구의 양호도를 제고하기 위해서는 어떤 점들이 개선되어야 하는지를 파악한다.

평가시행 계획수립에 대해서는 계획수립 단계에서 미처 고려하지 못한 사항이라든지 실제 평가를 실시할 때 계획단계에서 예측했던 것과 달라서 문제가 되었던 사항 등을 파악하도록 한다. 평가환경 구축에 대해서는 평가실시를 위해 필요한 인적 · 물리적 요인을 마련하는 것이 얼마나 효율적으로 이루어졌는지를 평가한다.

4단계의 자료수집 과정에 관련해서는 먼저 자료수집 과정 자체에 대한 평가가 필요하다. 즉, 평가의 시행이 학생이나 학교에 미치는 영향은 무엇인가, 교육적으로 바람직한 영향을 미쳤는가, 평가를 실시함으로써 학교풍토에 어떤 변화가 일어났는가, 평가로 인해 학생들의 학습습관은 어떻게 변화하였나 등을 점검한다. 더불어 자료수집 과정의 효율성 및 정확성에 대한 평가도 필요하다. 자료분석 과정에 있어서는 자료의 특성이나 형태에 적절한 분석기법이 사용되었는가에 대한 평가를 실시한다.

5단계의 평가결과 해석과 관련해서는 분석된 자료에 대한 해석이 타당하게 이루어졌는지, 결과를 해석하는데 있어서 지나치게 성급한 결론을 내린 것은 아닌지, 지나치게 비교육적인 해석을 내린 것은 아닌지 등에 관한 판단을 내린다. 평가결과의 보고에 대해서는, 평가결과를 보고하는 양식이 평가목적이나 평가결과의 특성을 일목요연하게 제대로 드러내는 방식으로 작성되었는지를 평가한다. 또한 평가결과를 보고하는 대상이 교육적인 면에서나 윤리적인 면에서 적절하게 선정되었는지를 검토한다. 또한 평가결과의 보고로 인해 생긴 어떤 변화가 있으면 이를 파악하도록 한다.

평가결과 활용과 관련해서는 평가결과가 애초의 평가목적을 성공적으로 달성시킬 수 있는 결과인지. 이 결과가 평가목적에 맞게 적절하게 활용되었는지를 평가한다. 또한 평가목적 이외에도 평가결과를 학생의 학습활동과 교사의 교수활동 개선에 도움이 되도록 활용하였는지, 교사 자신을 평가하는 자료로 활용하였는지 등의 여부를 파악한다.

평가의 전체 과정 자체를 다시 평가해 보는 메타평가는 모든 평가에 있어서 필수적으로 수행되어야 할 절차이다. 세상에는 완벽한 평가자도, 완벽한 평가행위도 존재하지 않는다. 모두가 현재의 시점에서 가능하면 오류의 가능성을 줄이고 보다 최선의 평가가 실행될 수 있도록 노력할 뿐이다. 따라서 평가주체인 교사는 메타평가의 수준을 높여 갈 수 있어야 한다.

메타평가의 단계는 임의적으로 이루어지기보다는 공식적인 평가의 절차에 포함되어 체계적으로 실행될 필요가 있다. 왜냐하면 메타평가 결과는 평가결과를 해석하거나 후속되는 평가의 과정을 개선하는데 활용될 수 있어야 하기 때문이다.

일반적으로 교육현장에서 전통적으로 사용해 왔던 학습평가의 방법은 한 학기를 전제로 할 때에 다음의 표와 같다.

〈표 10-1〉 진단평가, 형성평가, 총괄평가의 비교

구분	진단평가	형성평가	총괄평가
목적	선수학습 능력의 결핍 여부 판정	- 수업과정에서 미비점 발견 - 학습의 형성을 돕기 위한 공수환경의 개선과 지원	- 성적 산출 - 행정적 의사결정
기능	- 정치 - 선수학습 능력의 결핍 여부 판정 - 생의 사전학습 성취수준 판정 - 수업방법과 관련하여 여러 특성에 따라 학생을 분류 - 반복되는 학습곤란의 심층적 원인 판명	- 수업-교사와 학생들에게 학생의 학습진전도에 관한 피드백 정보 제공 - 치료적 지도의 처방을 위하여 단원의 구조 속에서 오류의 위치 규명 교수-학습 방법을 개선	단원, 학기, 과정의 마지막에 학점을 인정하거나 성적 확정
실시시기	- 정치를 위해서는 단원, 학기, 학년 초에 실시 - 정규수업에서 충분한 학습이 일관적으로 안되는 경우는 수업진행 도중에서 실시	수업진행 도중에서 실시	단원, 학기, 학년의 종료시 실시
활용		즉각적인 수업개선과 교정지도에 이용	본인과 학부모에게 통지하는데 이용
채점	규준 및 준거지향적	- 준거지향적 - 목표지향적	일반적으로 규준지향적, 그러나 준거지향도 가능

3) 평가도구의 제작

(1) 문항제작을 위한 준비

문항제작은 본질적으로 창의적 활동이며 평가의 목적에 따라 적절한 문항이 제작되어야 한다. 여기서 문항이란 채점단위를 의미하며 시험문제 혹은 검사란 구조적으로 연결된 문항의 집합이라고 정의할 수 있다. 문항제작에 필요한 가장 본질적인 요소는 교육목표에 대한 깊은 이해와 목표 혹은 학습과제를 문항상태로 번역해 내는 기술, 지식, 경험 등이 필수적이다. 그러므로 문항제작의 계획을 하려면 문항의 특징을 이해하고 제작에 필요한 지식을 갖추어야 한다.

문항제작 계획과 평가의 의사결정을 계획적으로 수행하기 위하여 고려되어야 할 점은 다음과 같다. 먼저 언제 검사를 실시할 것이냐를 정하는 것이다. 평가의 시기 및 회수는 엄밀하게 교수-학습 과정을 한 개의 과정으로 고려되어야 한다. 어떤 유형의 평가문항을 사용할 것인지를 결정해야 한다. 흔히 교사가 많이 사용하는 문항유형은 객관형과 주관형이다. 문항유형은 평가하려고 하는 학습과제의 목적과 내용이 어떤 것이냐에 따라 결정되며 문항의 수는 사전에 결정되어야 한다.

교수목표에서 의도한 행동과 내용이 문하에 드러나기 위해서는 먼저 문항 장면이 옳게 선택되어야 하며 적절성(relevance)이 있어야 한다. 문항장면의 적절성은 교수목표의 구체적인 상태를 얼마나 잘 나타내는가에 의해서 결정된다. 둘째, 복잡성(complexity)이란 한 개인이 부딪치는 요소, 관계의 폭에 관련되는 문항장면의 특징을 말한다. 문항에서 표면적인 문항형식이 복잡해서 그것을 이해하는 데 대부분의 시간과 노력을 소비하는 경우 이러한 문항장면은 적절하지 못하다. 셋째, 학습의 목적과 평가해야 할 능력은 구체성을 갖춘 일반화와 추상성에 의존한다. 추상성(abstractness)은 문항장면이 얼마나 구체적 현실과 떨어져 있는가의 정도를 말한다. 넷째, 문항장면이 학생에게 얼마나 새로운 경험을 주느냐의 정도에 의존하는 참신성(Novelty)과 난이도(degree of difficulty)를 갖추고 있어야 한다. 문항장면은 구조화되어 있는 정도(degree of structure)에 따라 학생의 반응을 제안한다. 문항검사의 결함이 생기는 주된 원인은 질문이 애매하고 지시문이 지나치게 길고 복잡한 경우이며 이러한 원인은 적절한 강조점의 부족 때문이다. 또한 평가하려는 목표와 선택된 문항 유형 간의 불일치성 등을 들 수 있다.

(2) 평가도구의 요건

좋은 평가도구가 되기 위해서는 타당도(validity), 신뢰도(reliability), 객관도(objectivity), 그리고 실용도(usability) 등이 필수적으로 요구되어지는 조건들이다. 이에 따라서 평가도구의 측정학적 특징인 타당도, 신뢰도, 객관도, 그리고 실용도의 개념을 정의하고 각 개념의 구체적 내용을 유형별로 분류하여 비교하고자 한다.

가. 타당도

타당도(validity)란 한 검사 혹은 평가도구가 측정하려고 의도하는 것을 어느 정도 충실히 측정하고 있느냐로 정의할 수 있다. 즉, 무엇을 재고 있느냐는 개념이다.

타당도의 개념 속에는 반드시 준거(criteria)의 개념이 수반된다. 즉 어떤 준거와의 맥락 속에서만 그 의미가 확인되는 개념이며, 타당성은 유무의 문제가 아니라 정도의 문제라 할 수 있다. 즉 모든 도구는 어느 정도는 모두 타당하다. 타당도란 무엇을 측정하고, 측정하려는 것을 어느 정도로 충실히 측정하고 있느냐의 문제로 요약될 수 있다.

검사를 사용하는 목적에 따라 타당도는 여러 가지 방법으로 평가될 수 있다. 다음에서는 예언타당도와 공인타당도를 포함하는 준거 관련

타당도, 내용타당도, 그리고 구인타당도에 관하여 설명하고자 한다. 준거 관련 타당도와 구인타당도의 측정은 상관계수와 기타 통계적 방법을 사용한다. 그러나 내용타당도의 평가는 어떠한 통계적 계산도 포함하지 않고 논리적이고 전문가적인 판단을 요구한다.

① 예언타당도

예언타당도와 공인타당도는 그 기준이 현재냐 혹은 미래냐의 차이일 뿐 어떤 기준에 대한 관계를 밝히는 점에서 동일하므로 두 타당도를 합하여 준거타당도라고도 하며, 실제 자료를 경험적으로 수집하여 통계적인·처리를 하게 되므로 경험적 타당도, 통계적 타당도라고도 부른다.

예언타당도란 한 검사의 기록이 피검사자의 미래 행동이나 특성을 어느 정도로 정확하고 완전하게 예언하느냐는 것으로 결정하며 이때 준거는 시간적으로 미래의 행동 특성이 된다.

선행검사 X와 준거 Y와의 상관관계로 표시되는데 상관계수가 크면 그만큼 예언의 정확성이 크고 예언의 오차가 작다는 것을 의미한다. 선행검사 X와 준거 Y 두 평가도구의 신뢰도에 크게 영향을 받는데 두 개의 검사가 모두 신뢰로우면 그 사이의 상관계수인 예언타당도는 높아진다. 한 예로 운전면허 적성검사라면 이 검사에서 좋은 점수를 받은 사람이 장차 운전기사가 되었을 때 자동차의 운행에서 낮은 사고율을 보이는 결과가 나타나야 이 검사가 제 구실을 한 셈이다.

② 공인타당도

공인타당도란 새로운 연구 및 가능성을 탐색하고, 새로운 해석이나 이론을 모색하기 위해 유용하게 이용될 수 있는 타당화의 한 가지 방법이다. 그 기준은 현재에 있고 검사 X와 준거 Y가 본질적으로 동시에 측정되며, 준거의 성질이 예언이라는데 있지 않고 공통된 요인이 있느냐 없느냐에 달려 있다. 공인타당도의 통계적 방법은 예언타당도와 마찬가지로 검사 X와 준거 Y 사이의 상관계수로 나타낸다. 검사 X로 검사 Y를 서로 바꾸어 사용할 수 있느냐 할 때 그 답이 '그렇다' 이면 공인타당도가 있다고 할 수 있다. 즉 특성 X를 측정하고자 하는 검사 X와 특성 Y를 측정하고 있는 검사 Y사이의 경험적 공인관계를 밝히고자 하는 것이다. 이들 두 가지 유형의 타당도 사이에 존재하는 차이는 시간 차원과 준거의 성질이 다르다는데 있다.

공인타당도의 특징은 검사의 결과와 기준변인의 자료를 동시에 수집하며 검사의 목적은 기준변인에 관한 자료의 수집을 대신하는 데 있다. 검사에 의해서 어떤 기준변인을 예언하기보다는 검사를 사용하는 것이 목적이라는 점에서 예언타당도와 다르다.

③ 내용타당도

내용타당도를 흔히 안면타당도, 이론타당도라고도 한다. 어떤 종류의 측정도구이든지 그것의 타당성을 판단하기 위해 제작 초기에 필수적으로 겪어야 하는 과정이 내용타당도의 확인이다. 내용타당도란 한 검사가 측정하려는 타당성의 준거를 그 측정 도구의 내용, 즉 내적 준거에 비추어 보는 타당도이다.

이에 반하여 최근 새로운 개념으로 도입된 목표지향 타당도는 목표에 따라서 가르친 학생이 가르치지 않은 학생보다 이 검사에서 성적이 더 좋은가라는 말로 표시할 수 있다. 목표지향 평가에서는 타당도가 규준지향 평가에서의 경우보다 더 중요한 의미를 갖는다. 목표지향 측정 혹은 검사는 목표라는 기준을 겨냥한 측정이기 때문에 신뢰도는 부수적인 조건이지만, 타당도는 반드시 있어야 하는 필수조건이다.

내용타당도의 특징으로는 검사문항에 의해서 나타난 내용과 그 검사가 대표하고자 하는 내용이나 행동의 전집과 비교하고 내용의 전집을 명확하고 상세하게 정의해야 한다. 전집을 몇 개의 적합한 하위영역으로 분류, 정의하고 또 각 영역의 중요성에 따라 적당한 비중을 결정한다. 검사 제작자는 각 문항에 대해서 그 문항이 재고 있는 내용과 기능을 명세화하고 그에 따라 문항의 상대적인 비중을 결정한다.

검사가 전반적인 타당성을 측정해 주는 평정척을 만들고, 필요에 따라서는 재고자 하는 기능 및 중요한 내용이나 내용에 대한 문항, 그리고 형식의 적합성을 평정하는 평정척을 만들 수도 있다. 내용타당도의 결정은 어떤 수량적인 관계로써 표현되는 것이 아니라 합리적인 판단과정이다. 이 과정은 검사와 내용 간의 일치성을 평가하는 논리적이고 합리적인 과정이다.

④ 구인타당도

한 검사가 어떤 심리적 개념이나 논리적 구인을 어느 정도 재고 있느냐를 의미한다. 조작적으로 정의되지 않고 과학적으로 이론 정립이 되지 않은 새로운 개념이나 구인을 측정하는 검사로 과학적 이론과 타당화를 부여하는 과정이다. 즉, 한 검사가 조작적으로 정의되지 아니한 어떤 특성이나 성질을 측정했을 때, 그것의 과학적 개념을 분석하고 의미를 부여하는 과정으로 규정할 수 있다. 구인타당도의 특징으로는 A라는 특성을 가진 학생은 B라는 상황에서 C라는 행동을 보일 것이라는 가정 아래에서 새로운 법칙을 도모한다. 조작적으로 정의되지 않은 어떤 특성이나 성질을 측정했을 때 그것을 심리적 개념으로 분석하고 의미를 부여한다. 구인타당도는 준거 없이 타당도를 검증한다는 점에서 앞에서 말한 예언타당도나 공인타당도와 다르다.

나. 신뢰도

한 검사의 신뢰도를 검증하기 위한 실제적 자료를 통한 경험적 추정 방법은 다양하다. 신뢰도(reliability)란 얼마나 정확하게 오차 없이 측정하고 있느냐의 개념이다. 인간의 행동 특성을 측정 대상으로 하는 경우, 거기에는 반드시 어느 정도의 오차가 존재하기 마련이다. 여기서는 검사-재검사 신뢰도, 동형검사 신뢰도, 반분검사 신뢰도, 그리고 내적 합치도 등의 대표적인 신뢰도 측정방법을 설명하고자 한다.

① 검사-재검사 신뢰도

한 개의 평가도구 혹은 검사를 같은 집단에게 두 번 실시해서 그 전후의 결과에서 얻은 점수를 기초로 상관계수를 산출하는 방법이다. 시간 간격에 따른 점수의 변동에서 안정성과 관계되므로 안정성 계수라고도 한다. 검사-재검사 신뢰도(test-retest reliability)에 의해 결정된 신뢰도는 진짜 신뢰도보다 과대 추정이 될 가능성이 많다는 점을 고려해야 한다.

재검사 신뢰도의 특징으로는 검사 실시의 간격을 어떻게 잡느냐에 따라 오차가 달라진다. 즉 간격이 짧으면 신뢰도가 높고, 길면 낮아지므로 두 검사 사이의 시간 간격을 명시해야 하며, 보통 2~4주가 좋다. 또한 전후의 검사 실시에서의 여러 조건 등을 똑같이 통제하기 어려우므로 오차가 커질 수도 있다.

② 동형검사 신뢰도

동형검사 신뢰도(equivalent-form reliability)는 미리 두 개의 동형검사를 제작하고, 그것을 같은 피험자에게 실시해서 두 동형검사에서 얻은 점수 사이의 상관을 산출한 방법이며, 이것을 동형성 계수(coefficient of equivalence)라고도 한다.

재검사 신뢰도의 시험 실시 기간의 사이가 짧을 경우 피검사자가 어떤 특정한 문항을 기억함으로써 검사의 신뢰도가 사실 이상으로 높아지게 되는 현상을 피할 수 있는 방법의 하나로 제작된 것이다. 문항은 다르지만 같은 특성을 같은 형식으로 측정하고자 하는 것이다.

특징으로는 기억효과, 연습효과를 통제할 수 있으며 문항표본에서 파생되는 오차도 신뢰도 계산에서 고려할 수 있다. 그러나 실제로 거의 같거나 완전히 같은 동질적인 검사로 구성한다는 것이 어렵다.

③ 반분검사 신뢰도

반분검사 신뢰도(split-half reliability)는 동질성 계수(coefficient of homogeneity)를 보는 한 가지 방법이다. 한 개의 평가도구 혹은 검사를 분할하고 집단에게 실시한 다음 그것을 적절한 방법에 의해 두 부분의 점수로 분할하고 그 사이의 상관을 계산하는 방법이다. 즉, 하나의 검사를 실시한 후에 두 개의 동형검사를 동시에 실시하였다고 보고 한 검사를 두 개의 동등한 부분으로 나누어 따로 채점하여 두 개의 반분된 검사 간에 상관관계를 내는 것이다. 이 방법은 재검사 신뢰도가 부적절할 때, 또 동형검사를 만들기가 어려울 때 쉽게 사용할 수 있는 방법으로 많이 이용된다.

두 부분으로 분할하는 방법에는 문항을 전후로 하여 반으로 나누는 방법과 기우법(odd-even method)에 의해 두 부분으로 나누는 방법, 그리고 의식적으로 문항의 난이도 및 내용에 따라 비슷한 것끼리 짝지어 반분하는 방법 등이 있다. 반분검사 신뢰도는 두 부분의 검사점수 사이의 상관이 기초가 된다.

반분검사 신뢰도의 특징으로는 하나의 평가도구나 검사를 가지고 신뢰도를 측정한다는 점에서 편리하나 검사 실시 시 가능한 특수한 조건이나 피검사자의 기간에 따른 우연적 변동 등은 통제할 수 없다. 또한 검사문항이 동질적이지 못하면 신뢰도 계수가 과소평가 될 수 있으며 속도검사인 경우 신뢰도 계수가 과대평가 되는 위험이 있다. 손쉽고 편리한 신뢰도 계산방법이나 검사 실시에 있을 수 있는 특수한 조건, 피검사자의 시간에 따른 우연적 변동 등이 진변량으로 취급될 가능성이 있다는 단점이 있다.

④ 문항내적 합치도

쿠더와 리차드슨(Kuder & Richardson, 1937)이 개발하였기 때문에 Kuder-Richardson방법이라고도 한다. 이 방법은 피험자가 검사 속에 포함된 각 문항에 반응하는 일관성, 합치성에 기초를 두고 추정하는 신뢰도이다. 검사 속의 각 문항 하나하나를 모두 독립된 한 개의 검사 단위로 생각하고 그들 사이의 합치성, 동질성, 그리고 일치성을 종합하는 입장이다. 한 검사에 있는 문항을 각각 독립된 별개의 검사로 간주하여 문항내의, 정답과 오답 사이의 일관성을 일종의 상관계수로 표시한 것이다.

문항내적 합치도(inter-item consistency, internal consistency)의 특징으로는 검사가 속도를 지나치게 강조한 경우, 많은 학생이 시간이 모자라 손대어 보지 못한 문항이 많은 경우에는 문항내적 합치도를 과대 추정할 위험이 있다.

검사의 목적에 부적절한 조건을 모두 오차변량이라고 부르는데 이때 오차변량을 통제하기 위한 전략이 필요하며 그 내용은 다음과 같이 요약될 수 있다. 먼저 시간의 안정성과 문항표본의 적절성에 관련된 오차변량이 존재한다. 특히 재검사 신뢰도와 동형검사 신뢰도는 시간 간격에 따른 오차변량이 크며 한 검사에 포함되어 있는 문항표본이 문항모집단을 얼마나 잘 대표할 수 있도록 선택되느냐에 따라 신뢰도가 좌우된다. 또한 문항의 동질성이 보장되어야 한다. 한 검사 속에 포함된 문항이 어느 정도 동질적인 성질을 측정하고 있느냐의 정도를 말하는 것이다. 즉 한 검사 속에 이질적인 성질을 띤 문항이 섞여 있는 정도가 높을수록 신뢰도가 낮아진다. 그리고 피검사 집단의 성질에 따르는 오차변량이 존재한다. 신뢰도를 높이기 위해서는 집단 개인차의 범위가 커지도록 전체 학생을 대상으로 해야 한다. 검사의 길이(문항의 수)에 따라 오차변량이 달라진다. 검사의 길이를 크게 한다고 해서, 즉 신뢰도가 높아진다고 해서 상대적으로 타당도가 비례적으로 높아지는 것은 아니다.

또한 문항의 변별도가 높은 문항을 많이 포함하고 있는 검사가 문항의 변별도가 낮은 문항을 많이 포함하고 있는 검사보다 신뢰도가 높아진다. 검사의 속도를 강조하는 속도검사보다는 누구나 능력껏 풀어 볼 수 있는 역량검사가 신뢰도를 높일 수 있다.

신뢰도를 높이는 방법으로는 검사의 길이, 검사의 문항 수를 늘이고 문항곤란도가 약 50% 수준의 문항을 사용한다. 이질적 문항보다는 동질적인 문항을 많이 쓰며 문항변별도가 높은 문항을 많이 쓰도록 한다. 신뢰도에 영향을 주는 요인으로는 신뢰도의 특정방법과 문항표집의 적합성, 그리고 집단의 특징, 속도요인, 그리고 문항의 동질성 등을 들 수 있다.

다. 객관도

객관도(objectivity) 혹은 평가자 신뢰도는 채점자의 채점이 어느 정도 신뢰롭고 일관성이 있느냐로 규정할 수 있다. 한 가지 반응결과에 대해 여러 사람의 채점 및 평가가 일치하는 정도를 평가자간 객관도라고 하며, 한 평가자가 시간적 간격이나 상황의 차이에 따라 같은 대상에 대해 다른 평가결과를 하는 것을 평가자내 객관도라고 할 수 있다.

객관도는 신뢰도의 일종이며 검사자의 신뢰도이다. 채점의 주관성을 되도록 줄이는 것이 객관성을 유지하는 길이다. 객관도의 향상 방법으로는 평가도구의 객관화, 평정자의 소양, 명확한 평가기준 등을 들 수 있으며 다수인의 공동참여를 통한 평가결과는 객관성을 높일 수 있다.

라. 실용도

하나의 평가도구가 얼마나 시간과 노력을 적게 들이고 소기의 목적을 달성하느냐의 정도를 말하는 것이다.

실용도(usability)의 향상 방법으로는 실시의 용이성, 채점의 용이성, 완전한 채점 방법의 제시, 그리고 비용의 절감 등을 들 수 있다.

〈표 10-2〉 평가도구의 요건 객관도, 타당도, 신뢰도, 실용도의 비교

	내용	추정 방법
타당도	측정도구가 측정하려고 하는 대상의 내용 그 자체를 재고 있는 충실성의 정도를 나타냄	내용타당도 예언타당도 공인타당도 구인타당도
신뢰도	한 검사가 측정 대상이 되는 내용을 어느 정도의 안정성을 가지고 일관성 있게 재고 있느냐 하는 것과 관련된 정확성	재검사 신뢰도 동형검사 신뢰도 반분 신뢰도 문항내적 합치도
객관도	검사의 제한성(채점의 일관성)	
실용도	검사의 경제성	

(3) 인지적 영역의 평가

일반적으로 사용되는 유형은 채점방법에 따라 객관형(objective type), 주관형(subjective type) 그리고 피검사자의 반응에 따라 선택형(selection type)과 서답형(supply type)으로 나누어질 수 있다. 또한 검사결과의 용도에 따라 준거지향 문항(criterion-referenceditem)과 규준지향 문항(normed-referenceditem)으로도 나눌 수 있으며, 마지막으로 평가시기에 따라서 형성평가와 총괄평가 문항으로 나눌 수도 있다. 여기에서는 피검사자의 반응에 따라 분류된 선택형과 서답형 문장을 중심으로 살펴보고자 한다.

가. 선택형 문항

선택형 문항에는 진위형, 배합형, 선다형이 포함될 수 있으며 모든 선택형 문항은 그 문항형식 자체가 구조화, 객관화되어 있다는 것이 특징이다.

① 진위형

진위형(true-falsevariety)은 피검사자에게 진술문을 제시하고 그것의 진위를 판단케 하는 방법이며, 흔히 이자택일형(alternative-responsetype)이라고도 한다. 군집형(clustevariety)은 한 가지 주제에 대해 여러 시각에서 묻는 진위형 진술문을 주고 각각 진위로 판단케 하는 방법이다.

진위형 문항 제작을 위하여 고려되어야 할 점은 다음과 같다. 한 가지 해석만 가능한 절대적 진, 절대적 위의 진술문만 사용해야 한다. 한 개의 문항에는 단일한 아이디어만 포함시켜야 한다. 부정 문장은 되도록 피해야 되며 복합문이나 긴 문장은 사용하지 말아야 된다. 또한 절대적 어구나 일반적 어구를 사용하지 말아야 된다.

진위형은 읽기능력, 언어능력이 부족한 초등학교 저학년을 대상으로 하는 평가에 적절하다. 장점으로는 많은 교수목표를 포함시킬 수 있으며 어떤 교수목표, 내용이건 쉽게 적용할 수 있다. 그리고 채점을 신뢰롭고, 빨리, 제공해 준다. 단점으로는 학생 반응에서의 추측, 우연의 오차를 통제하기 어려우며 중요치 않은 교수목표를 측정할 가능성이 있다.

진위형문항은 교육의 가장 중요한 목적인 기초적인 지식의 습득을 평가하는데 적절하다. 진위형은 능률적이며 문항 제작이 수월하며 특히 형성평가에서 중요하게 사용될 수 있는 문항형식이다.

② 배합형

문항의 형식은 일련의 전제와 답지, 그리고 전제와 답지를 배합시키는 지시문으로 구성된다. 배합형(matching type)의 종류에는 전제와 답지가 한 묶음으로 되어있는 가장 보편적으로 사용되는 단순배합형(simple matching type)과 한 개의 전제에 대해 두 개 이상의 답지가 배합되도록 하는 복합배합형(compound matching type)이 있다. 그러나 어떤 조건, 법칙, 개념, 사실에 비추어 주어진 답지를 분류시키는 분류배합형방법과 답지에 제시된 두 개의 진술문 사이에 인과관계가 성립하는지 분석하고 주어진 전제에 따라 분류시키는 관계분석형이 있다. 또한 양적 관계와 인과관계를 합쳐서 문항을 제작하는 방법으로 변인 사이의 양적 인과관계를 측정하는 경우에 적합한 공변관계형 등이 있다.

배합형문항 제작을 위하여 고려되어야 할 점은 전제나 답지는 동질성이 있는 것끼리 묶어야 하며 그 수는 적절히 제안되어야 한다. 전제와 답지의 각 문항은 계열성 있게 배열하며 각 항목 사이에 중첩되는 개념이 있어서는 안 되며 어떤 기초 위에서 배합할 것인지 분명하고 자세히 지시되어야 한다.

장점은 다양한 검사목록에 적절히 변형시킬 수 있는 적응도가 높다. 단점으로는 사실의 기억을 평가할 가능성이 크며 동질적인 전제와 답지를 만들기 쉽지 않아 때로는 무리한 억지답지를 만들 수 있다. 배합의 항목이 적어지게 됨으로써 정답의 단서를 주게 될 가능성이 있다.

③ 선다형

문항의 형식은 두 개 이상의 답지로 구성된다. 선택형 문항 중 다른 형식에 비해 내재적인 결점이 적기 때문에 가장 보편적으로 사용되고 있는 방법이다. 답지를 2개 이상 나열하기만 하면 선다형이 되는 것이 아니며, 답지 하나 하나가 제대로 측정기능을 다 하고 있느냐가 중요하다.

선다형의 유형에는 여러 개의 답지 중에서 한 개만이 정답이고 다른 것은 오답으로 되어 있는 정답형 형식과, 이와 비슷한 최선답형, 그리고 문항의 진술문이 일부분 비어 있는 불완전 문장으로 되어 있고 이 불안전한 곳에 채워야 할 정답을 답지에서 찾는 불안전 문장형이 있다. 문항은 답지에 정답이 여러 개인 다답형 형식이 있다.

선다형 문항 제작을 위하여 고려되어야 할 점은 답지 중 정답은 분명하고 오답은 그럴듯하게 만들어야 하며 각 답지에 반복되는 어구는 문두에 포함시켜 표현하도록 한다. 문두나 답지에 지나친 특수도를 피하며 정답에 대한 단서를 주지 말아야 한다. 맹목적인 학습자를 가려내기 위해서 문두, 답지에 상투적인 표현을 쓰되 답지를 문두와 적절히 관련시킨다. 가능한 문두는 긍정문이 되도록 하며 답지에 어떤 논리적 순서가 있으면 그에 따라 배열하고 그 길이는 비슷해야 한다. 가능한 한 문두는 자세히 표현하고 답지는 간결하게 줄인다. 또한 5지 선다형은 4지 선다형보다 제작하기 힘들지만, 추측의 요인을 그 만큼 감소시킬 수 있다는 점에서 바람직한 문항형식이 될 수 있다.

선다형 문항의 장점으로는 문항형식이 갖는 융통성, 신축성이 크며 채점과 통계적 분석이 쉬워 채점을 객관적이며 기계적으로 할 수 있어서 객관성, 신뢰성을 높일 수 있다. 또한 간편하고 능률적이며 추측의 요인이 작게 작용하고, 답지를 5개 정도로 하면 추측의 요인은 거의 무시할 수 있다. 단점으로는 단순한 기억력 측정에 빠질 수 있으며 표현과 창의의 기회가 제약된다. 선택형이 갖는 내재적 약점은 정답을 선택하도록 되어 있기 때문에 표현력, 창의력, 종합력, 그리고 조직력과 같은 능력을 측정할 기회가 극히 제한된다는 점과 아무리 노력해도 추측의 요인을 완전히 제거시킬 수 없다는 점이다.

각 문항의 본질적 기능은 정답을 아는 것만이 목적이 아니다. 형성평가의 경우는 오답에서 얻은 정보가 교수 대안을 고안하는데 중요한 역할을 한다. 문항분석의 통계적 처리를 통해서 교수방법과 학습개선을 시도할 수 있는 정보를 얻을 수 있다.

나. 서답형 문항

서답형 문항에는 단답형, 완성형, 그리고 논문형 등이 포함될 수 있다.

① 단답형

문항의 형식은 단순재생(simple recall)이라고도 하는데 사실적 지식을 묻는 경우 많이 사용한다. 단답형 문항제작을 위하여 고려되어야 할 점은 다음과 같다. 답이 간략한 대답을 요구하도록 질문을 꾸미는 것이 좋으며 질문이 명료해야 한다. 정답이 여러 가지로 표현될 수 있는 경우, 모두 정답으로 간주해야 하며 철자법이나 문법 등에 의해 채점하지 말아야 된다.

② 완성형

진술문의 일부분을 비워 놓고 거기에 적합한 단어, 구, 기호, 그리고 수식등을 써 넣게 하는 방법이다. 단답을 요구한다는 점에서 보면 동일하지만 형식에서 차이가 있다.

완성형의 유형에는 불완전 문장형, 불안전 도표형, 제한 완성형 등이 있다. 완성형 문항제작을 위하여 고려되어야 할 점은 다음과 같다. 문장 중에 중요한 부분을 비워 놓고, 공백란의 수와 길이를 적절히 제한한다. 문장 속에 정답의 단서를 포함시키지 말고, 채점할 때는 빈칸 하나를 채점 단위로 하여야 한다. 만약 문항 제작에서 의도한 교수목표가 구조적으로 관련된 전체의 응답이 맞느냐 틀리느냐에 의해 결정되도록 되어 있다면 마땅히 전체의 집합을 채점단위로 해야 한다.

단답형과 완성형의 장점으로는 손쉽게 채점하고, 단시간에 광범위한 내용을 검사하는데 유용하며 추측의 요인을 상당 수준 배제할 수 있다. 쉽게 출제할 수 있으며 언어로 전달하기 어려운 자료에 유용하게 이용될 수 있다. 단점으로는 평가가 어렵고, 채점이 용이하지 않으며 학습방향을 피상적이고 단순한 학습방향으로 몰아가게 할 가능성이 많다.

③ 논문형

별다른 형식은 없으며 어떤 질문 혹은 지시에 따라 자유로이 피검사자의 능력을 구사할 수 있게 하는 반응의 무제한성이 특징이다. 논문형 문항 제작을 위하여 고려되어야 할 점은 평가하려는 표적 집단의 성질을 고려하여 하등정신 능력보다는 고등정신 능력을 측정하도록 한다.

구체적인 목적을 검사할 수 있도록 구조화시키고 제한성을 갖도록 하며 문항이 요구하는 영역을 규정하고, 이것을 잘 구조화시킬 필요가 있다. 가능하면 채점기준을 미리 제시하며 문항 수를 적절히 조정하고 문항을 난이도의 순서로 배열하도록 한다.

논문형 검사의 채점방안에서 논문형 문항형식이 갖는 내재적인 특징으로 채점의 비신뢰성, 비객관성이라는 치명적 결점이 있다. 채점방법은 크게 채점의 기준을 요소로 분석해서 배점하고 그 기준에 의해 채점하여 종합하는 방법인 분석적 방법(analytical method)과 답을 한 개의 단위로 보고 전체적인 관점에서 채점하려는 객관적 방법(global method)이 있다.

논문형 검사의 채점방법에서 고려되어야 할 점은 채점의 기준을 미리 정해야 하고, 기준을 만들기 위해 모범답안을 만들어 보는 것이 좋다. 채점 시에 편견이나 착오가 작용하는 것을 피하기 위하여 1인이 채점하는 것보다는 여러 사람이 채점해서 평균을 내는 것이 바람직하다. 문항에 따라 가중치를 달리 주어야 할 경우에는 미리 계획을 세워야 하며 답안지에 학생단위로 채점하지 말고 문항단위로 채점해야 한다.

논문형 문항의 장점으로는 사고과정 자체에는 충분한 자유도를 허용할 수 있으며 고등정신 능력을 측정하는 데 효과적이다. 문항제작이 비교적 쉬우며 학습자의 학습태도를 개선해 줄 수 있다. 단점으로는 채점의 비객관성과 비신뢰성을 들 수 있으며 문항의 표본 수가 제한되고 채점에 시간과 노력이 많이 든다. 논문형 문항 일수록 분포의 편파성이 크고 이상분포가 많은데 이는 채점의 비객관성에도 원인이 있지만 노력과 시간이 많이 드는 데서 오는 피로감을 원인으로 들 수 있다.

〈표 10-3〉 ▶ 선택형 검사와 서답형 검사의 비교

	선택형	서답형
측정하려는 학습결과	지식, 이해, 적용, 분석의 학습결과에 적당하고 종합력, 평가력의 측정에는 부적당	지식을 재는 데는 부적당하고 이해, 적용 및 분석력의 측정에는 적당
내용의 표집	문항을 많이 쓰게 되므로 교과내용을 포괄적으로 다룰 수 있으며, 검사의 내용이 교과내용을 잘 대표할 수 있음	문항이 몇 개 되지 않기 때문에 교과내용을 포괄적으로 다룰 수 없으며, 따라서 검사내용이 교과내용을 잘 대표하기가 어려움
문항제작	좋은 문항을 만들기가 어려우며 시간이 걸림	좋은 문항을 만들기가 쉬운 것은 아니나 선택형만큼 어려운 것도 아님
채점	간단하고 신뢰로우며 객관성을 가짐	어렵고 신뢰롭지 않으며 주관적임
성적을 왜곡시키는 요인들	성적이 읽기능력이나 추측의 요인으로 말미암아 왜곡되기 쉬움	성적이 쓰기 능력이나 얼버무리는 수단에 따라서 왜곡되기 쉬움
효과	남의 사상을 기억하고 해석하고 분석토록 격려해주는 효과를 가짐	자기의 사상을 조직하고 표현하도록 격려해주는 효과를 가짐

(4) 정의적 영역의 평가

평가는 어떤 특정 문제들이 얼마나 정확하고 효과적이며 경제적으로 만족 하는가 라는 가치판단 능력이 포함된다. 또한 이러한 판단은 질적일 수도 있고 양적일 수도 있다. 모든 평가에는 인지적 요소뿐만 아니라 상당 부분 정의적 요소가 포함되어 있다. 즉 개인이 가지고 있는 정의적 요소의 합리적인 평가능력이 요구된다. 시대적 요구에 맞는 인지적 능력과 함께 각 개인의 태도, 가치관, 그리고 도덕성 등 인간 특성인 정의적 능력 또한 측정, 평가되어야 한다. 인지적 정의적 능력은 실제 밀접한 상호관련 속에서 변화한다. 정의적 특성을 측정, 평가하기 위해 가장 많이 사용되고 있는 질문지법, 관찰법, 그리고 평정법에 관한 기초개념과 그 활용법에 고나하여 살펴보고자 한다.

가. 질문지법

질문지(questionnaire) 또는 설문지라고도 하며, 어떤 문제에 관해서 작성된 일련의 질문에 대한 피험자가 대답을 기술하도록 하는 방법이다.

질문지의 장점으로는 첫째, 많은 학생을 대상으로 해서 단시간에 일제히 실시할 수 있으며 둘째, 그 결과를 비교적 빠르게 처리할 수 있고 셋째, 정의적 특성 측정을 위한 예비적 탐색이 가능하다는 것이다.

질문지의 용도는 피험자의 생활 배경에 관한 사실을 묻는 사실발견에 관한 질문과 자아의 심층적 심리에 개입된 내용을 묻는 두 가지로 분류할 수 있다.

질문지 분류방법은 응답 형식에 따르며 미리 반응이 나올 만한 여러 개의 유목 혹은 선택지를 주어 선택하게 하는 방법으로 결과의 처리가 비교적 쉬운 구조적 질문지와 피험자가 주어진 질문에 대해 비교적 자유롭게 반응하도록 하는 방법으로 결과를 질적으로 분석하는 비구조적 질문지로 나누고 있다.

질문지의 유형으로는 자유반응법, 선택법, 체크리스트법, 평정척도법, 그리고 조합비교형 등을 들 수 있다.

질문지법의 장점으로는 먼저 비교적 적은 인적 자원으로 많은 자료를 단 시간에 얻을 수 있다는 간편성, 경제성을 들 수 있다. 또한 면접이나 관찰에 의해서 조사자가 직접 피험자를 대면하기 때문에 응답자의 솔직성, 정직성을 기대할 수 있다. 질문지는 대개 익명이 보장되고 개인의 생활경험이나 심리적 경험을 수집하여 잠재적 행동 특성을 측정하기 쉽다.

질문지법의 단점으로는 먼저 질문지 내용이 언어, 표현능력에 의존하기 때문에 신뢰도의 문제가 제시될 수 있으며, 완전한 통제가 어렵고 회수율이 낮을 가능성이 있으므로 그 결과가 편파적일 수 있다.

나. 관찰법

가장 오래된 방법으로 관찰(observation)은 도구를 사용하지 않는 측정이다. 만약 도구를 사용해도 측정하는 사람에게 영향을 미치고 측정 받는 대상자에게는 영향을 미치지 않는 측정이라고 볼 수 있으며 이때 관찰은 관찰자의 능력에 의존한다.

관찰은 어느 정도 조직적으로 하느냐에 따라서 자연적 관찰과 조직적 관찰로 나누어 볼 수 있다. 자연적 관찰로는 자연적 관찰법, 조직적 관찰로는 전기적 관찰법, 행동요약법, 시간표본법, 장면표본법, 참여관찰법, 그리고 실험적 관찰법 등이 있다.

관찰한 결과를 적절한 방법으로 기록 정리하는 방법으로는 일화기록법, 체크리스트, 그리고 멀티미디어에 의한 기록법 등이 있다.

관찰의 성공 여부는 관찰자의 능력에 의존하기 때문에 관찰방법에 유의하여야 하며 이때 주의해야 할 점으로는 계획성을 가지고 관찰하고 적절한 기록 정리 방법은 미리 결정하고, 객관적이며 즉사적인 태도를 항상 유지하여야 하며 주어진 상황을 충분히 고려해야 한다. 또한 행동의 변화 추이에 따라서 관찰하고 행동표본이 전체를 대표할 수 있는 것인지 숙고하여야 한다.

다. 평정법

관찰자가 평정 받는 객체를 유목이나 숫자의 연속성 위에 분류하는 측정 도구 또는 개인의 어떤 특성에 관한 의견의 표본을 조직적, 객관적으로 수집하는 방법을 평정법이라고 한다.

평정법의 종류는 유목평정척, 숫자평정척, 도형평정척, 체크리스트 평정척, 그리고 강제선택 평정척 등을 들 수 있다.

평정법은 관찰자가 정확하고 객관성을 갖고 측정할 수 있다는 가정에 기초를 두고 있기 때문에 평정자가 평정할 때 평정결과가 중간 부분에 지나치게 모이는 경향, 피험자의 인상에 의해서 평정하게 되는 경향이 나타날 수 있다. 평정자 자신의 모순된 판단이 평정결과에 그대로 반영되는 경우, 그리고 표준의 착오, 대비의 착오, 그리고 근접의 착오 등이 발생 되는 평정자 자신의 한계점을 들 수 있다.

4) 평가결과의 분석

검사 도구의 질을 높이기 위해서는 양질의 문항들로 검사를 구성해야 하는데, 이를 위해 각각의 문항에 대하여 좋고 나쁨을 따져야 한다. 이런 일련의 검증 절차를 문항분석이라고 하며, 문항분석을 통하여 양질의 문항은 활용하고, 그렇지 못한 문항은 수정 또는 폐기한다. 먼저 일반적으로 많이 사용되고 있는 문항분석으로 문항난이도, 문항변별도, 그리고 문항반응분포를 중심으로 알아보도록 한다.

검사를 실시한 후 채점을 하고 그 결과를 숫자로 표시한 것을 측정치라고 하는데 측정이란 일정한 규칙에 따라 어떤 사물이나 대상에 수치를 배정하는 작업을 의미한다. 평가도구로 잰 측정치는 어떤 형태로든 해석되어야 한다. 따라서 측정치의 성질을 알아보기 위하여 측정 단위의 종류, 점수 표시방법 및 기초적인 통계적 분석방법을 알아본다.

(1) 문항분석

시험이 실시되고 점수화가 된 후 문제의 타당성 평가를 의미한다. 문항은 검사를 구성하는 가장 기본적인 단위이며 어떤 검사의 좋고 나쁨은 결구 그 검사를 구성하고 있는 문항의 질에 달려 있다. 그 검사 속에 담긴 문항들의 질이 나쁘면 검사 전체의 질도 나빠지게 된다. 따라서 검사를 분석하기 위해서는 문항을 분서하는 작업이 선행되어야 한다. 각 문항의 좋고 나쁨, 즉 양호도를 알아보는 절차를 문항분석(item analysis)이라고 하며, 대체로 문항난이도, 문항변별도, 그리고 문항반응분포 등으로 나누어진다. 먼저, 고전 검사이론의 입장에서 문항난이도, 문항변별도, 그리고 문항반응 분포를 구체적으로 살펴보고자 한다.

가. 문항난이도

문항의 난의도란 한 문항이 얼마나 쉽고 어려운가의 정도를 말한다. 문항난이도(item difficulty)는 문항의 어렵고 쉬운 정도를 나타내는 지수(P)로서, 총 피험자 중 정답을 한 피험자의 비율, 즉 정답률이 된다. 문항난이도 지수는 정답의 백분율이기 때문에 난이도 지수가 높을수록 그 문항은 쉽다는 의미이다.

일반적으로 문항난이도를 계산할 때 다음과 같은 공식이 이용된다.

$$P = 100 \times \frac{R}{N}$$

P: 문항난이도 지수
N: 전체 사례 수
R: 정답자 수

예를 들어, 어느 학교에서 400명의 학습자들이 국어 시험을 치른 결과, 어떤 문항에 정답을 한 학습자들이 200명이라면 이때의 난이도 지수는 다음과 같다.

〈표 10-4〉 ▶ 문항점수 예

답지	가	나	다	라
반응 수	30	90	80	200

$$P = 100 \times \frac{200}{400} = 50\%$$

답지가 주어지는 선택형 문항에 있어서는 정답을 한 피험자들 중에서 추측해서 정답을 한 피험자가 있을 수 있으므로, 이와 같은 추측 요인을 교정한 문항난이도는 다음의 공식에 의하여 산출된다.

$$P = 100 \times \left(\frac{R - \frac{W}{K-1}}{N} \right)$$

P: 문항난이도 지수
N: 전체 사례 수
R: 정답자의 수
K: 답지의 수
W: 오답자 수

검사 전체에 대한 피험자의 점수를 계산할 때에는 시간이 모자라서 답을 하지 못한 문항들 혹은 미달항들(non-reached items)은 모두 틀린 것으로 간주하여 채점한다. 그러나 문항분석에서는 문항난이도를 통하여 문항의 쉽고 어려운 정도를 알고자 하기 때문에 각 문항에 반응하지 않은 피험자는 제외시켜야 한다. 따라서 문항분석에서는 시간이 모자라서 반응하지 못한 문항들을 고려하여 문항난이도를 산출하는 것이 바람직하다.

이에 관한 공식은 다음과 같다(Davis, 1951).

$$P = 100 \times \left(\frac{R - \frac{W}{K-1}}{N - NR} \right)$$

P: 문항난이도 지수
R: 정답자 수
N: 전체 사례 수
NR: 미달 학습자 수
K: 답지의 수
W: 오답자 수

문항난이도에 의하여 문항을 평가하는 절대적 기준은 없으나 .30미만이면 매우 어려운 문항, .30이상 .80미만이면 적절한 문항, 그리고 .80이상이면 매우 쉬운 문항이라 평가한다.

나. 문항변별도

문항변별도(item discrimination)란 문항이 피험자의 능력을 변별하는 정도를 나타내는 지수를 말하며 검사에서 개개의 문항이 각 검사별로 총점이 높은 학생과 낮은 학생을 식별 또는 구별해 줄 수 있는 변별력을 말한다. 즉 한 검사에서 어떤 문항에 정답을 한 피험자의 검사점수가 높고 답이 틀린 피험자의 검사점수가 낮다면, 이 문항은 피험자를 변별하는 기능을 가졌다고 볼 수 있다. 반대로 그 문항에 정답을 한 피험자의 점수는 낮고 답이 틀린 피험자의 점수가 높다면 이 문항은 부적 변별력을 가진 문항이라 한다. 어떤 문항은 답을 맞춘 피험자나 답을 틀린 피험자 모두 같은 점수를 얻는다면, 이 문항은 변별력이 없는 즉 변별도 지수가 0인 문항이 된다.

요약하면, 검사 총점을 기준으로 총점이 높은 학습자(상위능력 집단)

와 총점이 낮은 학습자(하위능력 집단)로 양분했을 때, 상위집단의 학습자가 각 문항에서 정답을 맞추는 비율은 하위집단의 학습자가 정답을 맞추는 확률보다 의미 있게 높아야 바람직하다. 문항변별도는 검사 총점을 어떤 기준 혹은 준거에 따라 두 집단 혹은 세 집단으로 나누고 상위능력 집단과 하위능력 집단 간의 정답률의 차이로써 산출한다. Johnson(1951)이 제시한 문항변별도 산출 공식은 다음과 같다.

$$D.I. = \frac{R_U - R_L}{f}$$

D.I.: 문항변별도 지수(item discrimination index)
Ru: 상위능력 집단의 정답자 수
RL: 하위능력 집단의 정답자 수
f: 각 집단의 피험자 수

예를 들어, 80명의 피험자를 대상으로 상위능력 집단과 하위력 집단을 보편적으로 사용되고 있는 상위 40명과 하위 40명으로 나누어 어떤 문항에 대한 문항상관표를 다음과 같이 제시하였을 때, Johnson의 공식을 사용하여 변별도를 산출할 수 있다.

〈표 10-5〉 ▶ 문항상관표 예

	가	나	다(정답)	라
상위집단(40명)	0	12	24	4
하위집단(40명)	12	8	8	12

$$\text{문항변별도} = \frac{24-8}{40} = \frac{16}{40} = 0.4$$

문항변별도는 상대평가나 절대평가에서 모두 유용하게 쓰일 수 있다. 상대평가에서는 상위 능력자와 하위능력자간의 개인차 변별을 위하여, 절대 평가에서는 목표 달성자와 비달성자를 잘 구별하기 위하여 필요로 된다. 문항변별도 지수에 의하여 문항을 평가하는 절대적 기준은 없으나, 문항변별도가 .40이상이면 변별력이 좋은 문항이라 할 수 있으나 .20미만인 문항은 변별력이 낮으므로 수정되어야 한다. 특히 문항변별도가 음수인 문항은 검사에서 반드시 제외시켜야 한다.

일반적으로 계산되어 나온 변별도의 지수는 상관계수로서 표시되는데 그 해석은 다음과 같다.

〈표 10-6〉 ▶ 변별도 지수의 해석

변별도 지수	문항평가
.40또는 그 이상	대단히 좋은 문항
.30~.39	좋은 문항(양호하나 경우에 따라 수정 요함)
.20~.29	경계선상의 문항(사용가능하거나 수정을 요함)
.19 도는 그 이하	좋지 못한 문항(삭제 또는 전면 수정을 요함)

라. 문항반응이론

문항반응 이론(item response theory)은 검사 총점으로 문항을 분석하는 것이 아니라, 문항 각각이 불변하는 고유한 속성을 지니고 있으므로 그 속성을 나타내는 문항특성곡선에 의하여 문항을 분석하는 검사 이론이다. 문항반응 이론의 장점은 불변성 개념(invariance concept)으로 문항특성 불변성 및 피험자 능력 불변성 개념이 있다.

문학특성 분변성은 문항의 특성인 문항난이도, 문항변별도, 그리고 문항 추측도가 피험자 집단의 특성에 따라 변화되지 않는다는 것이다. 예를 들어, 고전검사 이론에서는 집단의 능력 특성에 따라 동일한 문항이 상위집단에서는 쉬운 문항이 되고, 하위집단에서는 어려운 문항으로 분석된다. 그러나 문항반응 이론에서는 문항특성이 피험자집단의 특성에 따라 변하지 않는다.

피험자 능력 불변성은 피험자의 능력은 특정 검사나 문항에 따라 변하는 것이 아니라 고유한 능력 수준이 있다는 것이다. 즉 고전 검사 이론에서는 동일 피험자 집단이라 하더라도 쉬운 검사에서는 어떤 피험자의 점수가 높아지고, 어려운 검사에서는 능력이 낮게 나타난다. 그러나 문항반응 이론에 의하면 검사의 쉽고 어려운 정도에 관계없이 피험자의 능력을 안정적으로 추정할 수 있다.

① 문항특성곡선

어떤 문항에 반응하는 각 피험자는 얼마만큼의 기초 능력을 가지고 있으며, 따라서 각 피험자는 능력 척도 상에서 어느 위치의 수치를 갖는다고 가정한다. 이때 피험자의 능력을 Θ(theta)로 표기하고, 각 능력 수준에서 그 능력을 가진 피험자가 그 문항에 답을 맞출 확률을 P(Θ)로 표기한다. 이때 피험자 능력에 따라 문항의 답을 맞출 확률을 나타내는 곡선을 문항특성곡선(item characteristic curve)이라 하며 다음의 [그림 10-1]과 같다.

[그림 10-1] ▶ 문항특성곡선

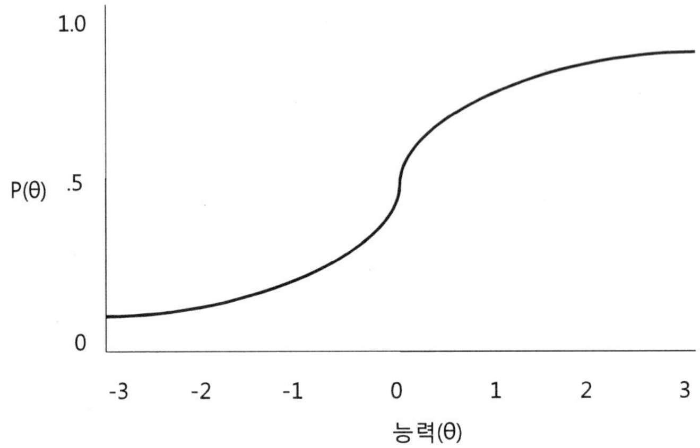

문항특성곡선은 일반적으로 S자 형태를 나타내며, 피험자의 능력(Θ)은 대략 −3.0 사이에 위치한다. 문항특성곡선에서는 능력이 높을수록 문항의 답을 맞출 확률이 증가하나 직선적으로 증가하지는 않는다. 문항특성곡선은 문항난이도, 문항변별도, 그리고 문항추측도에 따라 다양한 곡선이 만들어진다.

문항난이도란 문항이 어느 능력 수준에서 기능하는가를 나타내는 지수로서, 문항의 어려운 정도를 알려준다. 문항특성곡선이 오른쪽에 위치할수록 문항이 어려움을 의미한다. 문항반응 이론에서 문항난이도란 문항의 답을 맞출 확률이 .5에 대응하는 능력 수준을 말하며 b로 표기한다. 일반적으로 문항난이도는 −2.0에서 +2.0사이에 있으며 값이 커질수록 어려운 문항으로 평가한다.

문항변별도란 문항이 피험자를 능력에 따라 변별하는 정도를 나타내는 지수로서 변별력은 문항특성곡선의 기울기와 관계가 있다. 문항특성곡선의 기울기가 가파르면 문항변별도가 높아지는 반면에 기울기가 완만하면 낮아지게 된다. 문항변별도는 문항특성곡선상의 문항난이도를 표시하는 점에서 문항특성곡선의 기울기를 말하며, a로 표기한다. 문항변별도는 일반적으로 0에서 +2.0까지의 값을 지니면 이는 검사에서 제외시켜야 할 문항이다. 왜냐하면 이 문항은 피험자 능력이 높아질수록 문항의 답을 맞출 확률이 낮아지기 때문이다.

문항추측도(item guessing)는 능력이 전혀 없음에도 불구하고 문항의 답을 맞추는 확률을 말하며 c로 표기한다. 일반적으로 답지가 네 개인 문항에서는 문항추측도의 범위는 0에서 .20사이이다. 문항추측도는 능력이 전혀 없는 피험자가 문항의 답을 맞출 확률을 의미하므로 이 값이 높을수록 좋지 않은 문항으로 평가된다.

② 문항반응 모형

문항반응 모형(item response model)은 문항특성곡선의 특성을 수리적으로 표시한 것으로 문항 모수 및 피험자의 능력을 추정한다. 문항반응 모형을 함수의 관계로 설명하기 위해 정규 오자이브 모형(normal ogive model)과 로지스틱 모형(logistic model)을 사용할 수 있다. 정규 오자이브 모형은 정규분포를 이용하고 로지스틱 모형은 로지스틱 함수를 사용한다.

정규 오자이브 모형은 정규 오자이브 함수에 의하여 문항의 답을 맞출 확률을 계산한다. 문항특성곡선을 추정하는 로지스틱 모형은 정규 오자이브 모형이 지니고 있는 적분 계산의 어려움을 해결하기 위하여 로지스틱 함수를 사용한다. 로지스틱 모형이 정규 오자이브 모형에 비해 계산이 용이하고 문항반응 이론 전개에 문제가 없으므로 로지스틱 모형이 보편화되고 있다. 로지스틱 모형을 사용하여 문항특성곡선을 추정할 때 문항난이도만 고려하는 경우를 1모수 로지스틱 모형 혹은 Rasch 모형이라고 하고, 문항난이도와 문항변별도를 포함시킬 때 2모수 로지스틱 모형이라 하며, 문항난이도, 문항변별도, 그리고 문항추측도를 모두 포함하는 것을 3모수 로지스틱 모형이라고 한다. 각각의 공식은 다음과 같다.

1모수 로지스틱 모형

$$P(\theta)=\frac{1}{1+e^{-1.7(\theta-b)}}$$

2모수 로지스틱 모형

$$P(\theta)=\frac{1}{1+e^{-1.7a(\theta-b)}}$$

3모수 로지스틱 모형

$$P(\theta)=c+(1-c)\frac{1}{1+e^{-1.7a(\theta-b)}}$$

a: 문항변별도
b: 문항난이도
c: 문항추측도
Θ: 능력 수준
e: 지수(2.718...)

5) 평가결과의 해석

교육의 현상들을 규명하고 연구하며 학생들의 학업성취를 측정함에 있어서 무엇보다도 중요한 사실은 어떠한 수준의 척도를 사용해야 할 것인가를 결정하는 일이며 측정자료를 분석하거나 결과를 해석함에 있어서도 어떤 척도에 의해 얻어진 값인가를 알아야 정확한 분석과 해석이 가능하게 된다.

(1) 측정 단위의 종류

어떤 사물이나 대상의 특성에 대한 측정치는 대개 숫자로 표시되지만 어떤 척도로 측정하느냐에 따라 이들 측정치에 적용할 수 있는 통계적 방법이 달라진다. Stevens(1951)는 척도의 종류를 명명척도, 서열척도, 동간척도, 그리고 비율척도 네 가지로 구분하고 있으며 그 내용을 구체적으로 살펴보고자 한다.

가. 명명척도

명명척도(normal scale)는 가장 낮은 수준의 척도로서, 사물이나 사람을 구분 분류하기 위하여 사용하는 척도이며, 수열의 연속성이 없기 때문에 척도의 구실을 제대로 못할 때가 많다. 여기서의 구분 혹은 분류란 어떤 요소를 어떤 계급에 할당하거나 쉽게 식별할 수 있도록 이들 요소에 숫자를 부여하는 것이다. 명명척도의 예는 성별, 인종 등을 들 수 있다. 성별을 표시할 때 남자나 여자라는 말 대신 각각 1과 2로 표시하는 것이 명명척도에 해당된다.

명명척도의 특성은 비방향성을 갖는다는 점이다. 예를 들어서 국적과 같은 특성은 한국인, 미국인, 일본인, 프랑스인 등으로 구분할 수 있으나 그 순서가 어떠한 크기나 순서 등을 의미하지는 않는다는 점이다. 이처럼 명명척도에 의해서 얻어진 자료의 적용이 가능한 통계의 경우는 사례수를 계산한다든지 백분율, 최빈치의 계산과 아울러 유관 상관계수 등을 계산할 수 있다.

나. 서열척도

서열척도(ordinal scale)란 어떠한 사물이나 사람의 상대적 서열을 표시하기 위하여 쓰는 척도로서, 부여된 숫자 간에 순위나 대소를 결정하기 위해 사용된다. 서열척도의 예로는 학생들의 성적의 등위, 키순서 등을 들 수 있다. 다시 말해서 학업 성적에 따라 석차를 매기거나 한 학급의 학생들을 키 순서대로 일련번호를 주는 것이 서열척도에 해당된다.

서열척도의 특징으로는 각 수치 사이에 양적인 대소나 서열은 성립되지만, 서열간의 간격이 같지 않으므로 측정 단위의 간격 간에 동간성이 유지되지 않는다. 예를 들면 1등과 2등의 점수 차이와 7등과 8등 사이의 점수 차이를 비교할 때 등위의 차이는 각각 1등급으로 같지만 점수의 차이는 같지 않다.

서열척도의 특성은 앞의 명명척도와는 달리 일정한 방향성을 갖고 있을 뿐 첫째와 둘째 그리고 둘째와 셋째 사이의 간격이 일정치는 않다는 점이다. 예를 들면 무게는 일정한 방향이 규정되어 있어 가벼운 것 무거운 것이 라는 표시는 가능하지만 이것은 가벼움, 무거움이라는 부등식이 성립할 때만 의미가 있다. 따라서 순위척도는 서수이지 기수가 아니므로 이 척도로 얻은 측정치는 가감승제의 의미가 없게 된다. 서열척도로 얻어진 자료분석을 위해 사용이 가능한 통계적 방법은 사례수를 계산한다든지 백분율, 최빈치의 계산과 아울러 유관 상관계수 등이 적용될 수 있다.

다. 동간척도

동간척도(interval scale)는 동일한 측정 단위 간격마다 동일한 차이를 부여하는 척도를 말하며, 이를 동간척도라고도 한다. 동간이란 의미는 척도상의 모든 단위 사이의 간격이 일정하다는 뜻인데, 이런 면에서 동간척도는 서열척도에서와 마찬가지로 수치 사이에 대소 서열이 유지될 뿐만 아니라 수치들 사이의 간격이 같다. 동간척도의 예로는 온도를 나타내는 섭씨, 화씨, 그리고 달력의 날짜 등을 들 수 있다.

동간척도의 특징은 상대적인 의미만 지니는 임의 영점은 존재하지만 절대 영점은 존재하지 않는다는 것이다. 그래도 동간척도에서는 더하기, 빼기의 계산만 가능할 뿐 곱하기, 나누기의 법칙은 적용되지 않는다. 예를 들어, 온도를 측정하는 단위에서 0도는 온도가 전혀 없음을 뜻하는 것이 아니라 물이 어는점이라는 임의 영점이다. 따라서 학력고사에서 80점을 받은 학생은 40점을 받은 학생보다 2배의 능력을 가졌다고 할 수 없으며 0점을 받은 학생이라고 해서 학습능력이 전혀 없다고 할 수는 없다. 동간척도는 상대적인 의미만 지니고 있다.

라. 비율척도

비율척도(ratio scale)란 서열성, 동간성을 지니는 동시에 절대 영점인 원점을 가지는 척도를 말하며, 무게, 길이 등을 예로 들 수 있다. 그러므로 비율척도에서 어떤 특성이 영이라는 것은 그 특성이 전혀 없는, 아무것도 존재하지 않는 절대 영점을 의미한다. 따라서 비율척도는 사물의 분류, 서열, 동간성, 비율을 나타내는 절대 영점을 지니고 있다는 점에서 여러 척도 중 가장 완전하다.

그리고 비율척도에서는 더하기, 빼기, 곱하기, 나누기의 모든 수학적 계산이 가능하기 때문에 한 사물이 다른 사물의 몇 배라는 비율적 비교 판단도 가능하게 된다. 예를 들어, 무게 40kg은 20kg의 두 배라는 것으로 표시할 수 있으며, 길이 20cm와 40cm의 비율은 1:2로 나타낼 수 있다.

비율척도의 특성으로서는 절대 영점을 가졌기 때문에 측정 단위의 선택이 오직 한 가지뿐이라는 점이다.

(2) 점수 표시방법

검사점수의 표시방법에는 여러 가지가 있다. 그 중 간단한 것으로는 원점수, 백분위점수, 등위점수가 있으며, 가장 실용적이고 많이 권장되고 있는 것으로는 백분위점수, 표준점수 등이 있다.

가. 원점수

원점수(raw score)는 어떤 검사에서 피험자가 얻은 원래의 점수를 그대로 사용하는 방법이다. 예컨대, 어떤 학생이 한 문항 당 1점씩 채점되는 학력고사에서 20문항 중 18문항을 맞추었다면, 그 학생의 원점수는 18점이 된다. 따라서 원점수는 그 검사에 채점기준으로 채점했을 때 그 검사에서 받은 개수가 된다.

원점수는 피험자의 검사에 대해 수행능력을 숫자로 요약해 주기는 하지만 다른 정보가 없을 경우 원점수 그 자체는 거의 무의미하다. 또한 여러 원점수들을 해석할 수 있는 기준점(reference point)이 없어 하나의 원점수의 상대적인 위치를 알 수 없다는 단점이 있다.

나. 백분위점수

백분위점수(percentile score)는 집단의 크기에 관계없이 집단을 100으로 잡아 등위를 매겨 성적을 표시하는 방법이다. 등위점수로서 한 점수가 서열로 따져 몇 %에 위치하고 있는가를 의미하며 학생 수를 100으로 보았을 때 어떤 학생의 점수가 어느 등위에 위치하고 있는가를 알아볼 수 있는 점수를 말한다. 백분위점수는 집단의 사례수와 다르면 직접적인 비교가 불가능했던 등위점수의 약점을 해결해 준다는 점과 측정하는 능력정도의 상대적 지위를 명확히 지시해준다는 점을 들 수 있다. 예를 들어서 어떤 학생이 학업적성검사(scholastic aptitude test)에서 200점을 맞았다고 하면 200점이니 또는 100점이니 하는 점수 자체는 그것을 어떤 기준과 비교해 보기 위해서는 준거의 틀이 있어야 하는데, 이때 주어진 집단(분포)에서 '200점보다 낮은 점수들이 79%라는 식으로 어떤 점수 아래에 있는 사례의 %를 백분위(percentile rank)라 하며, 사례의 일정한 %가 그 점 아래에 있는 척도상의 원점수를 백분위점수라고 한다. 어떤 점수에 대한 백분위란 그 점수 미만에 놓여 있는 사례의 전체 사례에 대한 백분율을 말하며, 백분점수란 점수들의 분포 상에서 어떤 일정한 백분위에 해당되는 사례가 그 점수 미만에 놓여있을 때, 이러한 백분위에 해당되는 점수를 말한다.

원점수들을 백분율로 바꾸는 공식은 다음과 같다.

$$\text{백분위} = \frac{\text{획득점수 이하의 사례 수} + \text{획득점수 사례 수의} 1/2}{\text{전체 사례의 수}} \times 100$$

예를 들면 원점수 30점 이하는 17명이고 그 점수 30점에 대한 백분율은 다음과 같이 계산된다.

$$\text{백분위} = \frac{17 + 0.5}{30} \times 100 = 58.3$$

백분율을 사용할 때는 두 가지 점에 주의를 기울여야 한다. 먼저 백분율은 정답율이 아니라 보다 낮은 점수를 취득한 사람들의 퍼센트와 관련된다는 점과 백분율은 계산의 대상이 되는 해당 집단에 따라 상대적 서열이 다르게 나타난다는 점이다. 예를 들어서 우등집단에서 어느 학생의 백분율 95는 보통집단에서의 백분율 95보다 훨씬 더 높은 성적을 나타낸다는 점이다. 따라서 백분율을 가지고 학생의 성적을 설명하는 데는 학생의 상대적 위치를 아는 것 못지않게 집단의 본질을 아는 것도 중요하다.

백분위 점수는 100이라는 공통 기반이 있어 다른 집단의 점수분포, 다른 검사 도구에 의한 점수분포에서 나온 점수들의 비교가 가능하여 표준화된 검사에서 규준으로 자주 사용된다. 따라서 백분위점수의 장점으로는 한 학생의 검사점수가 집단 내에서 차지하는 상대적인 위치를 알 수 있도록 해주며, 등위점수는 집단이 다르면 직접 비교할 수 없지만 백분위점수는 같은 검사를 다른 집단에 실시했을 때도 비교할 수 있다.

이에 반하여 백분위점수의 단점으로는 등위점수와 마찬가지로 동간성이 없기 때문에 백분위점수의 차이로써 능력의 차이를 동간적으로 해석할 수 없다는 것과, 원점수분포를 백분위점수로 전환할 때, 중간점수는 과소평가하고 상하의 극단 점수는 과대평가하는 경향이 있다는 점이다.

표준점수들 간의 비교에 있어서 정상분포곡선을 기초로 하는 여러 표준점수들 간의 관계를 나타내면 다음 [그림 10-2]와 같다.

[그림 10–2] ▶ 정상분포곡선과 여러 표준점수

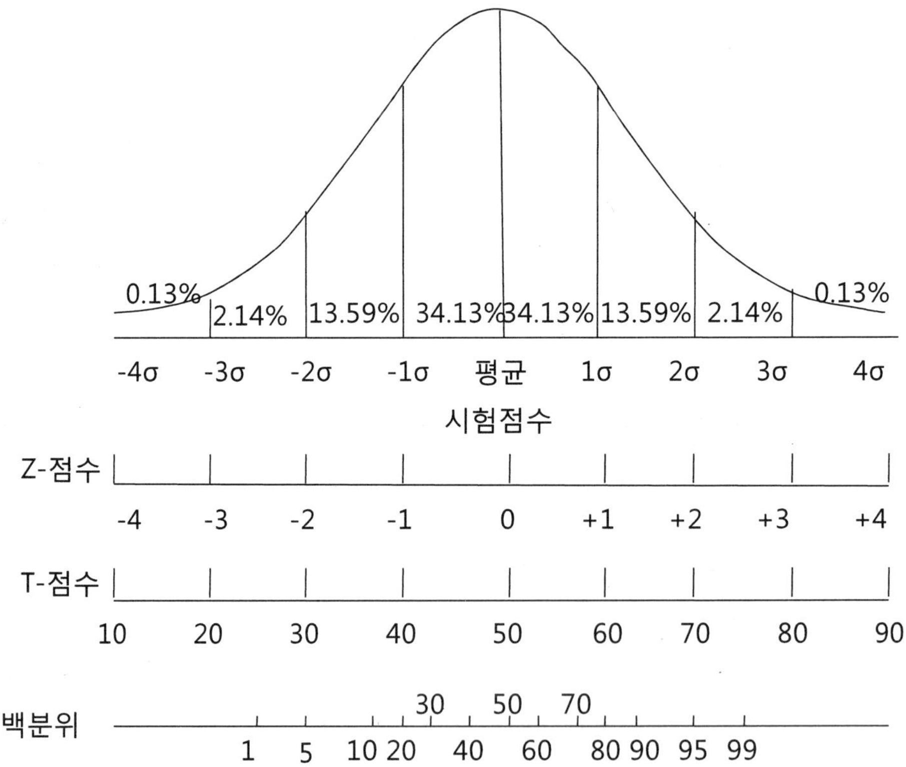

2. 교육과정 평가

(1) 교육과정평가의 정의

일반적으로 교육평가는 학습자를 중심으로 한 교육목표 달성도의 파악, 교육효과의 확인 등과 더불어 학습자에 관한 의사결정 보조자료의 수집, 교육환경 여건 및 교육과정을 포함한 교육활동 전반에 관한 가치판단 등이 포괄되는 광범위하고 복합적인 개념으로 사용되고 있다. 이에 비하여 교육 과정평가는 교육과정 자체, 그로 인한 효과 및 영향, 그와 관련된 교육활동 및 자원 등에 관한 가치판단을 의미하는 개념으로 사용되고 있다.

스틸(Steele, 1973)에 따르면, 교육평가는 교육자에 대한 평가, 학습자에 대한 평가, 교육 프로그램에 대한 평가로 분류할 수 있다. 교육 프로그램 평가는 교육평가의 큰 비중을 차지하고 있으며 그것은 다시 그 내용 자체, 운영 및 과정, 그리고 성과 및 산물에 대한 평가로 분석하여 접근할 수 있다.

보다 규범적이며 방법론적 절차적 산출물(technical production)을 교육과정으로 보는 타일러(Tyler, 1949), 타바(Taba, 1978) 등의 접근 방식에서는 교육과정이 교육목표를 선정하고 그에 적합한 학습경험을 선정한 뒤에 학습경험을 조직하고 교수활동을 통하여 실천하며 학습경험의 효과를 평가하는 과정 및 절차를 체계화하여 제시하는 타일러의 합리적인 목표중심의 접근 방식이 그 대표적인 예가 된다.

포스너(Posner, 1998)에 의하면 교육평가는 학습자와 교육과정에 관한 의사결정 보조자료를 수집하는데 주목적을 두며, 학습평가를 바탕으로 한 평가가 중심이 된다. 수집된 자료는 진단, 수업의 피드백, 배치, 진급, 자격인정, 선발 등에 관한 결정을 위하여 유용하게 활용되어야 한다. 이에 앞서 존슨(Johnson, 1975)은 교육과정을 교육활동 결과로서 의도하는 바로 규정하고 이를 실현하기 위한 계획-실천-평가 과정의 개념적 수준의 구분을 중시하고 있었다.

비판적 접근방법(critical approach)은 학습자들을 억압상태 및 무지로부터 해방시키는 데 중점을 두어 사회적 평등이나 개인적 자유를 추구하도록 하는 비판적 사고(emancipation, critical reflection) 능력을 길러 주는 일을 중시한다. 특히, 아이즈너(Eisner, 1985)는 예술적 비평 논리에 입각하여 질적 방법을 활용하며 사회적 현실로서 교육활동은 학습자 각자가 주관적으로 인식한 복수의 실체로 구성하고 인식된다고 본다. 교육과정을 통하여 학습자 각자가 구성하는 의미는 매우 다양하다는 관점을 중시하고 있다. 교육목표와 내용을 학습자들에게 의미 있도록 전환시키고 다양한 표현방식과 반응방식을 고려하여 획일적이지 않도록 유의해야 한다.

여러 학자들의 교육과정에 관한 정의 방식을 종합적으로 정리하면 교육과정 개발을 평가할 때는 주로 교육과정 목표의 확인과 설정, 교육내용의 범위와 계열 결정, 교수-학습 전략의 선정 및 수업자료 개발의 적합성과 현실성에 초점을 두며, 교육과정 운영을 평가할 때는 개발된 교육과정의 실제적 적용 및 효율적 운영에 초점을 둔다. 교육과정 성과를 평가할 때는 교육과정 운영 으로서 나타난 결과, 특히 학생들의 지적, 정의적, 신체적 학습결과가 주요 평가대상이 된다.

교육과정평가와 교육평가는 동일한 개념으로 사용해서는 안 된다는 점에 유의해야 한다.

교육과정평가의 이론과 실재는 몇 단계를 거쳐 왔다. 그것은 단순한 등급, 점수 매기기는 것으로 시작하여 체계적인 측정의 전문화된 발달로 이행되어 왔다. 특히 미국의 8년 연구(1933~1941)는 평가의 개념을 단순한 측정의 개념 이상으로 확대시켰다. 결과적으로 평가는 학생을 평가하는 과정에서 더 나아가 프로그램을 향상시키는 것으로 그 초점을 맞추기 시작했다. 최근에는 많은 평가자들이 지역학교와 전문기관들의 수준에서 대규모의 전망과 경향을 찾아내기 위해 노력하고 있다. 또한 복잡한 상황에서 교육과정을 묘사하는 질적인 평가의 다양성뿐만 아니라 자세한 결정과 행동을 지시하는 평가에 대한 강조가 나타나고 있다.

교육과정평가는 미국을 중심으로 행정적 학문적인 관심을 증대시켰으나 우리나라에서는 지금까지도 교육과정평가에 대해서 별다른 큰 관심을 보이지 않고 있다. 본 장에서는 교육과정평가를 이해하기 위해서 미국을 중심으로 한 교육과정평가의 역사를 단계별로 좀 더 구체화 시켜서 살펴보고자 한다.

가. 판단과 등급 매기기

등급과 점수는 학교를 상징하는 기본적인 수단으로 널리 알려져 있다. 시험, 학급 참여, 숙제, 특별한 연구과제 그리고 지필고사는 점수의 분류에 따라서 교사가 평가한다. 점수는 미리 세워진 기준과 준거, 또는 인상적인 판단에 근거한다. 교사의 인상적 판단은 이따금씩 승인된다고 할지라도 대체로 등급 매기기에 영향을 끼친다. 또한 준거가 정해져 있을 때 혹은 시험항목이 선택되어져 있을 때, 많은 평가는 균등화로 접근해 간다. 이것은 평가의 역사를 통하여 교육자들에게 익숙한 일이었으며 오늘날 존재하는 많은 대체 개념에도 불구하고 여전히 널리 퍼져 있다.

나. 측정운동

20세기 초반에 많은 교육자들은 독일의 분트(Wundt, Wilhelm), 프랑스 심리학자인 비네(Binet, Alfred)와 시몽(Simon, Theodore) 그리고 영국의 갈톤(Galton, Frances)의 영향을 받아서 학생들의 수행을 측정하는 것에 관심을 가지게 되었다. 분트는 최초의 실험적인 심리학 실험실을 1879에 Leipzig에 세웠다. 갈톤은 1870년대에 지능검사를 가지고 실험했고, 비네와 시몽은 1905년 규범에 상응하는 일련의 어려운 질문들로 이루어진 지능평가의 기준을 발전시켰다. 미국에서 홀(Hall, Stanly), 주드(Judd, Char-les), 그리고 케틀(Cattell, Mckeen) 등은 유럽과 영국을 과학적 실험과 측정의 거장들과 연구하기 위해 19세기 후반과 20세기 초반에 방문하였다. 그들은 과학적 방법과 교육과학은 창조될 수 있다고 확고한 희망을 가지고 미국으로 돌아갔다. 홀의 학생인 굿다드(Goddard)가 비네의 성과를 번역할 때, 지능평가는 미국에서 사용 가능하다고 하였으며 곧 성취평가가 이루어졌다.

1920년대부터 1940년대까지 측정에 대한 신념은 계속적으로 커 갔으며 기술도 다른 교육의 분야에 적용되었다. 교육과정의 경향이 바뀌고 Post-Sputnik 동안 Great Society 프로그램의 행동과학자들은 책임 목적에 대한 계획의 성공 수준을 평가하는 조사를 고안했으며 이것은 1960년대와 1970년대 사이에 평가분야에 많은 기술적 정교함을 가져 왔다.

측정의 장점은 실수를 저지를 수 있는 평가의 주관성을 극복하는 수단이라는 것이다. 기준과 체계적인 절차를 균일하게 하고, 객관성, 타당성, 그리고 신뢰성을 수반하는 측정은 일반적으로 주관적인 평가보다 더 우수하다는 것이다. 오늘날 이러한 가치들은 평가자들 사이에서 아직 우세하다.

다. 8년 연구

8년 연구(The Eight Year Study)는 20세기 전반기의 가장 중요하고 광범위한 교육 분야에서의 조사 계획이었다. 8년 연구의 결과 진보적인 실험 중등학교를 학생들이 전통적인 학교 학생들보다 약간 우수하거나 동등하다는 것을 보여주고 있다. 학생들의 우수함은 실험학교들 중에 한명의 학생과 전통학교의 비교할만한 한명의 학생이 짝을 이루어 이후 대학에서 어떻게 비교되는지를 바탕으로 결정된다. 실험학교 그리고 전통학교의 학생들은 두 사람씩 짝을 이루게 되었다. 짝을 이룬 두 사람의 비교는 단지 교과 부문에서만 이루어지지 않고, 지적인 호기심, 체계적인 사고, 아이디어의 공식화, 새로운 환경, 시간 계획, 적응, 미학적인 경험, 종교와 사회활동의 참여와 태도, 하교교육에 대한 평가, 직업 결정 그리고 세계관에 대한 관심 등 다양하게 관계된다.

과거에는 큰 집단의 학생들과 교육과정의 영향과의 관계를 자세하고 체계적으로 수년에 걸쳐서 연구한 적이 없었다. 교육에서 이 연구는 최초로 긴 기간 동안의 영향을 다룬 연구일 뿐 아니라 거대한 범위와 규모로 학생들을 조사했다. 이것은 성취평가에 대한 유명한 연구를 해낸 30대의 젊은 연구자로서 8년 연구의 평가 부분을 다룬 타일러와 그의 동료들이 해냈으며 또한 새로운 종류의 평가도구를 발달시켰다. 도구는 성취기준 뿐만 아니라 사고, 사회적 감수성, 감상, 흥미, 개인적 그리고 사회적 적응의 면들을 평가하는 데에 사용되었다.

또한 평가 연구원들은 계속적으로 교사를 도우려고 노력하였다. 그들은 실험에 참여한 집단들과 관련된 30개의 학교 조직을 방문하여 직원들과 대화하고 학생들에게 교육과정을 반영하고 준비할 수 있는 워크샵을 만들어냈다. 이것은 계속적인 교육과정의 재생으로 이어지게 되었으며 8년 연구는 교육과정평가 발전의 밑바탕이 되었다. 그것은 긴 시간이 걸리는 실험적인 연구를 예시화 하였으며 진보적이거나 실험적인 교육이 공식적으로 평가될 수 있다는 것을 보여주었다. 미래 평가의 개념화를 위해 훨씬 많은 평가도구와 과정을 발달시켰으며 교육자와 학자(때로는 학생들) 간의 비공식적이고 사려 깊은 대화 평가가 의미 있는 형태로 인식되었다. 8년 연구의 근본적인 목표는 교육과정 실험과 30개 학교의 효율성을 결정하는 조사계획을 발달시키고 수행하는 것이었다.

라. 교육과정과 계획의 발달

8년 연구에 근거하여 크롬바하(Cronbach, 1963)는 과정의 향상을 가장 중요한 평가의 결과라고 했다. 크롬바하에게 평가는 단순히 학생들이 무엇을 배웠는지 결과를 측정하는 것이 아니라 그것은 전체 과정을 평가하는 기초로 작용하였다. 이러한 거시적 관점의 강조는연구자와 이론가들뿐 아니라 학교 관련자들 사이에서 영향력이 있었다는 것이 1967년 Feedback and Guide(Wilhelm, 1967)라고 이름 붙여진 ASCD의 연감에 의해 밝혀졌다.

스크리븐(Scriven, 1967), 스테이크(Stake, 1967), 스터플빔(Stufflebeam, 1969)의 세 개의 주된 논문은 과정 향상을 추구하는 평가자들이 증가했던 1960년대 후반에 나타났다. 스크리븐은 형성(formative) 그리고 총괄(summative)평가라는 개념을 소개했고, 그들은 평가에서 주된 이정표가 되었다.

스테이크는 선행자(목표, 재료, 학생의 태도), 절충(교실 과정, 학생과 교사 간의 상호작용) 그리고 학생들 혹은 다른 프로그램 참여자에 의해 경험된 결과로 이뤄져 있다고 제안했다.

마. 대규모의 연구

8년 연구 이후, 다른 대규모의 연구(Large-Scale Perspective and Trends)들이 21세기에 행해지고 있다.

Ford Foundation와 United States Office of Education에 의해 설립된 교육적 성과의 평가를 위한 International Association(International Association, 1976, nine volume)은 과학, 수학, 읽고 이해하기, 외국어, 문학 그리고 시민교육에서의 성취를 비교 문화적이고 상대적으로 평가한다. 국가 취지의 몇몇 연구들이 미국에서 최근 행해진 가장 선구적인 것은 미국 교육부의 연방정부기금과 Carnegie 그리고 Ford foundation의 사적 기금으로 1969년에 시작된 National Assessment of Education Progress (NAEP) 등이다.

1980년대의 경제적 문제들도 교육 실천의 평가를 넓은 관점에서 보는 많은 보고서를 맞이했다. 보이어(Boyer, Ernesst)와 호트(Houte, Paul)의 지휘아래 'Carnegie Foundation for the Advancement of Teaching'을

'High school'이라는 제목으로 출판되었다. 아마 가장 널리 알려진 보고서는 미국 교육부에 의해 설립되고 가드너(Gardner, David)가 의장을 맡은 'National Commission on Excellence in Education의 Nation at Risk(1983)'이라는 제목의 것이다. 굿레드(Goodlad, John)의 '학업의 연구' 'A place Called School(1984)'이라는 논문에서 굿레드와 그의 동료는 학업이 무슨 일을 하고 어떻게 서로 연관 짓는지를 이해하려는 노력으로 129개의 초등학교, 326개의 중학교 그리고 525개의 고등학교 교실들에 대한 자세한 연구에 근거하여 해설하였다. 관찰과 함께 굿레드가 사용한 평가방법은 인터뷰, 질문, 그리고 문서의 수집을 포함한다.

이러한 대규모의 연구는 교육자들과 대중들에게 학교와 교육과정에 관한 종합적인 모습에 대해 알려줄 수 있는 일반화된 자료를 제공한다는 장점이 있다. 자료들은 이해와 정책결정 둘 다를 위한 기초로 제공된다. 그러나 대규모의 연구의 문제는 그들이 교육현장에서 빚어지는 자세한 상황을 강조하는 것을 무시하는 평가조사자들의 매우 일반화된 개념화에서 이끌어져 나온다.

(3) 교육과정 평가의 특징

일반적 주제로서 평가에 대한 전문적 문헌은 풍부하게 있지만 교육과정을 향상시킬 의도의 평가 프로그램과 계획에 관해서는 거의 쓰여지지 않았다. 즉 프로그램과 계획을 평가하는 방법은 항상 늘 그래왔듯이 정교하지 않고 교육과정을 향상시키기 위한 주된 행동은 허술하게 평가되었으나 일반적으로 교육과정 향상 프로그램과 계획을 평가하기 위한 필요성은 두 가지로 요약 될 수 있다. 하나는 참여자들이 성취해 온 것을 아는 것이 중요하다는 점이다. 이런 지식은 사기를 높이고 그들이 그 이상의 행위를 계획할 수 있는 이정표를 제공한다. 다른 하나는 시간, 능력과 돈의 소비를 정당화할 필요가 있다는 점이다.

평가는 바로 계획의 과정을 내포한다. 교육과정과 교육평가 계획을 세우는 것은 필수적이다. 왜냐하면 평가는 무언가에 가치를 부여하고, 그것의 장점을 결정하는 행위이기 때문이다. 어떤 단계에서도 교육과정 계획은 결정의 문제이나 어떤 결정이 다른 것보다 좋다는 것을 의미하지는 않는다. 이러한 교육과정 선택의 적합성을 판단하는데 있어서 고려되어야 할 교육과정 평가의 특징을 요약해 보면 다음과 같다.

① 승인된 가치와 가치 매기기

평가의 특징 중하나는 승인된 가치와 가치 매기기이다. 가치를 매기는 행위는 평가자가 중시하는 가치의 의식적인 인정과 표현으로 평가과정에서 필수적이다. 평가계획이 어떤 집단에 의해 일어나더라도 집단이 평가할만하다고 여기는 믿음을 드러내고 평가의 결론에서 연구자는 효과와 관련하여 가치 평가한다. 이러한 가치평가는 후에 무엇을 조사할지 결정하는데 도움을 준다.

② 목표의 동향

평가와 관련된 특징은 목표에 대한 방침이다. 목표를 두지 않고 학습자의 과정과 성취의 특성 그리고 방향에 대하여 이야기하기는 어렵다. 교육 프로그램은 많은 목표에 동의한다. 정보 획득, 이해, 기술발달, 느끼고 인지하기, 비판적 사고 그리고 태도 변화 등이다.

목표가 채택되면, 그들의 성취를 평가하는 방법이 즉시 고려되어야 한다. 목표 성취는 목표에 맞거나 일치하는 경험을 설계함으로써 이루어진다. 그리고 경험의 효과는 목표와 연관 지어 평가될 수 있다. 정해진 목록의 모교와 함께 평가수단과 학습경험의 일관성은 너무 자주 무시되는 것으로 좋은 교육과정 평가계획에 꼭 필요한 것이다.

③ 포괄성

효과적인 평가의 다른 특징은 포괄성이다. 우리가 보았듯이 평가는 관련된 목표만큼 폭넓어야 한다. 폭넓은 것을 평가하는 것은 쉽지 않으며 평가하면서 마주치는 문제들이 가리키는 사실들을 태도와 이해의 과정에서 변화된다. 포괄적이기 위해서는 평가는 수많은 다양한 매체를 사용해야 하고 꾸준히 발전시켜야 한다.

④ 계속성

교육 교재에서 평가에 대한 대부분의 단락은 거의 모두 책의 끝에 있다. 이것은 교육적인 포부에서 평가는 마지막이라는 것을 의미할지도 모른다. 실제로 평가는 계속적으로 빈번하고 순환하고 지속적이어야만 된다. 평가는 거의 모든 큰 계획에서 필요하며 상상력, 기술, 그리고 적합성으로 이루어져야만 한다.

⑤ 분석적 가치, 타당성 그리고 신뢰성

평가의 적합성은 두 가지의 특성을 필요로 한다. 분석적인 가치와 타당성 평가의 도구는 평가 상황의 자세한 면들을 분석할 수 있으며 또한 분석적인 적합성에 도달할 수 있다. 사용되는 도구는 타당해야 한다. 분석적 가치, 타당성, 그리고 신뢰성은 교육과정에 적용되듯이 교육경험의 영향을 여러 번 정확히 추정하는 능력으로 구성되어 있어야 한다.

⑥ 자료의 통합성

교육적 현상에 대한 발견을 통합해야 한다. 평가의 최종 목적은 다양하고 통합되지 않은 상태로 자료를 두는 것이 아니라 실재적 의미를 증명하기 위해 중요한 발견을 조합하는 것이다. 자료의 조직과 해석, 즉 통합은 바람직한 특성을 만드는 평가에서 중요한 것이다.

⑦ 목표지향의 과정

목표를 향한 과정과 평가는 서로 상호관련이 있기 때문에 언제, 어떻게 그리고 어느 방향으로 과정이 일어나는지 아는 것은 중요하다. 그러므로 다음과 같은 과정의 기준을 세울 필요가 있다. 실제로 목표를 향해 가고 있는지 움직임에 대한 지각이 있어야 한다. 설정된 시간과 공간 속에서 얼마만큼의 움직임이 있는지 그 속도를 고려해야 한다. 정확히 움직임의 방향에 대해 그것이 비정상적 운동인지 아닌지 혹은 어떤 방향인지에 대하여 이야기될 수 있어야 한다. 발견한 정상적인 움직임이 어떻게 변화 혹은 향상을 향한 다른 움직임과 관련되어 있는지 향상의 전체적 총체 내에서의 관련성을 고려해야만 한다.

(4) 교육과정평가의 모형

평가의 목적이나 역할에 대한 새로운 인식은 평가에 대한 의미 있는 정의나 평가방법에 대하여 새롭게 생각해 보게 되었으며 평가는 교육과정이나 학습지도 계획안에서 중요한 위치를 인정받고 그 역할을 효과적으로 수행하게 되었다. 교육과정평가 모형의 유형을 살펴보고자 한다.

가. 스터플빔의 모형

스터플빔과 그 위원들이 작성한 평가절차의 도표는 그림에 나타난 대로이다. 정보가 필요한 윤곽을 제시하고, 정보를 수집하며, 그리고 정보를 제공하는 평가과정의 절차가 세밀히 설명되고 있다. 여기서 제시하는 것은 그림을 기준하여 평가과정에서의 분석방법을 아래의 여섯 가지로 요약한 것이다.

① 무엇이 평가되어야 할지를 결정하는 일

② 그러한 결정을 내리는데 필요한 자료의 종류

③ 그러한 자료의 수집

④ 평가되는 대상의 질을 결정하기 위한 범주의 선정
⑤ 정해진 범주에 대비한 자료의 분석
⑥ 자료의 제공

[그림 10-3] ▶ 평가모델을 일반화하기 위한 분류 Stufflebeam의 모형

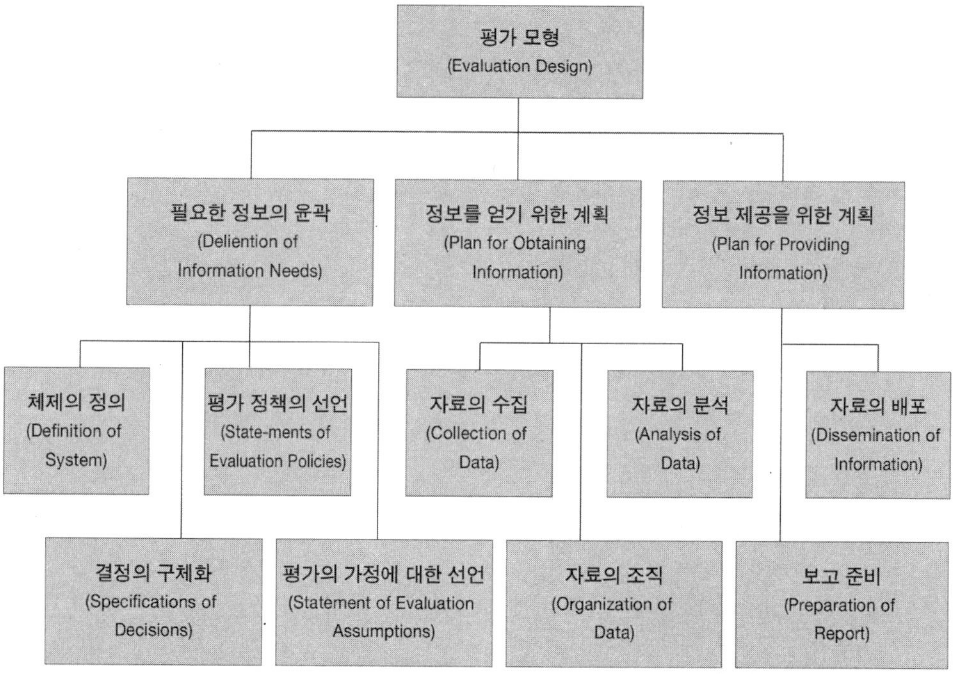

나. 스테이크의 평가모형

아래의 표와 그림은 스테이크의 모델을 묘사하고 있다. 세로줄 첫째 칸은 평가자가 수집할 필요가 있는 정보의 카테고리를 나열하고 있다. 즉 선행요소란 학습결과와 관계가 있을 수 있는 어떤 종류의 배움이나 가르침이 있기 이전의 상태를 말하고, 업무처리란 교사와 학생, 학생과 학생, 저자와 독자, 부모와 상담교사의 끊임없는 접촉, 즉 교육의 과정을 형성하는 접촉의 연속을 말하며, 마지막으로 결과란 교육을 통한 결

과로 얻어진 학생들의 능력, 학업성취, 태도, 포부 등을 말한다.

[그림 10-4] ▶ 스테이크(Stake, Robert)의 평가모델

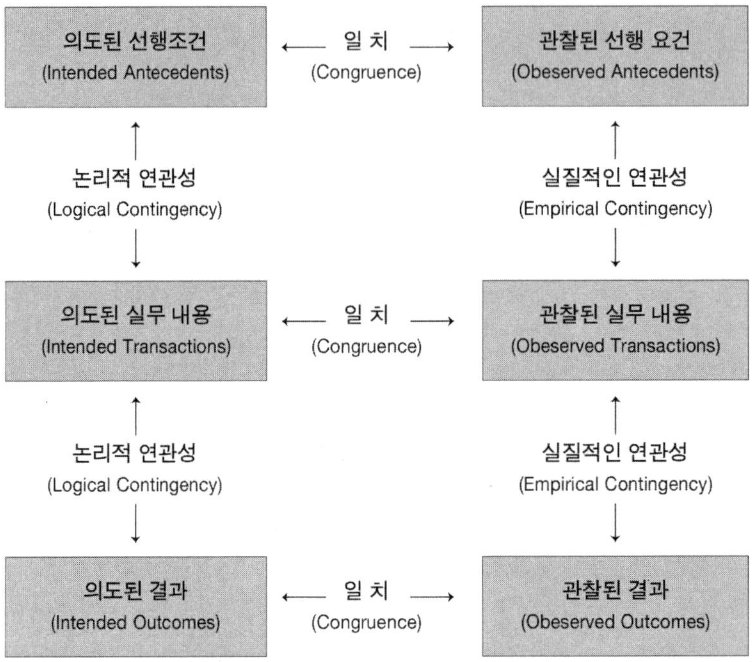

가로 줄에서 의도란 의도된 학생들의 결과, 즉 목표나 목적이고, 관찰이란 직접관찰, 시험결과, 면접, 의견서, 추적조사 보고서, 자서전적 자료, 대조표 등의 설명적인 자료를 말한다. 표주이란 전문가가 보기에 그 상황에서 반드시 일어나야 할 것에 대한 기대치다. 스테이크는 표준이란 학생에 따라서 다르고, 교사에 따라, 그룹에 따라 다르다고 주장한다. 평가가 해야 할 일중의 하나는 누구에 의해서 표준이 정해지고 있는가를 밝혀주는 일이라고 말하고 있다.

스테이크 모형에 있어서, 판단은 그 프로그램에 대한 가치를 따지는

것이다. 즉 사람들이 그것을 어떻게 생각하고 있느냐 하는 가치의 문제라는 것이다. 그림에 묘사된 것 중에 일치란 무엇이 의도되었고 무엇이 관찰 되었는지를 맞추어 보는 것이다. 일반적으로 평가연구에서는 의도된 것과 관찰결과의 일치도만을 따지는데 반하여 스테이크는 선행적인 것과 실무적인 것이 조사된 뒤라야 교육과정의 과실을 판단할 수 있다고 주장한다. 일치점을 따지는 것은 일치의 정도는 보여줄 수 있지만 결과에 대한 가치나 효과를 보여주는 것이 아니다.

연관이란 여러 변수 상호간의 관계를 말한다. 연관성을 따지는 것은 결과에 대한 원인을 분석하는 일이다. 즉 어떤 특정한 결과를 가져오게 한 성행 조건이나 실제 행위를 살펴보는 것이라는 말이다. 이런 결과를 가져오게 한 학습 분위기나 수업방법, 행정적 조직은 어떠한 것인가? 바로 이러한 정보나 자료가 교육과정이나 학습지도에 관한 결정을 내리는데 필요한 것들이다.

평가는 긴 역사를 가지지 못한 것처럼 보이나 실제로 살펴보면 과거 연구되지 않은 등급 나누기, 점수 매기기 그리고 특히 판단의 결과 등이 있었다. 예를 들어 소크라테스, 페스탈로치, 프뢰벨과 같은 위대한 교사들은 어떻게 학생들의 학습과정을 평가하였으며 어떻게 그들의 학생과 관계된 다른 사람들과 교육과정을 얘기할 수 있었겠는가? 이런 종류의 교육평가 발달은 가장 중요한 과업 중의 하나였다. 그러나 오늘날 대부분의 교육자들은 과학 이전 시기에 유용했던 생각의 역사를 고려하기엔 너무나 과학에만 사로잡혀 있는 것이 아닌지 스스로 자문해 볼 필요가 있다.

3. 음악수업 평가: Arts Propel

1) 다중지능이론

인지주의 심리학자이며 하버드 대학교수 하워드 가드너(Howard E. Gardner, 1943~)는 그의 저서『Frame of mind: Multiple Intellegences』에서 기존과는 다른 개념의 다중지능 이론에 대한 새로운 이론에 대하여 다음과 같이 주장하였다.

다중지능에 대한 이론적 배경은 기존의 문화가 인간지능을 한정적으로 해석하고 있는 것에 반하여 인간의 지능을 단일한 것이 아니라 상대적으로 동일한 다수의 능력이 존재하는 것으로 나누어 볼 수 있으며, 여기서 뜻하는 지능의 의미란 인간의 다양한 자재 능력을 말한다는 것이다.

즉, 음악적 지능, 신체-운동적 지능, 논리-수학적 지능, 언어적 지능, 공간 지능, 대인관계 지능, 자기이해 지능, 자연탐구지능 등의 8가지 종류의 각기 다른 지적 영역에서부터 각각의 단계를 거쳐 인간은 인지능력이 발달한다고 보았다. 가드너가 말한 음악적 인지능력이란 인간이 문화 환경 속에서 자라나는 가운데 차츰 음악적 상징이나 표상이 생겨나 종래에는 문화적 체계 안에서 음악언어로의 소통과 비평에 이르기까지 그 능력이 발달하는 것을 뜻한다.

결론적으로 가드너의 다중지능 이론은 학습자의 사고력과 창의성을 신장시키는 가운데 개인별로 학습자의 다양한 능력을 이끌어내어 계발시키는 것이다. 또한 위에 거론된 8가지의 지능들은 비교적 독립적이어서, 비록 한 부분의 지능이 높아도 다른 부분의 지능가지 높을 수는 없다고 하였다. 가드너의 이와 같은 이론은 현대의 교사들에게 학습자 개인마다의 지능이 다르며, 그 영역에서도 차이가 있기 때문에 일정한 교육지침이나 계획만으로서 접근 지도하는 것에 대하여 발상의 전환이 필요함을 강조하였다.

(1) 음악지도에서의 다중지능 이론의 도입

음악적 지능에 대한 개념에서 음악능력이란 음악을 지각하고, 변별하며, 변형하고, 표현하는 것을 뜻한다. 가드너는 음악수업에서의 효율적 지도란 교사가 다양한 방법을 통하여 수업을 할 때에 이루어질 수 있다고 한다. 즉 학습자들이 음악을 직접 느끼고, 경험하며, 창조적인 방법으로 각자 행동에 옮기는 것들을 포함한다. 이때 수업 중 행동에 있어서도 교사-학습자 간의 교류뿐만 아니라, 학습자 상호 간에 작용하거나, 또는 반성적 사고로써 느끼는 감상을 말로 하거나 적기도 하며, 더 나아가서는 교사의 도움 없이도 자신의 흥미나 필요에 따라서 학습 속도를 조절하고, 능동적으로 계획하는 자발적인 진행을 말한다.

이러한 지도방법은 기존의 전통적 교수법으로부터 교수방법과 자료 및 평가에 이르기까지 새로운 교수학적 패러다임의 전환으로써, 학습자들의 개인별 음악적 잠재 능력의 개발에 최대한 힘을 실어 줄 수 있는 것이다.

(2) 가드너의 음악인지 발달 단계

인간에 있어서 음악적 인지능력은 가드너에 의하면 문화·환경에 대한 음악어법에 대하여 차츰 그 순서와 단계별로 음악적인 발전을 이루는데, 그 연령별 발달 사항은 각기 다른 양상을 띠게 된다는 것이다.

다중지능 이론을 주장한 Howard Gardner(1943~)는 교사가 학습자들이 가지고 있는 개인적 특성을 이끌어내기 위해서는 교육과정에서 겪게 되는 다양한 학습경험을 통해서 가능하며, 이로서 학습자들의 다양한 지능분야 모두 혹은 어느 한 분야가 발달하게 된다고 했다. 또한 학습자에겐 적어도 한 가지 이상의 경험을 겪는 기회를 갖도록 하는 것이 교육적 성장에 필요하다는 견지이며 음악도메인(Art Propel) 평가법은 다분히 이러한 이론을 기초로 하여 개발된 학습자의 음악적 성장을 위한 평가수업의 일환이다.

2) Arts Propel: 음악 도메인 프로젝트

하워드 가드너의 지도하에 하버드 대학의 Project Zero 연구팀과 미국교육평가연구소, 필라델피아 예술 고등학교 교사들에 의해 오랜 연구 끝에 만들어진 「예술교과(글쓰기, 미술, 음악)에서의 수업과 평가」에 대한 연구 모델이다. 즉, 예술 교과의 수업과 평가에 대하여 일련의 인지적 과정으로 구성된 프로펠의 탐구모형(창작, 지각, 반성)을 제시함으로써, 수업을 설계하는 역할의 전체적 조감도를 제공해 주는 것이다.

다시 말하면 아트 프로펠의 모델에 근거하여 교사는 어떻게 수업하고, 학생들을 학습에 참여시키며 어떤 활동을 제시하고, 그러한 학습의 과정에서 산출된 학습 결과물을 어떻게 평가할 것인지를 자세히 소개하고 있다.

(1) 프로펠의 구성 요소

프로펠(Propel)의 구성요소는 지각과 창작, 그리고 반성의 3가지로 구성되어 있다.

첫째, 프로펠의 첫 번째 구성 요소는 지각(Perception)이다. 지각이란 관찰과 외부 환경에 대한 학습의 동기화를 강화시키는 학습활동이다.

이 지각은 주로 타인의 작품을 감상하거나 비평하며 아이디어를 가져오며, 예술적 사고를 하게 되는 탐구기법이다. 관련 지각활동은 비교, 사고, 경험에 대하여 반성하거나, 창조적 사고에 대하여 자극, 감상, 분석 등의 탐구기술을 통한 교육적인 활동을 말한다.

둘째로는, 창작(Production)이다. 창작이란 학습자의 지능으로써 실제의 산물을 생성하는 능력이라고 정의 내려진 수업활동을 뜻한다. 그에 따른 창작 활동으로서는 교과의 개념을 학생이 실제 작품 생산에 도입하여 문제해결을 할 수 있는가를 평가하는 준거로 보는 것이다.

세 번째 구성요소로는, 반성(Reflection)이다. 반성이란 오늘날 학습에서 강조되는 초인지(Meta-cognition)기술 강화를 위한 수업활동으로써 가장 학습지도시 강조해야 할 중요한 점이다.

Wiggins와 Mctighe(2005)의 교육 목표로서 이해의 내용 요소로써 반성과 초인지는 학교에서 강화시키고 가르쳐야 할 고차원의 교육목표로 간주되고 있고, 수업 후 자기 반성이나 학습일지를 통한 학생 스스로의 목표 실현 방법이라 할 수 있다.

① 아츠 프로펠은 다음과 같은 가정에 기본을 둔다.

a. 음악은 특별한 재능을 가지고 있는 학생뿐만 아니라 모든 학생들에게 가치 있는 것이다.

b. 음악교육은 창작과 지각, 반성의 활동이 연속적으로 나타나고 상호작용할 때 반성한다.

c. 음악 전문가들에 의한 음악 수업은 본보기로서 적합하다.

d. 평가의 과정은 학습과 목표달성을 위한 새로운 단계이다.

② 도메인 프로젝트

창작과 지각, 그리고 반성에 초점이 맞추어져 교과의 중심영역에서 다루게 되는 작품들에 대한 연주를 듣고 비평하거나, 혹은 연주를 직접 녹음 평가하거나 수정하여서 일정한 계획을 세워 연습하는 것으로써 연주에 대한 감각과 박자감을 정확히 하는 교수법에 기초한다.

이때에 이루어지는 평가는 교사의 관찰과 동료평가, 혹은 부모의 평가와 학습자 자신의 평가를 포함한다. 결과적으로 볼 때 이 도메인 프로젝트는 연주기술의 발달과 함께 리허설 과정 동안의 지각을 동반한다. 그럼으로써 교사와 학생의 기술 개발과 연주력의 개발, 그리고 실제 연주 시 발전을 도모하고 거기에 필요한 경청의 능력에 대한 개발을 도모하는데 그 뜻이 있다.

③ 반성적 사고를 위한 도구

먼저 언어적 반성을 들 수 있는데, 이는 교사나 동료들과의 대화나 학습 진행시 내용을 기록하고 관찰하는 것으로써 학생으로 하여금 토론에 참여하지 않더라도 반성적 사고를 통해 개인적 발달을 꾀할 수 있다.

비언어적 반성은 교사들이 학생 스스로 판단하여 연주를 구성하고, 작곡한 작품을 편곡하거나, 감상한 작품들을 이해할 때 표현하는 모든 음악 활동들을 말하며 교사일지나, 학생일지 등의 일화기록물을 뜻한다. 이렇게 계속적인 자기평가에 학습자들이 참여하는 동안 특정 작품의 학습과정이나 태도를 통하여, 학습자들은 자신의 음악적 발달 단계에서의 수준을 평가한다. 또한, 다른 사람의 활동에 대한 반성을 통하여 동료와의 협동을 꾀하며 교사의 평가를 통하여 비평적인 안목을 보다 넓게 구축해 나가게 된다.

④ 프로펠 포트폴리오

이는 학생의 활동을 기록하는 모음집으로써 수업활동 진행기간 동안 역동성을 가진다. 음악 프로펠 포트폴리오는 작품의 완성기간 동안 진행된 학생 활동 및 작업을 보여주는 가운데 학습의 과정을 추론해 낼 수 있는 모음집의 역할을 한다. 장점으로서는 학생 스스로 학습과정을 묘사하는 것이 매우 교육적이라는 견지와 교사들이 학생과 함께 포트폴리오에 대한 평을 함으로써, 도메인 프로젝트에 있어서 학습 완성도의 질적 향상을 이끌어 낼 수 있다는 점이다.

(2) 음악 도메인 프로젝트

음악에서 평가를 담당하는 도메인 프로젝트의 특징은 다음과 같다.

① 음악중심 분야에 이슈를 일으키는 반복적 장기적인 프로젝트이다(예: 음자리표 그리기, 고음역에서 4중주단 구별하기, 비평 없이 리허설하기).

② 창작, 지각, 그리고 반성과 결부된다.
창작이나 연주는 음악활동에서 가장 기본적인 예술 활동인데 기타 다른 여러 종류의 예술 활동에도 학생이 참여하도록 유도한다. 학생들이 이러한 활동을 하는 것을 통해 지각하는 의미는 통합적인 경험을 쌓는데 기초가 된다는 뜻이기도 한다.

③ 창작, 실험과 마찬가지로 도메인 프로젝트는 과정을 중시한다. 여러 가지 음악적 작업들은 학생들에게 음악 연주에 필요한 제 요소들을 강화시키며, 일정한 간격을 두고 평가되도록 한다.

④ 도메인 프로젝트에 의해 여러 형태의 평가 기회들이 제공된다.
연주 수업에서 도메인 프로젝트는 학생들의 수준에서 점차 숙련된 수준으로 성장하면서 연주테크닉과 예술적인 효과뿐만이 아니라 평가나 자신의 반성을 통해서 자신과 동료들을 지도할 수 있는 능력까지도 생기는 변화가 일어난다. 그러므로 프로펠 연주담당 교사들은 다음과 같은 5단계의 도메인 프로젝트를 통하여 학습자들의 발전을 도모할 수 있다.
첫째, 개인 연주능력
둘째, 자신과 타인들의 연주를 비평하는 능력
셋째, 비교하는 능력
넷째, 코치하는 능력

다섯째로 지도하는 능력과 같은 단계로 이루어진다.

3) 개인 도메인 프로젝트 평가

이 방법은 학생 자신이 스스로 자신의 연주를 평가하고 반성하는 것을 의미한다. 개인 도메인 프로젝트 평가는 그 목적이 학생의 다양한 음악적 능력을 개발하고, 그 변화과정을 제시하는데 있다. 즉 음높이, 템포, 강약, 조음, 테크닉, 정신적 태도, 균형과 함께 전문 음악가적 정신, 초보력, 양손의 고른 사용과 음악적 표현력 등을 말한다. 이에 대한 학생 스스로의 비평적인 안목을 배양하며 자기개발적 연습에 대한 계획마련으로써 음악적 능력을 스스로 일궈가는 평가방법이다.

도메인 프로젝트는 위에서 말한 개개의 영역 안에서 여러 가지 방법으로 평가를 시도할 수 있다. 이러한 과정 안에서 학생들의 작업을 통해서 드러난 그 자체로써 교사나 학생 스스로가 결과를 평가할 수 있는데 장점이 크다. 또한 이러한 방식의 지속적이고 반복적인 평가는 교사와 학생 모두에게 스스로의 목표를 인식하고 성장을 위해 재정립하는 도구로 쓰일 수 있다.

다음의 <표 10-7>은 연주수업에 대한 개인 및 동료평가에 대한 아트프로펠 도메인 프로젝트에 대한 예이다.

이와 같이 도메인 프로젝트는 음악에 있어서 음높이, 길이, 강약, 음색, 형식과 같은 제 요소에 대한 기본적인 이해를 도모하여 차츰 강화시키는 가운데 인지 단계를 높여 가며 음높이를 구별, 높낮이의 조합성, 음간격, 음의 색조, 조성개념, 시간조절, 리듬에 대한 기호, 음가와 균형 및 박자감에 대한 학습자의 음악적 능력뿐 아니라 미학적 감각의 발달을 꾀하는데 크게 효과적인 결과를 보이는 것으로 나타났다.

〈표 10-7〉 아트 프로펠 도메인 프로젝트

도메인 프로젝트: 개인 레슨

앙상블/학급교실/랩실:

학생 동료/개인의 녹음연주

학습수준: ______________

교 사 명: ______________

학 생 명: ______________

연주된 음악:

날짜: OO년 O월 O일

상황(리허설/악보 완성도:

다음의 연주 영역에 대해 토의해 보자	정확성 → ☐	비평적→ ☐ 관점	제안된 → ☐ 교정
템포/스피드 (안정성, 유동성 등)			
강약 (조절성, 정확성 등)			
조음 (조절, 특수효과음 등)			
기술 및 위치 (손의 위치, 연주자세 등)			
균형 (소리 조절, 변화 능력 등)			
음색/음높이			

※참고로 정확성 평가는 3(저, 중, 고)척도나 5(나쁨, 미흡, 보통, 우수, 탁월) 척도로 적는다.

참고문헌

고려대학교 출판부 편저(1975). 논문작성법: 인문, 사회계. 서울: 고려대학교 출판부.

권대훈(2008). 교육과정과 교육평가. 서울: 학지사.

김대현 외(2009). 교육과정 및 교육평가. 서울: 학지사.

김두섭 역(2005). 질적연구 방법론. 제니퍼 메이슨. 저. 파주: 나남출판.

김명희 외 역(2007). ETS 예술교과에서의 수업설계와 평가. Howard, Gardner 저. 서울: 문음사.

김문환 역(1986). 예술과 기술. 멈포오드 L. 저. 서울: 을유문화사.

김영수(2011). 현자들의 평생공부법. 고양: 위즈덤하우스.

김용권 역(1988). 예술의 효용과 남용. J. 바아전. 저. 서울: 을유문화사.

김재은(1971). 교육, 심리, 사회연구방법. 서울: 익문사.

김종서 외(2004). 교육과정과 교육평가. 서울: 과학교육사.

김주성 외(1976). 논문작성의 길잡이. 서울: 숙명여자대학교 출판부.

김형숙 외 역(2006). 시각예술에서 평가란 무엇인가? 엘리어트 아이즈너 외 저. 서울: 교육과학사.

박용숙 역(1992). 예술의 의미. 허버트 리드. 저. 서울: 문예출판사.

박이문(1996). 예술철학. 서울: 문학과 지성사.

박철홍 역(2016). 경험으로서의 예술. Dewey, J. 저. 파주: 나남출판.

박효정 외(2006). 다중지능이론과 수업. 파주: 양서원.

성태제 (2009). 교육평가의 기초. 서울: 학지사.

______ 외(2006). 연구방법론. 서울: 학지사.

______ (2011). 현대 기초통계학 이해와 적용. 서울: 학지사.

송방송(1995). 음악연구 어떻게 하는 것인가. 서울: 음악춘추.

안미자 역(1992). 음악교육의 기초와 원리. 찰스 레온하드. 저. 서울: 이화여자대학교 출판부.

연세대학교 대학원 편저(1971). 논문작성법. 서울: 연세대학교 출판부.

오천석 외(1970). 과학교육 현대교육 실천총서. 제 3권. 서울: 현대교육총서 출판사.

이건용(1990). 한국음악의 논리와 윤리. 서울: 세광음악 출판사.
이규호(1974). 과학교육의 방법론. 서울: 현암사.
이성천(1994). 한국의 음악교육을 진단한다. 서울: 도서출판 풍남.
이승환 편저(2008). 학위청구논문체재. 서울: 이화여자대학 대학원.
이은주(2008). 예술, 사회, 그리고 교육연구. 서울: 단국대학교 출판부.
______ 역(1998). 예술과의 대화. Nelson, Goodman. 저. 서울: 학문사.
______ 외(2014). 피아노지도와 교수이론. 서울: 교육아카데미.
이해명 외(2014). 현대교육과정 및 평가. 서울: 교육아카데미.
이홍수(1990). 음악교육의 현대적 접근. 서울: 세광음악 출판사.
조홍식 외 역(2018). 질적연구 방법론- 다섯 가지 법근-. John, W. Creswell. 저. 서울: 학지사.
주희선(2008). 하버드 대학교 프로젝트 제로에 대한 고찰: 음악교육을 중심으로. 이화음악논집 Vol. 12. No. 1.
최시원(1999). 음악교육 어떻게 할 것인가. 서울: 도서출판 다라.
최정인(2002). Arts Propel의 이론과 실제. 음악교육, Vol. 2.
허미화 역(1997). 질적사례 연구법. Sharon, B. Merriam. 저. 서울: 양서원.

Aaron Copland(2009). *What to Listen for in Music*, Signet Classic.
Bernett Reimer & Ralph A. Smith(1992). *The Arts, Education and Aesthetic Knowing*. Ninety first Year Book of th National Society for the Study of Education, Chicago Illinois.
Elliot W. Eisner(1985). *The Art of Educational Evaluation A Personal Views*, The Falmer Bess London & philadelphia.
George Willisand, William H. Schubert(1991). *Reflections from the Heart of Educational Inguiry*, State University of New York Press.
Howard Gardner(1982). *Art, Mind and Brain. A cognitive approach to Creativity Basic Books*, A Division of Harper Collins Publishers.
______________(1983). *Frames of Mind: The theory of Multiple Intelligences.* New York: Basic Books.
Jerome Bruner(1978). *The Process of Education*. Cambridge: Harvard University Press.
John Borstlap(2017). *The Classical Revolution*, Pover Publication, Inc, New

York.

Nelson Goodman(1988). *Language of Art.* Hackett Publishing Company, Indianapolis, Indiana.

Perkins. David N. & Howard Gardner(1988). Why 'Zero?' A Brief Introduction to Project zero. *Journal of Aesthetic Education.* 22.

____________(1989). Zero-Based Arts Education: An Introduction to Arts Propel. *Studies in Art Education.* Vol. 30, No. 2 Winter.

<학위논문>

김으뜸(2019). 피아노학원 규모가 교사의 직무 소진이나 직무 만족에 미치는 이중매개효과 연구. 숙명여자대학교 문화예술대학원 석사학위논문.

문수나(2015). Boris Berman 피아노테크닉의 이미지화 지도 연구. 숙명여자대학교 사회교육대학원 석사학위논문.

이경라(2016). 스토리텔링을 활용한 피아노지도 방안 연구. 숙명여자대학교 사회교육대학원 석사학위논문.

이성희(2017). 한국 유아 뮤지컬의 특징 연구. 숙명여자대학교 사회교육대학원 석사학위논문.

정은욱(2014). Arts PROPEL을 적용한 중학교 미술과 교수-학습 및 평가방법에 대한 연구. 홍익대학교 교육대학원 석사학위논문.

<Website>

미국 하버드대학교 교육대학원 프로젝트제로연구소 공식 웹사이트

http://www.pz.harvard.edu/arto-propel·php

저/자/약/력

▪ 이은주

이화여자대학교 음악대학 및 동 교육대학원 졸업

Liszt음악원 및 미국 Catholic 음악대학원 수료

단국대학교 대학원 교육학 박사과정 졸업

Ann Arbor Michigan대학교 음악대학 방문교수 및 객원연구원

백제예술대학교 교수 및 경희대, 단국대, 홍익대 교육대학원 강사역임

*저서: 클라스피아노 1.2.3.(동양문고: 1992), 시창과 청음(학문사: 1992), 예술과의 대화(학문사: 1998), 새로운 시창(학문사: 2009), 예술, 사회 그리고 교육연구(단국대 출판사: 2008), 현대 교육과정 및 평가(교육아카데미: 2008), 피아노지도와 교수이론(교육아카데미: 2014)

연주: 국내외서 교수음악회 및 Musica Duo협회원과 25년간 다수.

현재) 숙명여자대학교 문화예술대학원 예술교육과 초빙교수 및 Musica Duo협회 대표, MTNA 정회원

▪ 오상은

예원학교 서울예고 졸업

연세대학교 음대 수석입학 졸업

미국 Mannes Colleage of Music 석사졸업(MM) 및 Professional Studies program 이수

미국 American Conservatory of Music 'A Study on the Alexander Techniqe and Playing Piano'로 페다고지 박사졸업(DMA)

이경숙, 박지혜, 김명진, Arkady Aronov, Irina Morozova, Gerard Cademcian, Ella Bruk교수로부터 피아노를 실내악에서는 Diane Walsh, Hiroko Yajima, Leon Pommers 교수를 사사함.

N.Y Carnegie Hall, 세종문화회관, 예술의 전당 등에서 20여회 독주회와 국내외 국제음악캠프와 렉쳐리사이틀 등 피아노교사 재교육과 양로원, 홀트, 병원 연주 등을 통해 소외계층과 장애인들 그리고 청소년의 음악교육을 위해 많은 기여와 리더로써 활발한 활동을 병행함

피아노학회 교육분과위원. 피아노 듀오협회이사. 피아노 문헌학회 연구분과 위원장. 피아노 페다고지 학회이사. Musica Duo협회장을 역임

현재) 숙명여자대학교 문화예술대학원 예술교육과 학과장과 피아노교수학과 유리드믹스 전공 주임교수

논문 연구의 방법
-예술 · 음악교육편-

초판 1쇄 인쇄-2019년 9월 10일
초판 1쇄 발행-2019년 9월 20일

•

저 자-이 은 주 · 오 상 은 공저

•

발행인- 김 의 용
발행처-교육아카데미

•

주소-서울시 성북구 한천로 70길 15-1
전화-(02)967-9947(代), (02)3142-9924
팩스-(02) 967-9948
E-mail : educa9937@naver.com
등록-1996년 9월 6일, No 2-2243

•

정가 19,000원